슈라마나 전통과 사상

인도 불교와 자이나교

김미숙 저

씨아이알

머리말

학자들이 모이면 자주 하는 질문이고 또 흔히 듣는 질문이 있다.

"전공이 무엇이에요?"

이런 질문을 받으면 일단 나는 "인도 철학"이라고 말한다. 대답은 이렇게 하지만 기분이 그다지 상쾌한 것은 아니다.

대학원 인도철학과에 진학하여, 세부 전공으로 '인도 불교'를 선택하고 나서, 석사와 박사 과정을 졸업할 때는 '자이나교 철학'을 논제로 하여 학위 논문을 쓴 나로서는 뭐라고 답해도 편치 않은 것이 사실이기 때문이다. 만약 곧이곧대로 내 전공이 '자이나교 철학'이라고 말했다가는 십중팔구로 한참을 더 부연 설명을 해야 한다. 흔한 전공이 아닌 탓에 자이나교 철학이 뭐냐는 질문을 받고서 마치 개강 첫날이라도 된 듯이 설명하는 것을 반복한 뒤에, 결국은 우리나라에서 자이나교를 전공으로 공부하는 사람이 거의 없는 형편이라는 상황 설명에까지 이르곤 한다.

사람들은 묻곤 한다.

"자이나교, 뭐가 좋으세요?"

그때마다 나는 주저 없이 답한다.

"포교 없고 전법 없고 강요가 없어서요."

3무(無)! 자이나교에는 이 세 가지가 없다. 포교가 없고, 전법이 없고, 강요하는 것이 전혀 없다. 그리고 인식론으로는 상대를 있는 그대로 인정하는 상대주의에 기반하고 있다. 그 덕분에 나도 그다지 큰 갈등 없이 자이나교와 불교를 함께 공부할 수 있었는지 모른다.

지금, 누군가 내게 전공이 뭐냐고 묻는다면 '슈라마나교'라고 대답하고 싶다. 슈라마나(śramaṇa)란 '수행에 전념하는 사람'을 지칭한다. 그들이 수행에 힘쓰는 첫째 이유는 악행 제어에 있었다. 그 이름을 "식악(息惡)"이라고 한역(漢譯)했던 것도 그 때문이었다. 악행과 악업을 줄이고 없애는 데 전력을 다하는 사람들, 그들이 슈라마나이며, 음역하여 사문(沙門)이라 부른다.

인도 종교사에서 자이나교와 불교는 슈라마나 전통의 계보를 잇는 대표적인 종파로 꼽힌다. 두 종교는 교리와 수행법 전반에 걸쳐서 고대 인도의 슈라마나 전통과 문화를 그 배경으로서 공유하고 있다는 점에서 공통점이 매우 많다. 한때 근대 유럽의 학자들이 두 종교를 구분하지 못하고 불교라고 동일시했던 시기가 있었을 만큼 유사하다.

둘 사이의 가장 큰 차이점으로는, 자이나교와 달리 불교에서는 교단이 처음 성립하던 시점부터 전법과 포교를 중요시했다는 점을 꼽을 수 있다. 그 외에는 몇 가지 교리적인 차이점보다는 공통점이 훨씬 더 많다는 사실을 알게 될 것이다. 예컨대 두 교단의 입문자라면 당연히 지켜야 할 최소한의 규율인 오계(五戒)와 오서(五誓)의 내용이 불소유서(不所有誓) 하나를 제외하고는 동일하며, 가우타마 붓다가 부정했던 나체 고행을 제외하고는 수행법에서도 양자의 차이는 그다지 크지 않다.

교리적으로 불교에서는 연기설(緣起說)과 무아론(無我論)을 주장하며, 자이나교의 다원론적 실재론과 대극에 서는 입장을 취하고 있다. 하지만, 그 실상에서는 업(karma)과 윤회론, 5온설(蘊說)을 통한 실재론적 특성의 수용 등으로 두 종교의 거리가 더욱 좁혀지기도 하였다. 그러나 역사적으로 교세 측면에서는 매우 큰 차이가 있다. 전법을 교단의 기치로 삼았던 불교는 인도의 국경을 넘어서 곳곳으로 전파되었고, 세계적인 보편 종교로 성장하였다. 그에 비하면 자이나 교도의 국외 진출은 매우 미미한 편이었다. 물론 20세기 이전까지의 상황이 그러했다.

인도 국내에서 불교는 서력 1000년 전후로 쇠퇴하여 19세기까지 전승의 맥이 거의 다 끊겼던 것과 달리, 자이나교는 인도의 동서남북 전역을 가리지 않고, 신도가 널리 퍼져 계속 전승되어 오고 있다는 점 또한 도드라진 특징이다.

인도에서 가장 역사 오랜 종교라고 자부하는 자이나교이지만, 포교도 전법도 어떠한 강요도 없이 수천 년 동안 어떻게 지속되어 올 수 있었는가? 어떻게 그 긴 세월 동안 인도인의 마음속에 살아 전하며, 현 세기에 이르러서는 세계 각지 사람들의 마음까지도 사로잡을 수 있었을까? 그것은 남은 내 생의 연구 주제가 될 것이며, 그 과정에서 갈무리된 결과물이 불교의 미래를 모색하는 길에도 소소한 도움이 될 수 있기를 기대해 본다.

유난히도 더웠던 올 여름 날씨에도 불구하고 필자의 강의 일정에 맞추어서 책을 출간하느라 애써 주신 씨아이알 출판사 여러분께 깊이 감사드린다.

웅기(雄紀, Vīra Nirvāṇa Saṃvat) 2539년

불기(佛紀, Buddha Nirvāṇa Saṃvat) 2557년

서기 2013년 9월

덧붙이는 말

"여의주와 안작주(贋作珠)는 한데 둘 수 없고,
과거와 미래 또한 함께하지 않으며,
불학(佛學)과 이학(異學) 또한 그러하니,
같은 땅에서는 결코 함께할 수 없다."

-불설보살행방편경계신통변화경-

불교의 교조, 가우타마 붓다는 이러한 생각으로 일관하여 제자들에게 설교했고, 이학과 이교도(異教徒)를 강고하게 배제시켰다. 그러나 모든 것은 변한다. 누군가 이 말은 붓다가 설파한 진리라고 말할 것이며, 다른 누군가는 서양 철학자나 과학자를 먼저 떠올리고, 더러는 지당한 이치라거나 현상이라 하고, 또 이미 상식이라고도 말할 것이다. 그런데 자이나교에서는 변하는 것도 있고, 변하지 않는 것도 있다고 말한다. 어느 편이 옳은가? 어느 쪽 주장을 따르고 싶은가? 가우타마 붓다는 그의 삶 동안 처음부터 끝까지 자신의 가르침만이 무등 무비 최상(無等 無比 最上)이라고 자부했다. 하지만 심오하고 겸허한 회의론자의 눈과 영혼을 가졌던 이들은 붓다 시대에도 존재했었고, 그 이전은 물론이고, 그 이후 지금까지도 맥이 끊긴 적은 없었으며 언제나 함께 공존과 발전의 역사를 쌓아올렸다.

유난했던 여름이라는 11년 전 그때와 다를 것 없이, 올여름도 수년래 보지 못한 폭염의 나날이었다. 재간행이라 전폭적으로 보완하여 재판을 내고 싶었으나, 그러하지 못하였다. 다음 기회로 미루고, 관련 연구를 더하고자 한다. 머지않아 불교와 자이나교, 양자 비교의 연구도 매듭짓는 날이 오기를 꿈꾼다.

서기 2024년 9월

김미숙

차례

머리말 · 003

제 1장　불기 산정의 이론과 실제 · 011
제 2장　연기설의 시간과 인과 이론 · 029
제 3장　율장의 용왕 설화 이해 · 059
제 4장　우슈니샤의 번역어와 상징성 · 089
제 5장　동음이의 음역어의 번역론 · 139
제 6장　불설장아함경의 니건자 분석 · 179
제 7장　불교와 자이나교의 영혼설 논박 · 211
제 8장　불교와 자이나교의 고행 논쟁 · 239
제 9장　불교와 자이나교의 불살생론 비교 · 263
제 10장　금강저의 기원과 상징성 · 283

부록 · 333
　참고 문헌 · 335
　인도어의 음역 표기법 · 352
　찾아보기 · 365

제1장 불기 산정의 이론과 실제

불기 산정의 기준과 실제

필자는 수년 전부터 인도 불교사 또는 붓다의 생애에 대해서 강의할 적마다 우리나라에서 통용되는 불기(佛紀)에 착오가 있다는 점을 지적해 왔다. 물론 그러한 지적은 우리가 세계 불교도 우의회(WFB)에서 규정한 불기를 따라야 한다는 원칙론에서 비롯된 것이기는 하다.

그렇지만 강의할 때마다 언급하는 의도는 불기의 산정에서 드러나는 각 나라별 문화적 전통의 차이에 대한 인식을 제고하는 데 있었다. 그리고 불기 산정의 기준과 원칙을 올바르게 이해하고 나면, 각 나라마다 불기가 서로 다른 이유도 이해하게 되고 불기를 확정하거나 통일하는 길도 보다 수월하게 열릴 것이라고 믿기 때문이다.

이 글에서는 편의상 다음과 같이 약호를 사용한다.

* BNS.: Buddha Nirvāṇa Saṃvat, "붓다의 열반 해"로부터라는 뜻으로 불기에 해당하는 인도 원어.
* BE.: Buddhist Era, 불기.
* BCE.: Before Common Era, 기원전.
* CE.: Common Era, 서력 기원후를 뜻하는 말로 그레고리력을 토대로 한다.
* LC.: Lunar Calendar, 태음력.
* SC.: Solar Calendar, 태양력.

붓다의 열반과 불기

불기를 산정하는 데 가장 먼저 선행될 사항은 가우타마 붓다의 생몰 연대를 밝히는 것이다. 거의 동시대에 활동했던 또 다른 슈라마나 교단의 마하비라(BCE. 599~527년)의 연대가 자이나 교단과 학자 간에 큰 이견 없이 정리되어 있는 것과는 달리 붓다에 대해서는 아직도 절대 다수의 학자가 공감하는 설은 없는 듯하다.

불기에 대한 학설이 아직도 그토록 분분한 만큼 WFB의 불기는 세계 각 나라와 단체들이 최우선적으로 기준 삼고 있는 불기라는 사실을 부정할 사람은 많지 않을 것이다. 더구나 서구 국가에서 불교도가 늘어나고 있는 현대에 그 영향력은 갈수록 커져 가고 있다. 따라서 현 시점에서는 WFB의 불기 산정 방법을 최우선적으로 이해하는 것이 필수적이라고 생각한다.

WFB에서는 불멸 연대에 대해서 북방 전승을 따르지 않고 남방 전승을 따르고 있다. 즉 붓다의 열반은 기원전 544년 바이샤카 달 보름날이며, 그 탄생은 기원전 624년 바이샤카 달 보름날이고, 붓다가 정각(正覺)을 성취한 날도 바이샤카 달 보름날이었다고 한다. 이처럼 붓다의 탄생과 정각, 열반의 날이 모두 바이샤카 달 보름날로 동일하다. 그래서 열반은 슬프기 마련이지만, 탄생과 정각의 날이기 때문에 바이샤카 달 보름날 거행하는 행사가 축제로 여겨지게 되는 계기가 되었다고 본다.

'붓다 탄신일'은 인도 말로 '붓다 자얀티'(Buddha Jayantī)라고 한다. 자얀티란 '탄생'을 뜻하는 잔(jan)에서 파생된 말로 '생일'이다. '붓다 자얀티'라고 하는 경우에도 불기를 병기하는 것이 통례이다. 그런데 일부에서는 '붓다 탄신 불기 ××××년'(Buddha Birthday BE. ××××)이라는 표현은 잘못된 예라고 지적하기도 한다. 열반을 기준으로 한 불기 숫자와 탄신일은 어울리지 않는다는 것이 그 이유이다. 그렇지만 진정한 불자라면 그렇게 오해할 일도 없을 터이다. 기쁜 마음으로 기념하는 것은 탄신일이고 햇수의 산정 기준은 열반으로부터 시작되었다는 것을 누구나 인지하고 있기 때문이다.

「불교신문」에서는 부처님의 성지를 도보로 순례하는 중에 쓴 호진 스님의 글을 실은 적이 있다.

> 성도절 전날인 18일 저녁, 우리나라의 성도절 마지처럼 꼬박 새우면서 법문, 정근, 좌선을 하는 행사가 있을 것이라 생각했었지만, 그런 일은 없었습니다. 나는 이 날을 싯다르타의 성도에다 초점을 맞추어서 생각했는데, 이곳 사람들은 탄생의 날로 생각하고 있었습니다. 탄생, 성도, 열반을 같은 날이라고 하면서도, 실제 이들의 머릿속에는 '탄생의 날'의 의미만이 있는 것 같았습니다. 'Buddha Jayantī Celebration ; 붓다 탄생 봉축식'이라는 명칭에서도 그것이 나타나는 것입니다.[1]

이 글은 2008년 인도의 상황을 그대로 전해 주고 있다.

나라를 막론하고 불교의 대표적인 기념일은 붓다의 탄신일이다. 이

---

1) 윤호진(2008년), p. 8. 신문의 글 중에는 "성도절 전달인 18일 저녁"이라고 되어 있으나, 오자로 판단하고, "전달"을 '전날'로 교정했고, 또한 일관성을 위해서 'Jyanty'를 'Jayantī'라고 교정했다.

점은 다른 종교와도 다를 바 없다. 거의 모든 창시 종교의 경우에 그 교주의 탄신일을 가장 중시하며 첫째가는 축일(祝日)로 삼고 있다.

생일은 기쁘고 기일(忌日)은 슬픈 법이다. 불교의 경우도 예외가 아니다. 그런데 남방 전승과 WFB에 따르면 탄생, 정각, 열반을 동시에 기리는 결과가 된다. 분명한 것은 어떠한 경우에도 불기의 숫자는 "붓다의 열반 해"(BNS.)로부터 기산된 햇수를 기준으로 삼고 있다는 점이다.

불기와 인도 태음력

WFB의 불기 산정을 이해하기 위해서는 기본적으로 우리나라의 전통과는 다른 인도력을 이해하는 것이 필수적이다. WFB의 불기 산정에 기준이 된 원천적인 달력이 인도력이기 때문이다.

태음력(LC.)을 토대로 한 인도력의 한 달은 흑분(黑分)과 백분(白分)으로 나뉘어져 있다. 흑분은 흑월(黑月)이라고도 하는데 달이 이지러지기 시작하는 음력 16일부터 30일까지를 말한다. 백분은 백월(白月)이라고도 하는데, 달이 차기 시작하는 음력 1일부터 15일까지이다. 물론 인도력에서는 각각 흑분의 첫째 날, 둘째 날, 셋째 날, …… 열다섯째 날이라고 헤아리며, 그와 동일하게 백분의 첫째 날, 둘째 날, 셋째 날, …… 열다섯째 날이라고 헤아린다. 흑분과 백분의 각 날은 기수가 아닌 서수를 사용한다.

특히 백분 15일째 날은 일반적으로 만월(滿月, pūrṇimā) 날이라고 한다. 우리도 보름달이 뜨는 날은 15일이라고 하기보다는 '보름날'이라고 부르는 것과 다를 바 없는 용법이다. 그래서 붓다 기념일(Buddha Day)을 '붓다 만월'(Buddha Pūrṇimā) 날이라고 하며, 간단히 '바이샤카' 제(祭)라고도 한다. 바이샤카 달은 아래 표에서 보듯이 인도력 절기상으로는 둘째 달에 해당하지만, 요사이 영문 자료에서는 "네 번째 음력 달"(the fourth lunar month)이라고도 한다.

다음 <표 1>에서 보듯이 인도 태음력의 시작이 차이트라 달로 되어 있다고 하여 한 해의 시작, 즉 신년이 차이트라의 시작이라고 보는가? 그것은 또 아니다.

인도력에 따른 한 해의 끝은 카룻티카 달 흑분 제15일째 날이다. 흑분 제15일째 날은 그믐날(āmāvāsya)이라고 한다. 그믐날 다음에 바로 새달이 차오르기 시작하기 때문에 때로는 '신월'(新月)이라는 말로 번역되기는 하지만, 음력 초하루 개념은 백분 제1일째에 해당한다. 그믐날 바로 그 다음날인 카룻티카 달 백분 제1일이 명실 공히 해가 바뀌는 신년 첫 날이 되는 것이다. 이러한 전통의 기원은 자이나교와 깊은 연관이 있다고 알려져 있다.

자이나교에 따르면 마하비라가 기원전 527년 카룻티카 달 흑분 제15일째 날 열반에 들었다. 이 날은 그레고리력으로는 기원전 527년 10월 15일 화요일이었다. 마하비라가 세상을 떠난 날을 기점으로 새로운 전통이 생겼다.

마하비라의 죽음으로 인해서 이 세상 진리의 빛이 꺼져 버렸기 때문에, 사람들은 암흑 같은 세상을 다시 훤하게 밝힌다는 뜻으로 촛불을 켜서 그 날을 기리는 관습이 생겨났다. 그리고 마침내 인도 전역에서 펼쳐지는 전통적 행사로 자리 잡게 되었다. 이것이 현재 전 인도가 거국적으로 거행하고 있는 디파발리(dīpāvali; diwali) 축제의 기원이다. 자이나 교도들은 디파발리 날 오전에는 사원에서 마하비라의 열반제 행사를 하고 그 날 밤에는 디파발리 축제를 거행하고 있다. 디파발리 축제에 얽힌 다양한 힌두 신화적 전설들은 보다 후대에 파생된 전승의 결과이다.

이러한 전통을 토대로 해마다 카룻티카 달 백분 제1일째 날은 자이나교의 웅기(雄紀, Vīra Era) 신년이 시작되는 날이자 힌두교의 신년도 시작된다.

힌두 교도들도 자이나교와 동일한 날에 신년을 헤아리고 있다. 예를 들자면 서기 2013년 11월 4일은 웅기 2540년이 시작되는 날인 동시에 힌두 음력(Vikrama Era: 인도에서 가장 널리 쓰이는 태음력) 2070년의 첫 날이다.

웅기 2540년 또는 힌두력 2070년은 서기 2013년 11월 4일부터 서기 2014년의 카룻티카 달 흑분 15일째, 즉 서기 2014년 10월 23일까지이다.

불기 또한 붓다의 열반을 기준으로 하여 한 해의 끝과 시작을 정하는 것은 자이나교와 다를 바 없다고 쉽게 추정할 수 있다. 불기의 기준이 되는 붓다의 생존 연대와 마하비라의 연대 사이에서 벌어지는 차이점에 대해서는 논외로 한다. 다만 자이나 교단과 다수의 힌두 사학자들 간에 일치를 보고 있는 붓다의 연대는 기원전 563~483년이라는 점만 밝히고자 한다. 물론 다수의 불교 학자들도 이 설을 따르고 있다고 보아도 결코 지나친 판단은 아니라고 생각한다. 그런데 불기의 산정에 토대가 되는 것은 인도의 전통적인 역법이다.

표로서 정리하면 다음과 같다.[2)]

표 1 ▌인도력에 따른 1년

한달	인도력 그레고리력	달 이름 산스크리트	6계(季)	3제(際)
흑분	첫째 달	차이트라	봄 춘계 (春季)	열제 (熱際)
백분	March－April			
흑분	둘째 달	**바이샤카**		
백분	April－May			
흑분	셋째 달	지예슈타	여름 하계 (夏季)	
백분	May－June			
흑분	넷째 달	아샤다		
백분	June－July			
흑분	다섯째 달	슈라바나	우기 (雨期) 우계 (雨季)	우제 (雨際)
백분	July－August			
흑분	여섯째 달	바드라파다		
백분	August－September			
흑분	일곱째 달	아슈와유자	가을 추계 (秋季)	
백분	September－October			
흑분	여덟째 달	**카룻티카**		
백분	October－November			
흑분	아홉째 달	므리가쉬라	겨울 동계 (冬季)	한제 (寒際)
백분	November－December			
흑분	열째 달	파우샤		
백분	December－January			
흑분	열한째 달	마가	한계 (寒季)	
백분	January－February			
흑분	열두째 달	팔구나		
백분	February－March			

2) 김미숙(2007), p. 298, 이하 참조.

이와 같은 인도력은 우리나라의 전통이나 관습적 달력과는 매우 달라서 복잡해 보인다. 하지만 이러한 달력을 토대로 붓다 당대로부터 현대에 이르기까지 인도를 비롯한 남방 불교 국가들의 주요 행사가 이루어져 왔다는 것을 상기해야만 한다.

그림 1 ▌스리랑카 기념 주화 불기 2550년, 서기 2006년[3)]

3) 스리랑카에서는 서기 2006년 음력 4월 15일을 불기 2550년의 기산점으로 삼고, 기념 주화를 발행했다. 그 전날까지는 당연히 불기 2549년으로 헤아린다.

그런데 서구 열강이 주도했던 근대화 시대에 문물 개방과 더불어 소위 양력을 채용하게 되면서부터 각 나라마다 전통적인 책력과 서양식 양력이 함께 사용됨으로써 혼란의 시기를 겪었다. 대부분의 기념일들은 양력을 기준으로 재조정되었으나 뿌리 깊은 전통과 의례들은 예외적으로 전통적인 역법에 따라 지켜지고 있다. 그 중에서도 불기는 변함없이 전통적인 역법 특히 인도식을 따라 결정되는 것으로도 유명하다. 스리랑카를 비롯한 남방 국가들은 인도의 산스크리트 방식의 달 이름을 자기 나라의 말로 바꾸어서 쓸 뿐 기본 구조와 원리는 인도력과 큰 차이가 없다.

불기의 산정 방법

불기의 시작과 끝 날

일반적으로 말하기를, 불기는 붓다가 열반에 든 기원전 544년을 기준으로 하여, 기원후 서력 햇수를 더해서 산정한다고 말한다. 예컨대 2013년+544＝2557년이 된다는 것이다.

그런데 다른 한편에서는 열반 해는 동일하지만 그 해, 즉 기원전 544년은 "0년"으로 계산하기도 한다. 그런 입장에서는 서력에 해마다 543만을 더해서 헤아린다. 예컨대 2013년은 2556년이 된다.

이 두 가지 방식의 혼재는 불기 산정이 매우 난해하다는 인상을 주기에 이르렀다. 그러나 이러한 산정법이 과연 올바른가? 둘 중 어느 편의 손을 들어야 하는가?

일찍이 어떤 연유로 불기를 산정하게 되었던가?

본래, 불기 산정의 기원은 붓다가 입멸한 해, 즉 기원전 544년의 우기철이 되자 승단의 수행자들이 한데 모여 안거(安居)를 보내고 나서 붓다가 없이 처음으로 안거를 마쳤다고 하면서 한 해씩 헤아렸던 일에서 비롯되었다. 다시 말하면, 불기 1년이란 "붓다 없이 하안거를 보낸 첫 해"이고, 불기 2년은 "붓다 없이 하안거를 보낸 2년째 해" …… 불기 2550년은 "붓다 없이 하안거를 보낸 지 2550년째 해"가 된다.

2013년은 "붓다 없이 하안거를 보낸 2557년째 해"이다. 왜냐하면 붓다는 기원전 544년의 우기가 오기 전인 바이샤카 달 보름날 입멸했다고 전하며, 수행자들은 그 해의 하안거를 붓다 없이 보냈기 때문이다. 따라서 기원후 서력 연수에 544를 더하면 불기가 성립한다.

기원전 544년을 0년으로 삼고 산정하는 경우는 기년법(紀年法)을 잘못 이해한 데서 비롯된 주장이라고 본다. 전통적인 기년법에서는 기원전 1년의 다음 해가 기원후 1년이 되듯이, 0년은 산정하지도 가정하지도 않는 것이 원칙이다. 그렇다면 무조건 서력에 543을 더하는 방식은 어떻게 이해해야 하는가? 만(滿) 나이를 헤아리는 것처럼, 주기(週期) 개념으로 보아야 할 것이다. 이것은 서양에서 전통적으로 기념일을 산정하는 기본적인 방식이기도 하다.

일단, 불기가 헤아려졌다면 그 시작과 끝은 언제인가? 이 문제는 현재의 논란을 야기한 핵심적인 논점이기도 하다.

인도 불교 교단의 전통에 따르면, 하안거의 끝 날이 곧 한 해의 마지막 날이다. 그 다음날부터 새로운 불기가 시작되며 동시에 그 날부터 구족계를 받은 출가자들은 법랍(法臘)을 하나씩 더하여 계산했다. 그래서 법랍은 하랍(夏臘)이라고도 한다. 요컨대 고대 인도 전통의 불기란 '불교식 한 해'를 뜻하며, 그 시작은 하안거가 끝난 다음날부터이고, 그 끝은 그 다음 해 하안거가 끝난 날까지이다.

그러나 WFB의 불기 기산법은 이것과도 다르다. WFB의 불기 산정의 토대가 된 현대의 남방식 불기에서는 바이샤카 달 보름날이 불기의 끝이고 바로 그 다음날을 새로운 불기의 기산점으로 삼는다. 그러므로 불기 2557년(CE. 2013)은 지예슈타 달 흑분 제1일째 날부터 시작되어 서기 2014년 바이샤카 달 백분 제15일째 날까지이다. 서기로만 보자면 "2013년과 2014년에 걸쳐서" 불기 2557년 한 해가 성립한다. 이것은 1년의 기산이 그렇다는 것이며, 실제로 월일을 표기할 때에는 그 날짜에 해당하는 그레고리력(SC.)으로 표기하는 것이 일반화되어 있다.

그러므로 불기 2556년 1월 1일은 서기 2013년 1월 1일과 같다. 이런 연유로 인한 표기상의 착각 때문에 서기 연도에 543을 더하면 불기가 산정된다는 얘기가 돌게 되었다고 본다.

불기 1년의 시작 날이 "1년 1월 1일 0시"라는 식으로 새롭게 조정되지 않는 것은 예나 지금이나 마찬가지이다. 불기는 햇수의 기산에만 관여할 뿐 월과 일, 시간 등의 기산에는 영향을 미치지 않는다. 이 점은 어느 나라든지 동일하다.

여기서 중요한 점은 편의상 붓다가 입멸한 해를 "기원전 544년"이라고 단정한 뒤 논의하고는 있지만 인도의 역사적 사건과 관련된 연기(年紀) 산정에서 우선해야 할 것은 인도의 전통 역법이어야 한다는 것이다. 덧붙여서 말하자면 극히 소수의 예이기는 하지만, 엄밀하게 표기하는 학자들은 붓다의 생애를 그레고리력으로 표현할 때, "624-623 BCE.~544-543 BCE."라고 표기하고 있을 정도이다.

전통적 불기의 산정

역사 문화와 총체적 상징

우리나라에서 WFB의 불기를 채택하기 전에 사용하던 전통적인 불기는 북방식이었다. 불기뿐 아니라 붓다의 탄생일은 음력 4월 8일, 정각은 음력 12월 8일, 입멸은 음력 2월 15일이라고 정했던 것을 본다면, 남방식을 따르지 않았다는 사실은 분명해 보인다. 그런데 문제는 남방식 불기인 WFB의 불기를 채용하기로 결정한 뒤에도 불기만 따랐을 뿐 당연히 수반되었어야 할 기념일들은 남방식을 따르지 않았다. 또한 남방식 기념일을 따르지 않은 관계로 불기의 시작점 또한 모호해진 것이 아닌가 생각된다. 더구나 우리나라는 공식적으로 그레고리력에 따라 불기가 바뀐다.

요컨대 현재 시점에서 고찰해 볼 때, 우리나라 불기는 다음 세 가지 기준이 혼재되어 사용된 결과로 지금의 혼돈을 초래했다는 것을 알 수 있다.

인도 태음력을 토대로 한 남방식 불기 연수(年數)

우리나라에서는 본래 전통적인 불기 내지 WFB의 불기 산정 방법을 온전히 고려하거나 그것까지 채용하지 않았기 때문에, 단순히 불기의 숫자만 따 쓰는 결과를 초래했다. 남방식 불기가 그레고리력에 따르면 두 해를 걸쳐 있을 수밖에 없는 그 근본적인 이유에 대한 몰이해가 첫째 원인이 아닐까 생각한다. 또한 이 사실은 불교적 전통과 역사에 대한 이해의 한계를 드러내는 일이기도 하다.

한국 전통의 태음력을 기준으로 한 북방식 3대 기념일

우리나라는 남방식 불기를 채용하면서도 주요 기념일 특히 열반일과 탄생일이 서로 다른 날인 기존의 전통, 즉 북방식 전통을 그대로 고수하고 있다. 이러한 이유 때문에 불기의 기산일이 열반을 기준으로 삼는다는 의식을 희박하게 만들고 있다.

남방에서는 3대 기념일이 같기 때문에 탄신일을 축제로서 기념하고 나서 그 뒷날부터는 열반 다음날이라는 근거로 한 해를 더한 불기를 사용한다. 게다가 연중 한 차례인 하안거만 지내는 남방식 전통과 달리 연중 두 차례, 즉 하안거와 동안거를 지내는 우리나라의 특성상 안거를 기준으로 법랍을 산정하는 전통도 희미해진 것이 아닌가 생각한다.

그레고리력에 따라 바뀌는 불기 기산점

우리나라에서는 불기를 채용한 뒤 그 기점을 양력 1월 1일부터라고 정하였다. 결국 우리나라의 불기는 열반일을 기준으로 삼은 것도 아니고,

모든 불교식 기념일과 행사의 기준으로 삼고 있는 전통 태음력도 아니며, 하안거를 기준으로 삼은 것도 아니고, 우리 역사 문화상 가장 짧은 이력을 가진 그레고리력을 기준으로 한 셈이 되어 버렸다. 물론 다른 한편으로는 세계화의 시대에 걸맞은 결과가 되기도 하였다. 하지만 그렇더라도 현재 우리나라 불기의 재검토가 필요하다는 사실은 앞서 언급한 내용처럼 재론의 여지가 없다.

불기의 확정과 결정

인도를 기준으로 볼 때, 인도의 6대 종교 교단에서는 각각 그들의 전통에 따른 기준으로 달력을 가지고 있다. 즉 힌두교, 자이나교, 불교, 이슬람교, 시크교, 크리스트교는 각각 고유한 전통에 따른 신년을 헤아리고 전통적인 달력에 따라 중요한 의식을 거행하고 있다. 예컨대 힌두 교인은 '전통적인 힌두력'을 따를 뿐이며, 그 누구도 서력 기원에 맞추어서 각 교단의 의례 날짜 또는 연수(年數)를 헤아리라고 강요하지도 않고 통일하고자 애쓰지도 않는다.

다만, 세계화 또는 현대화의 결과로 인하여 각 교단에서는 전통적인 기념일을 다시 서력으로 헤아린 뒤 그 날짜를 달력에 표기할 뿐이다. 요컨대 '힌두력' '자이나력' '이슬람력' 등에 따라 "서력 ○○월 ○○일이 어떤 날"이라고 할 뿐이다.

우리가 지금 통일하고자 하는 문제의 핵심은 불교의 전통을 바로잡자는 데 있어야 한다. 그럼에도 불구하고 그 기준을 불교 고유의 전통으로 할 것인가 아니면 크리스트력에 따를 것인가, 그것만이 쟁점이 되어 있다.

세계화는 서구식 또는 크리스트식의 일괄 통일에 있는 것이 아니다. 그나마도 그 산정 기준마저도 잘못된 것은 고쳐야 하는 것이 당연하다고 본다. 그리고 더 중요한 것은 불기와 관련된 올바른 불교 전통이 무엇인지에 대한 인식을 불교 교단 안팎에서 공유할 수 있는 장이 열리기를 바란다.

끝으로, 불기는 주기(週期) 개념에 근거하고 있다. 그런데 주기 개념일 경우에 미리 당겨서 산정하는 예는 없다. 그것이 단지 며칠에 불과할지라도 그렇거니와 몇 달을 당겨서 주년을 세운다는 것은 상식에 어긋난다.

붓다의 열반을 기점으로 산정하는 불기의 경우에 실제보다 미리 입멸한 것으로 보게 되는 일은 없어야 한다.

결론적으로 말하자면, 2013년 1월 1일부터 2013년도 붓다 열반날까지는 불기 2556년이라고 해야 한다. 그 기간을 불기 2557년이라고 셈하는 일만은 피해야 할 것이다.

제2장 연기설의 시간과 인과 이론

연기의 원리

연기(緣起)의 원리는 불교의 핵심 교리로서, 초기 불교 이래로 12지분(支分)으로 설명되어 왔다. 이러한 연기의 원리에 대해서 경량부(Sautrāntika)를 비롯한 여러 부파에서는 계기적(繼起的)인 관계로 해석하였고, 그에 대한 반론으로서 논리적이며 동시적인 관계설이 제기되기도 하였다. 또한 존재에 대한 연기설적 해석은 원인과 결과, 즉 인과 관계의 문제에 필수적으로 수반되는 시간과 생멸의 문제와도 무관할 수 없다.

이러한 논점에 대해서 수없이 전개된 오랜 논란들을 크게 둘로 요약하자면, 연기의 원리는 시간적인 인과 관계를 이룬다는 설과 무시간적인 관계로 보면서 논리적인 해명을 더하는 설로 나눌 수 있다. 하지만 연기설에 대한 이해는 시간 자체에 대한 관점의 차이와 연기의 원리를 어떻게 보느냐에 따라 보다 더 복잡다기한 양상으로 전개된다.

이 장에서는 연기에 대한 해석을 중심으로 하여, 부파 불교 이래의 연기설과 시간의 관계에 대한 논의를 고찰한 뒤에, 인과성 문제에 대해서 논하고자 한다.

연기설의 해석

가우타마 붓다는 다양한 존재 요소 사이에 발생하는 불가피한 상호 작용을 연기의 원리로서 집약시켰다. 연기의 원리는 다음과 같은 전형적인 구절로 설명된다.

> 이른바 이것이 있을 때, 그것이 있고, 이것이 일어남으로써 그것이 일어나는 것이다. 즉 무명에 말미암아 행이 있고, 행에 말미암아 식이, 식에 말미암아 명색이 명색에 말미암아 육입이, 육입에 말미암아 촉이, 촉에 말미암아 수가, 수에 말미암아 애가, 애에 말미암아 취가, 취에 말미암아 유가, 유에 말미암아 노사, 근심, 비탄, 고통, 낙담, 번민들이 일어난다. 이것이야말로 괴로움의 모임[蘊]의 [원인의] 대집합이다. 이것을 연기의 원리라고 일컫는다.[1]

이와 같이 각 지분간의 연기로 인하여 존재 세계가 이루어지며, 각각의 개체적 요소들이 전체와 관련을 이루어서 성립한다는 것이 불교의 연기적 세계관이다. 그런데 연기설이 불교 특유의 것만이 아니라 인도 철학의 배경을 가진 용어라는 것을 지적한 이는 라다크리슈난이다. 그는 불교의 연기(pratītyasamutpāda)의 교리가 이미 『찬도기야 우파니샤드』에서 시사되고 있다는 점을 언급하고 있다.

"왜냐하면 그러한 경우에 하나의 사물은 또 다른 것에 의해 유지되기 때문이다.(anyo hy anyasmin pratiṣṭhita iti.)"라는 『찬도기야 우파니샤드』(Ⅶ. 24. 2.) 구절에 대한 설명에서 라다크리슈난은 "무한한 것은 그 자신 이외의 어떠한 것에도 의지할 수 없다. 유한한 사물

---

1) "謂依此有故彼有, 此生故彼生所謂無明緣行, 行緣識, 識緣名色, 名色緣六處, 六處緣觸, 觸緣受, 受緣愛, 愛緣取, 取緣有, 有緣生, 生緣老死, 起愁歎苦憂惱是名爲純大苦蘊集, 如是名爲緣起初義."(「연기경」(緣起經), T. 2, p. 547 중.)

들은 다른 것들에 의해 유지된다."라고 하면서 불교와 관련하여 부연하고 있다.[2)]

하지만 그와 같은 사상적 배경을 고려한다 하더라도, 연기의 원리는 붓다의 깨달음에 의해 공표된 독자적인 불교 교리라는 사실을 부인하지는 못할 것이다. 연기의 원리는 붓다 이래로 불교의 중심 축을 이루는 대표적인 교리로서, 붓다의 정각(正覺)뿐만 아니라 불교의 다른 기본 교리와 연관해서도 지금까지 많은 논의가 그치지 않는 핵심적 문제라 할 수 있다.

이 글에서는 먼저, 연기와 연생의 용례를 중심으로 하여『아비달마구사론』(阿毘達磨俱舍論)에서 논의되고 있는 인과 관계의 부분을 경전상의 원뜻과 비교해 보고 구사론의 해명을 분석하고자 한다.

『아비달마구사론』에서는 슈릴라바(Śrīlābha)[3)] 존자가 "연기란 '어떠한 **원인**들이 모여져서 생겨나거나, 사멸할 것들로 인하여 **동시에** 일어나는 것'을 의미한다."라고 주장했던 것을 거론하고 있다. 경량부의 논사였던 그는 "연기는 여러 가지의 화합 쪽으로 감에 의해, 소멸됨에 의해 모이고 일어나는 것이다."[4)]라고 하였다.

그런데 위의 문장 중에 '동시에'라는 단어가 쓰인 것은, 산스크리트어의 원문을 해석하는 과정에서 문맥상 첨가된 단어로 보인다.

---

2) Radhakrishnan(1968), p. 487.

3) 슈릴라브다(Śrīlabdha), 슈릴라타(Śrīlata)라고도 한다. 실리라다(室利羅多, 室利邏多)라고 음역하고, 승수(勝受)라고 번역하여 부른다. 2~3세기경, 또는 5세기경 인물로 전하고 있으나 그의 생존 연대는 확실치 않다.

4) Poussin(1990), Vol. Ⅱ, p. 415.

이 부분에 해당하는 산스크리트 본은 다음과 같다.

ataḥ pratītyasamutpāda = "usa usa **hetu**sāmagrīvaśa vinaśvaroṃ kā samavāya meṃ utpāda."[5)]

이 구절에 대한 각 번역 예를 비교해 보자면 다음과 같다.

한역 본: 이는 여러 가지 **연(緣)**이 화합함으로써 모든 행(行)과 법(法)으로 하여금 모이고 일어나게 함을 말한다. 이것이 연기의 뜻이다.[6)]

한글 본 1: '...... 이는 가지가지 인연이 화합하고서 모든 행법(行法)으로 하여금 모이고 오르고 일어나게 함이니 이것이 바로 연기의 뜻이라'고 한다.[7)]

한글 본 2: "...... 이것은 여러 가지 연이 화합하여서 [부주(不住)의] 온갖 행법(行法)으로 하여금 취집 상승하여 생기하게 함을 설한 것이니, 이것이 바로 연기의 뜻이다."[8)]

불어 본: 따라서 연기는 '그와 같이 또는 그와 같은 원인들의 복합에 의해서, 소멸되는 것들에 의해서 함께 발생하는 것'이다.[9)]

---

5) Vasubandhu(출간 연도 불명), p. 320.
6) "此說種種緣和合已令諸行法聚集昇起. 是緣起義."(T. 29, p. 50 하.)
7) 역경위원회(1989), p. 241 하.
8) 권오민(2002), Vol. 2, p. 449.
9) Poussin(1971), Tome Ⅱ, p. 80.

이상과 같이 다양한 번역 예를 보여 주고 있는 것은 무슨 까닭인가? 우선 'hetu'라는 단어에 대칭되는 말로서 '원인, 인연, 연' 등이 열거되고 있다는 것을 알 수 있다. 한역을 비롯하여 이러한 분분한 번역 예의 이면에는, 일반적으로 인(因)과 연(緣)을 구분하여 설명하는 입장, 즉 직접적인 원인은 '인'이라고 보고, 간접적인 원인은 '연'이라 하는 이해가 그 배경에 자리해 있다. 그리고 이와 동일한 견지에서 가장 빈번하게 드는 예로서는 벼가 자라는 데에 볍씨는 인(因), 즉 직접적인 원인이 되고, 그 밖의 온도, 습도, 일광, 공기, 비료 등은 연(緣), 즉 간접적인 원인이 된다고 설명하는 것을 들 수 있다.

또한 '인'과 '연'의 논란에는 연기 자체를 4종으로 구분하는 부파의 설이 전제되어 있다. 예컨대 『잡아비담심론』(雜阿毘曇心論) 제8권에서는 다음과 같이 말한다.

> 네 종류의 연기(緣起)가 있다고 하는데 어떤 것이 네 종류의 연기인가?
> 답: 저 상속전(相續轉)과
> 찰나와 연박(連縛)과
> 또 전에 말한 분단(分段) 등
> 이것을 연기(緣起)라 한다.
>
> '상속전'이란 시초가 없다는 뜻이다. 원인과 결과가 전전하면서 서로 상대를 구속하게 되는 까닭에 이것은 연기의 수레바퀴라 말하는 것이다. 마치 둥근 보름달은 그 시초를 모르는 것과 같다.[10)]

---

10) 역경위원회(1995), p. 696.

4종의 연기 중에서 상속전, 즉 연속(連續, prākarṣika) 연기란, 때를 지난 법 사이에도 연기의 관계가 성립된다는 것을 나타낸 것으로서, 현원(懸遠) 상속하여 무시 무종한 것을 가리킨다. 다시 말해 다생에 걸쳐서 격세적으로 일어나는 연기이다. 이는 원속(遠續) 연기라고도 한다.

찰나(剎那, kṣaṇika) 연기란, 한 찰나(kṣaṇa: 약 75분의 1초)의 5온(蘊) 속에 12연기가 모두 구비되어 있다고 보는 것이다. 이것은 연기의 논리적 의존 관계, 즉 동시적인 연기를 나타낸다. 동시적인 연기로 보는 찰나 연기의 경우에는 결국 무시간적(無時間的)인 연기를 뜻하며, 종국에는 찰나조차도 인정하지 않게 되는 연기이다.

연박(連縛, sāṃbandhika) 연기란, 12연기의 각지(各支)가 인(因)과 과(果)의 찰나로 결합되는[連縛] 것으로서, 연속적이고 계기적인 생멸의 형태를 가리켜 연박 연기라 한다. 찰나 찰나의 흐름에 따라 생멸을 거듭하는 연기의 경우를 말한다.

분단, 즉 분위(分位, āvasthika) 연기란, 12지가 각각 5온을 갖추고 있는데, 그 12지의 5온이 과거, 현재, 미래라는 3세(世)의 분위, 즉 변화 발전의 단계로 나누어지는 것을 말한다. 이것은 업감(業感) 연기와 같다.

그런데 이러한 4종의 연기 중에서 특히 분위 연기를 거론하면서 "5온과 같이 분단된 것이라면 몰라도 적어도 12연기의 각 지분은 함께 결합하여 일어난 것이므로 분위(分位) 배속(配屬) 같은 것은 생각할 수 없는 일"이라고 하면서, "연기지(緣起支)의 결합 방식의 견지에서 볼

때도 그러한 분위 연기는 있을 수 없다."라고 주장하는 설이 있다.[11]

분위 연기의 경우에는 유정(有情)이 윤회 전생하는 과정을 보이는 것이므로, 연기는 오직 유정에 관해서 설해지게 된다. 하지만 아비달마에서 소개되고 있는 설을 보면, 반드시 유정이라는 유(類)에 들어가는 것, 즉 유정수(有情數)에 한정되고 있지는 않다. 특히 상좌부에서는 유정과 비유정(非有情)에 각각 연기를 인정하고 있었던 것으로 보인다. 그리고 설일체유부에서 가장 중점을 두고 있었던 것, 또한 분위 연기설이라 할 수 있다.

설일체유부의 논사들은 분위 연기야말로 삼세 양중 인과(三世 兩重因果)에 따라 설명되는 것으로서 태생학적인 해석이 가능하다고 보았다. 또한 아비달마 연기설이라 하면, 일반적으로 중생의 윤회 전생의 과정을 설하는 분위 연기만을 가리키는 것으로 말해지는 경우도 적지 않다. 예를 들어서 대표적인 부파 논서로 꼽히는『아비담감로미론』(阿毘曇甘露味論) 상권,『아비담심론』(阿毘曇心論) 제4권,『아비담심론경』(阿毘曇心論經) 제5권 등에서는 전적으로 분위 연기만을 설하고 있으며, 다른 종류의 연기는 언급하지 않고 있기 때문이다. 그리고『잡아비담심론』(雜阿毘曇心論) 8권에서도 주로 분위 연기를 설하고 있으며,『아비달마구사론』 제9권[12]에서도 분위 연기가 가장 많이 서술되고 있다.

예를 들면,『아비담심론』에서는 다음과 같이 말한다.

---

11) 고익진(1990), p. 133.

12) 권오민(2002), Vol. 2, pp. 403~455.

열두 가지 고음(苦陰)을 십이지라고 하는데 그 중에 무명이 우두 머리가 된다.

이들을 차례로 세우면
생사 중에서 받게 된다.
과거와 미래와
그 중간에 여덟 가지를 말한다.[13]

그리고 "두 가지(무명과 행을 가리킴)는 과거세에 소속되고, 두 가지(생과 노사를 가리킴)는 미래, 여덟 가지(식에서 유까지를 가리킴)는 현재 생에 소속된다."[14]라고 한다.

『아비담심론경』에서는 다음과 같이 말한다.

과거와 미래, 그리고 그 중간에 여덟 가지가 있음을 마땅히 알아야 한다. 그 가운데 무명(無明)이란 과거의 번뇌에 속하고 행(行)은 과거의 업(業)에 속한다. 식(識)은 상속되는 마음과 거기에 수반하는 마음이다. 명색(名色)이라 하는 것은 생명을 부여받은 다음 이어 가며 굴러 소멸하지는 않았고 아직 생겨나는 것은 생명을 부여받은 다음 이어 가며 굴러 소멸하지는 않았고 아직 생겨나지 아니한 네 가지의 색근(色根)에 육입(六入)이 갖추어지지 아니한 상태를 명색이라고 부른다. 육입이라고 하는 것은 이미 네 가지의 색근이 생긴 뒤에도 아직 감촉 작용이 의지하지 못한 상태를 육입이라 부른다.[15]

---

13) 역경위원회(1995), p. 298.
14) 역경위원회(1995), p. 230.

『잡아비담심론』에서 인과의 개념으로 보다 상세히 설명하고 있다.

이 모든 지분의 건립을
중생들의 태어남이라 한다.
과거의 두 요소와 미래도 그러하고
중간은 여덟 가지라고 설한다.[16)]

또한 그에 이어서 다음과 같이 말한다.

'일곱 가지는 앞의 지분이라고 이름하고 다섯 가지는 뒤의 지분이다.'라고 한 것은 무명에서 수(受)에 이르기까지의 일곱 지분은 전연기(前緣起)라 부르고, 나머지 다섯 가지 지분은 후연기(後緣起)라 부른다는 것을 알아야 한다.

앞부분의 다섯을 결과라고 설하고
나머지 둘은 즉 원인이 된다.
뒷부분의 세 가지를 원인이라고 설하고
나머지 두 가지는 곧 결과가 된다.

전연기 중 식(識)에서 수(受)에 이르기까지 다섯은 결과이고, 무명과 행(行)의 두 가지는 원인이다. 후연기 중 먼저 앞부분의 세 가지는 원인이라고 설하고, 마지막 두 지분은 결과라고 설한다.[17)]

---

15) 역경위원회(1995), p. 156.

16) 역경위원회(1995), p. 694.

17) 역경위원회(1995), p. 695. "七名前有支五則說後分者. 當知從無明至受七支. 是名前緣起. 餘五支說後緣起. 前支五說果 餘二則爲因 後支三說因 餘二則爲果. 前緣起從識乃至受是果. 無明行是因. 後緣起前三支說因. 後二支說果."(T. 28, p. 935 하.)

이와 같이 다양하게 설명되는 삼세 양중 인과설은, 12지 연기에 있어서 무명, 행을 과거의 2인(因)으로, 식(識), 명색(名色), 6처(處), 촉(觸), 수(受) 등을 현재의 5과(果), 애(愛)·취(取), 유(有) 등을 미래의 3인(因)으로, 생, 노사 등을 미래의 2과(果)로 본다. 표로 정리하면 다음과 같다.

표 2 ▌삼세 양중 인과

과거 2인	무명	혹(惑)	삼세 양중 인과
	행	업(業)	
현재 5과	식, 명색, 6처, 촉, 수	고(苦)	
현재 3인	애, 취	혹	
	유	업	
미래 2과	생, 노사	고	

위의 표에 나타나듯이 분위적 해석은 12연기의 식을 결생식(結生識, paṭisandhiviññāṇa)으로 보는 데서 근거한다. 결생식이란 수태된 태아의 최초 찰나의 의식을 말하는데, 12지 중의 식이 탁태에 따른 생장 과정과 다를 바 없다고 보는 태생학적 연기설을 토대로 하여, 현재의 생(生)을 이루는 것이 식이라고 보는 설이다.

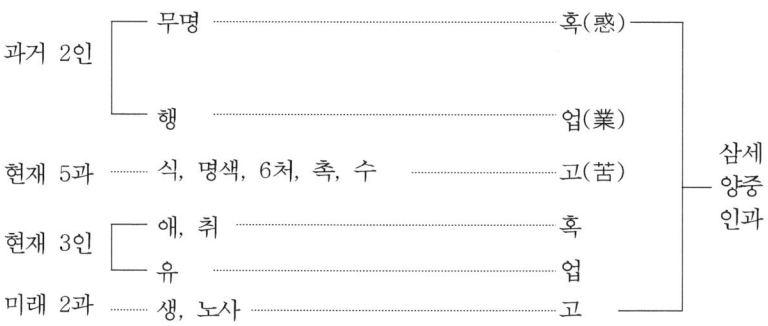

하지만 이러한 삼세 양중 인과설에 대해서는 비판이 있다. 예를 들면, 삼세 양중 인과설의 "성립 근거가 된 결생식설은 당시의 한낱 통

속설에 불과했음은 의심할 여지가 없다."라고 하면서, "그러한 통속적인 비유설을 가지고 연기의 제일의적(第一義的) 의의로 해석한 과거의 삼세 양중 인과설은 커다란 잘못이라고 하지 않을 수 없다."라고 한다.[18] 이러한 주장은 일찍이 미즈노 고겐에 의해서, '12연기를 삼세 양중 인과로 해석하는 것은 저속한 견해'라고 제기된 바와 같다.[19]

그런데 분위 연기설은 비교적 후세에 등장한 이론으로 알려져 있으며, 나중에야 이 설이 유력해졌기 때문에, 설일체유부의 여러 강요서에서는 이 설이 거의 나타나지 않는 것으로 보이지만, 다양한 해석들이 그 당시에 이미 존재하고 있었다는 점에 주의할 필요가 있다. 예컨대 설일체유부의 『아비달마발지론』(阿毘達磨發智論)에 의하면, 무명(無明)과 행(行)을 과거에, 생(生)과 노사(老死)를 미래에, 그 외의 여덟 가지를 현재에 배당해서, 윤회의 과정을 나타내려는 사고가 상당히 명료하게 나타나 있다.

그러나 그 당시까지는 아직 태생학적으로는 해석되지 않고 있었으며, 이어서 같은 설일체유부의 『아비달마대비바사론』(阿毗達磨大毘婆沙論)에 이르러, 위와 같은 찰나 연기, 원속 연기, 연박 연기, 분위 연기 등의 네 가지 연기의 해석이 보이고 있다. 여기서 찰나 연기를 제외한 나머지, 즉 원속, 연박, 분위 연기 등은 모두 시간적 계기적인 연기라 할 수 있다. 찰나 연기는 한 찰나에 12지를 전부 갖춘다고 보고 정교하게 설명되고 있기에 논리적이고 존재론적인 입장에서 해석한

---

18) 고익진(1990), p. 133.

19) 水野弘元(1954), pp. 11~22. 水野弘元(1972), pp. 170~175.

경우라는 평을 받고 있다. 그렇지만 이와 같은 찰나 연기의 해석은 시간적, 계기적인 관계로 보는 해석과는 정면으로 배치된다. 그런 까닭에 상좌부 등에서는 갖가지 이유를 붙여서 찰나 연기설을 배척하고 있다.

이에 대해서 상가바드라(Saṃghabhadra)는 『아비달마순정리론』(阿毘達磨順正理論) 제27권에서 '일념(一念, 一瞬)에도 연기의 뜻이 있다.'라고 하고, '경전에도 설하고 있으므로 찰나 연기를 승인하지 않을 수 없다.'고 주장하고 있다.[20] 찰나 연기의 인정 여부는 연기에서의 동시성과 계기성(繼起性)을 어떻게 볼 것인가 하는 문제로 귀결된다.

동시성과 계기성의 문제

설일체유부의 여러 논서 중에서 연기의 원리에 대해 최초로 시간적 연기 관계로 보고 해석한 것은 『아비달마식신족론』(阿毘達磨識身足論)으로 알려져 있다.

『아비달마식신족론』에서는 삼세 양중 인과에 의한 해석은 아직 보이지 않고 있지만, 연기의 해석을 두 종류로 나누어 설하고 있다. 먼저 여러 지(支)의 관계를 동시 계열로 간주하고 있으며, 나중의 해석은 그것을 시간적 계기 관계로 간주하고 있다.

그런데 연기설을 동시적인 관계와 계기적인 관계로 이분하여 설명하는 논거는 무엇인가? 이러한 두 종류의 해석은 병립될 수 있는 것인

---

20) "一念亦有緣起義故. 非專爲此而造論故. 已成立故. 種種說故契經說故. 非所許故. 謂先已說. 非唯十二說名緣起. 眼色爲緣生眼識等. 是緣起故."(T. 29, p. 493 하.)

가? 사실 동시성과 계기성의 문제는, 다만 그 논의의 범주가 달라질 뿐이며, 연기의 원리 자체와는 배치되는 것은 아니라고 본다.

일반적으로 연기의 원리를 표현하는 대표적인 구절은 다음과 같다.

> 이것이 있으므로, 저것이 있고
> 이것이 생겨나므로, 저것이 생겨난다.
> 이것이 없으므로, 저것이 없고
> 이것이 사라지므로, 저것이 사라진다.

여기서 '이것'과 '저것'의 관계는 공간적인 유무(有無)의 관계와 시간적인 생멸의 관계라는 2종의 인과 관계에 놓여 있다고 볼 수 있다.

설일체유부의 경우에는 상가바드라에 의하면, '이것이 있으므로'라는 것은 과거·현재의 여러 연(緣)이 생기기 때문이라고 하며, '저것이 생긴다'라는 것은 미래의 과(果)가 생기는 것을 뜻한다고 해석한다. 또한 '이것이 있으므로 저것이 있다.'라는 것은 전생의 인(因)에 의해 현재의 과(果)가 있다는 것이며, 또한 '유(有)의 바퀴가 돌아 시작이 없는 것'을 가리킨다고 한다. 이러한 관점에서 연기의 원리는 수레바퀴의 테, 즉 환(環)과도 같다고 말해진다. 이와 같이 연기를 시간적인 생기(生起)의 관계로 해석했던 것이 가장 일반적 해석이라고 할 수 있다.

그런데 만약 어떤 사실 a가 다른 사실 b에 의해 알려진다고 할 때, 그것은 동시적 관계이거나 계시적(繼時的) 관계에 있다고 말할 수 있다. 하지만 동시에 존재하는 두 가지 사실은 두 개의 쇠뿔이 서로 관계하지 않는 것처럼 서로에 대해 어떠한 작용도 할 수 없다. 또한 계시적 또는 인과적으로 일어나는 한 순간 뒤의 사실 b에 의해서 사실 a가 알려진다고 할 때, 사실 a는 이미 소멸해 버렸기 때문에 양자 사이에는 어떠한 인식 작용도 일어날 수 없다.

그러나 연기의 각 지분 중 어떤 한 지분에서 '시작'되었다는 기체(基體)로서의 시체(始體)는 인정될 수 없다. 그것은 "무명(avidyā)이 비록 가장 먼저 열거될지라도, 개체의 궁극적 기원, 또는 절대적인 최초의 발단이라고 이해되는 것은 아니다."[21]라는 입장과 동일한 논거 때문이다.

요컨대 연기의 원리는 무시시래적(無始時來的)이라고 보아야 한다. 그리고 그러한 특성의 논리적인 귀결로서 계기성의 측면과 동시적 발생이라는 양면의 공존이 가능하게 된다.

연기가 단(斷)·상(常)의 2견(見)을 떠난 중도라고 하는 것은, 연기의 원리가 단도 아니고 상도 아닌 입장에 서 있다는 것을 말한다. 이것을 '변화한다'라는 의미에서 '상'(常)을 부정하고 '상속한다'라는 의미에서 '단'(斷)을 부정한다고 본다면, 연기란 '변화하면서 동시에 상속한다'라는 입장에 서게 된다. 따라서 '존재[法]는 상속성을 띤다.'라는 그 특성상 계시성이 인정되고, 또한 연기의 상호 의존 관계성의 귀결로 동시성이 인정된다고 할 수 있다. 이것은 상속의 자기 동일성을 위해서도 불가피한 것이라고 본다.

자연계의 모든 존재는 가능태(可能態)에서 현실태(現實態)로 이행

---

21) Sangharakshita(1980), p. 93.

해 가는 것이라고 할 수 있다. 현실태가 그 자체로서 동시에 가능태일 수는 없다. 이와 같은 존재의 변화는 계기적인 발생을 용인할 때 비로소 성립할 수 있는 것이다.

그런데 연기의 원리에 대해 무시간적 논리 관계로 보려는 견해를 비판하고 시간적인 인과 관계만을 주장하는 설이 있다. 그에 따르면 "연기는 분명히 12지가 선후의 관계를 갖고 '연(緣)하여 등기(等起)한 것'임은 의심할 여지가 없기 때문이다. '차유고피유'(此有故彼有)는 각 지분간의 그러한 관계를 나타내고 있다."라고 하면서 "무시간적·논리적 관계로서의 연기관은 연기 그 자체를 여실하게 본 것이라고 할 수는 없다."라고 한다.[22]

그러나 이상에서 살펴본 바와 같이 연기의 원리가 제시하는 내용은, 무시간적 논리 관계와 시간적 인과 관계의 어느 쪽으로도 해석 가능한 것이다. 그것은 마치 원뿔형의 조각품이 보는 각도에 따라서 정면에서는 삼각형으로, 위에서는 원형으로 보이는 것과도 같다.

인과율에 대한 가장 합리적인 개념이란, '시간 속에서의 동일성'(identité dans temps), 즉 원인과 결과 사이의 계기적 발생에서 동일성을 드러내는 것이다. 이러한 관점을 우리가 존재를 나타낼 때 흔히 사용하는 '있다'라는 술어 개념에 관련시켜 보자.

'있다'라는 개념은 두 종류의 의미를 갖는다. 하나는 '~이다, ~된다'라는 뜻이며, 또 하나는 '~이 있다'라는 것이다. 중세 이래의 전통적인 서양 철학적 용어에 적용시켜 보면 전자는 본질(essentia)이며,

---

22) 고익진(1990), p. 134.

후자는 실존(實存, 존재, existentia)이다.

나카무라 하지메는 이렇게 정리하고 있다.

> 초기 불교에서 '~인 본연인 상태'로서의 법이 설일체유부에 의해 '~인 본연의 상태가 있다'라고 고쳐진 것이다. '~이다'로부터 '~이 있다'로, 본질로부터 존재로 논리적으로 옮겨 간 것이 법유(法有)의 입장이 성립하는 이론적 근거이다.[23]

이러한 견지에서 보자면, 모든 법의 계기성(繼起性)은 존재성(existentia)에서, 동일성은 본질성(essentia)에서 도출된다는 것은 쉽게 추측할 수 있다. 그리고 무시간적인 연기관은 동시적인 연기로서 긍정될 수 있는 것이다. 예를 들자면, 하나는 동시성의 구성을 위한 기초 부분이고, 또 하나는 시간적인 계기(繼起)의 구성을 위한 기초 부분을 이룬다. 하지만 다른 면에서 본다면, 시간적인 계기 없이는 아무런 동시성도 있을 수 없고, 또 동시성 없이는 아무런 시간적인 계기도 있을 수 없기 때문에, 동시성과 시간적인 계기는 상관적으로 그리고 불가불리적으로 구성되지 않을 수 없는 것이다. 그래서 계기하는 작용의 측면에서 볼 때, 동시적으로 발생한다고 볼 수 있는 것도 그 대상의 측면에서는 계기적으로 발생하는 것이 성립된다는 것이다.

시간론 중 한 견해에 따르자면, 변화란 시간의 소산이 아니라 시간이 변화의 소산일 따름이라고 한다.

---

23) 中村 元(1989), p. 61.

인도 철학 일반에서 시간(samaya)은 과거(atīta, over-gone), 미래(anāgata, un-come), 현재(paccuppanna, up-come)로 파악되고 있다. 현재는 세 가지 의미를 갖는데, 순간(khaṇa-), 지속(santati-), 그리고 여로(旅路, 道, addhā-), 즉 길든 짧든 인생을 뜻하는 의미 등을 나타낸다. 이러한 세 가지의 '현재' 중에서 첫째 의미, 즉 순간은 두 번째, 즉 지속에 포함되며, 지속은 세 번째 의미, 즉 여로에 포함된다. 따라서 5온으로 이루어진 존재, 또는 아(我)들은 이러한 '시간'의 과정 속에서 일어난다고 보았다.[24)]

그런데 설일체유부에서는 유위법의 두 가지 특성으로서 삼세 실유성과 찰나성을 인정한다. 그에 따르면 모든 존재 현상은 무상하지만 그 본체(svabhāva)는 과거, 현재, 미래라는 3세를 통해 실재한다고 본다.

경량부는 『아비달마구사론』에서 설일체유부의 삼세 실유설을 반박하고 있다. 그에 따르면 과거와 미래는 무체(無體)이며, 오직 현재만이 실재한다고 주장한다. 그리고 외계는 찰나멸이므로 오직 추리, 즉 비량(比量)을 통해서 인식된다고 한다.

설일체유부의 중심 교설이라 할 만한 삼세 실유설에서 가장 중요한 개념 중의 하나인 유위상(有爲相)은 소위 5위 75법의 열네 가지 불상응행법(不相應行法) 가운데 네 가지 항목으로서, '일체를 무상하게 하는 힘'을 말한다. 곧 현상적인 생(生)에 나타나는 존재의 모든 요소[諸 法]는 서로 다른 네 가지 힘(saṃskāra, 行), 즉 생성(utpāda, 生), 지속(sthiti, 住), 쇠퇴(jarā, 老 또는 異), 소멸(anityatā, 滅 또는

---

24) Coomarswamy(1992), pp. 158 f..

無常)에 의해 동시에 영향을 받고 있다. 다시 말해서 이러한 힘은 요소가 존재하는 모든 순간에 그들 모두에 대해 영향을 미치는 가장 보편적인 힘이자 현상적 존재의 가장 특징적인 모습인 것이다.

요컨대 초기 불교에서는 무상(anitya)을 생(utpāda), 멸(vaya), 존재하는 것의 변화(ṭhitassa aññathatta)로서 정의하고 있는 반면에, 유부에서는 변화 과정을 논리적으로 분석하여 지속과 노쇠라는 두 가지 순간을 나타내는 것으로 하여, 이를 생, 지속, 노쇠, 사멸의 순간들로 보았던 것이다.

또한 붓다고샤(Buddhaghoṣa, 서력 5세기경) 이후의 상좌부에서는 생, 지속, 사멸의 세 가지 순간들을 인정하였으며, 반면에 경량부에서는 생과 사멸의 두 순간만을 받아들이고, 초기 불교의 무상론에 충실하고자 '정체 순간'(sthitikṣaṇa)을 부정하였다.

그림 2 ▌붓다고샤, 스리랑카 사원(Kelaniya Raja Maha Vihara) 벽화

그리고 『중론』(中論)에서는 '무릇 연기(緣起)한 것, 그것을 우리는 공성(空性)이라고 말한다. 시설(施設)에 의해서 그 공성(空性)은 그것이야말로 중도이다.'라고 정의하고 있다.

『정명구론』(淨明句論)에 따르자면, 공의(空義, śūnyatārtha)란 곧 연기라는 말이며, 무릇 연(緣)에 의하는 것이 공(空)이라고 할 수 있다. 즉 공이야말로 인(因)과 연(緣)에 의해서 존재가 생기하는 것으로서 곧 연기라는 뜻이며, 그 자체로서 생기하는 것은 아니라는 것이 공성의 의미이다. 나가르주나는 자성이 있다고 주장하는 유론자(有論者)에 대해 8불(不) 중도를 통해서 자성공(自性空)의 합리성을 나타내고자 하였다.

요컨대 연기의 원리에서 인정되는 계기성이란 상속 전변하는 법을 설명하기 위한 논리적인 요청으로서 제시된 개념이라고 볼 수 있다. 하지만 동시성은 연생한 법의 상호 의존 관계에 따른 필연적인 귀결이 된다.

연기의 원리와 인과성

『구사론』의 기본적인 입장은 연기의 원리가 원인을 이루고, 연생은 그 결과가 되어 존재를 이룬다는 것이다. 연기와 연생을 원인과 결과로 나누어 이해하는 인과성의 문제에 대해 『구사론』에서는 "연생한 모든 법[諸 法]과 연기를 구별하고 있는 경전의 의도는 무엇인가?"라는 물음을 제기한 뒤, "연기는 원인인 반면에, 연생은 결과이다."[25]라는 게송으로 답하고 있다.[26]

상응부 경전에서는 "비구들이여, 그러면 연생(緣生)한 법(法)들이란 무엇인가?"라는 구절 뒤에 이어서, "비구들이여, 노사(老死)는 무상(無常)하고 유위(有爲)이며 연생하며, 멸진하는 법이고 쇠멸하는 법이고 쇠퇴하는 법이며 소멸하는 법이다."라고 하여 연생한 법들, 즉 연기의 각 지분(支分)들의 특성들에 대해 열거하고 있다. 그리고 "노사(老死)-생(生)-유(有)-취(取) …… -애(愛)-수(受)-촉(觸)-육처(六處)-명색(名色)-식(識)-행(行) …… -무명(無明)"까지 동일한 정형구로 서술한 뒤, "비구들이여, 이것들이 연생한 법들이라 말해진다."라고 붓다는 설하고 있다.[27]

여기에서 연생은 법들의 성질, 상태를 설명하는 수식어로서 쓰였고, 다시 부연 설명하는 정형구 중에서 다른 수식어와 함께 열거되고 있다. 경전의 예에서 보듯이, 연생이 무상, 유위 등과 함께 연기에 의한 법을 설명하는 '의미 서술 용어', 즉 서의자(抒義字)로 쓰임으로써 연생이 연기라는 원리의 과정을 나타내는 개념으로 열거되었을 뿐이라고 본다.

---

25) Poussin(1990), p. 410.

26) 이 게송에 대한 각주에서 반복하여 설명하기를 "여기서 연기는 원인이고 연생은 결과라고 생각된다. hetur atra samutpādaḥ samutpannaḥ phalam matam." 라고 하였다.(Poussin(1971), p. 74, 각주 1.)

27) "katame ca bhikkhave paṭiccasamuppannā dhammā. jarāmaraṇaṃ bhikkhave aniccaṃ saṅkhataṃ paṭiccasamuppannaṃ khayadhammaṃ vayadhammaṃ virāgadhammaṃ nirodhadhammaṃ."(Feer(1988), pt. Ⅱ, p. 26.)

그렇다면 피수식어인 '법'(dharma)은 무엇을 가리키는가? 법은 광의로 사용될 때, 일반적인 어떠한 것, 사물, 존재를 의미하며, 협의로는 법처·법계에 한정되어 '의(意)'의 대상을 의미한다.[28]

연기와 연생은 모두 존재 현상, 즉 법에 대한 하나의 분석 명제(analytical proposition)이며, 또한 동일 명제(identical proposition)이다. 왜냐하면 연기와 연생은 외연(外延)과 내포(內包)가 서로 똑같은 동일 개념이기 때문이다. 따라서 연기하는 것은, 바로 연생하는 것으로서 그 공통된 외연은 광의로서의 법, 즉 존재 현상의 전체이다. 이 점에 대해서는 『구사론』에서도 밝히고 있다.

> 연기와 이러한 모든 법 사이에는 무슨 차이가 있는가? 아비달마에 따르면 아무런 차이도 없다. 왜냐하면 …… 둘 다 '모든 유위법'이라고 정의되기 때문이다.[29]

조에너 메이시(Joanna Macy)는 "연기(paṭicca samuppāda)에 대한 붓다의 가르침은 한 마디로 인과 과정의 상호 작용이다. 그것은 무아설과 제1 원인의 부정 속에 내재하고 있고, 인과 요인들이 상호 의존한다는 점에서 명백하며, 사용된 언어의 구조들 속에 반영되어 있다."[30]라고 밝힌 뒤 선형적 가정, 즉 단일 방향적 인과 관계와 비교한 뒤, 불교의 연기설은 인과의 선형적인 연쇄가 아니라는 점을 논하고

---

28) 上山春平, 櫻部 建(1989), p. 54, 참조.
29) Poussin(1990), p. 410.
30) 메이시(2002), p. 335.

있다.

사실, 연기의 원리는 인과 관계의 법칙을 가장 단순화하여 원리로서 체계화한 것일 뿐이며 현상 세계의 모든 변수들이 낱낱이 원인과 결과로서 대응되는 것은 아니라고 본다. 비록 『구사론』 등에서 삼세양중 인과설로서 연기법을 분석하였을지라도, '연기는 원인이며 연생은 결과'라고 단정하는 것은 지극히 일면적인 해명일 뿐이다.

그러나 연기와 연생에 대한 이러한 이해가, "붓다의 가장 큰 약점이라고 지적되는 체계화의 결핍"[31]에 해당된다고는 볼 수 없을 것이다. 오히려 원시 경전에서 보여 주듯이 근본적인 원리일수록 보다 보편적인 서술 방법을 통해 모순 없는 법칙성을 제시해 주는 것은 아닐까 생각한다. 그러므로 원시 경전들에서는 대체로 연기와 연생은 동일한 의미의 용례를 보인다고 하여도 무리가 아닐 것이다.[32]

요컨대 연기와 연생은 모두, 존재 현상들이 어떻게 생성 소멸하는가에 대한 단정적인 해명의 원리를 표현하는 용어라 할 수 있다. 그것은 존재가 무엇인가보다는 존재가 어떻게 생멸하는가라는 의문에 대한 붓다의 간명한 해답이다.

존재의 생성과 소멸에 대한 인도 전통적 견해들은 크게 이분된다. 즉 인중유과론(因中有果論, satkārya-vāda)과 인중무과론(因中無果論, asatkārya-vāda)이다. 그런데 불교에서는 연기설을 표방하여, 위의 두 학설과 대립되는 견해를 주장한다. 인중유과론이나 인중무과

31) Frauwallner(1953), Band Ⅰ, p. 213.
32) 中村 元(1981), p. 210, 참조.

론의 유파에 속하는 여러 견해들은 모두, 실재하는 각각의 존재가 독립적으로 성립한다는 전제 아래 놓여 있다. 하지만 불교의 연기설은 그러한 견해들과 기본 전제가 상이하다. 즉 모든 존재는 독립적으로 성립되는 것이 아니며 조건적인 상호 관계 속에서 생멸이 이루어진다고 보는 점에서 근본적 착안점이 다르다고 할 수 있다.

인과성 내지 인과 법칙, 인과 관계 등으로 쓰이는 'causality'는 라틴어 causa(원인)에서 유래하는 말이다. 근세 이후에는 원인의 개념이 시간적인 순서의 작용 원인에만 한정적으로 쓰이게 되었다. 즉 원인이란 어떤 다른 것에 대해 시간적으로나 사실적으로 반드시 앞서가는 것을 뜻한다. 서양 철학에서 이러한 인과율의 원초적인 형식은, 유한한 존재자는 절대적인 존재 근거에 의존해 있다는 것이다.

서양 철학에서는 인과성(因果性)의 관념에서 최종적으로 소급된 제1 원인(first cause)과 충족 이유(sufficient reason)를 탐구하여, 신의 창조 등의 귀결점에 대한 모색을 궁구하였다. 그러나 연기론의 궁극적 의의는 어떠한 목적성(finalité)도 부정하는 데 있다. 또한 연기의 각 지분 중에서 무명(avidyā)이 비록 가장 먼저 열거될지라도, 개체의 궁극적 기원, 또는 절대적인 최초의 발단이라고 이해되는 것은 아니다.

『아비달마대비바사론』에서는 "능생(能生, pravartaka)은 연기의 법이고, 수순(隨順, anuvartaka)은 연생한 법이다."[33]라고 하여, 연기와 연생을 각각 원인과 결과로서 전제한 것과 동일한 맥락에서, 원인

---

33) Poussin(1971), p. 74. Poussin(1990), p. 514.

되는 것은 능동적이며, 결과인 것은 수동적으로 발생한다고 한다.

그리고 『구사론』의 본론에서는, 푸르나샤(Pūrṇāśa)가 네 가지의 원인들을 거론하면서 '연기인 것은 연생일 수 없다. 왜냐하면, 그러한 경우들은 결과를 갖지 않으며 또 생기하지도 않기 때문이다.'라고 논박하는 내용이 이어지고 있다.

인과론에서, 원인은 결과를 산출하기 위해 작용을 가하는 현상이다. 하지만 원인과 결과의 관계가 반드시 능동성과 수동성의 관계를 띠는 것은 아니다. 또한 필연성이라는 말은 가능성이라는 말과 상호 교체된다. 즉 필연적이라는 말은 '그 부정은 가능하지 않다'는 뜻이다. 필연성의 개념을 거부한다면 가능성의 개념도 채용할 수 없을 것이다. 존재의 가능성은 반드시 논리적일 뿐만 아니라 인과적인 필연성을 충족시킬 경우에 성립하기 때문이다.

만약 원인을 찾아낼 수 없는 현상이 있다 하더라도, 그것이 원인 없는 현상을 뜻하는 것은 아니다. 단지 원인들이 너무 많고 복잡해서 예측이 불가능할 뿐이다. 또 우연적 발생이라 할지라도 인과 관계의 필연적인 법칙을 벗어난 것은 아니다. 따라서 원인과 결과의 수동성과 능동성, 계기성과 동시성의 문제는 매우 국부적인 일면만을 관찰할 때 가능한 표본적 해석에 불과하다고 본다. 그러한 논의는 원인과 결과를 명확히 구분하였을 때에 가능한 논박이다.

그러나 '연(緣)하여'란, 서구의 철학적 의미로는, 엄밀히 말하여 원인이라기보다는, 원인이 되는 근거 또는 조건이라고 이해할 수 있다. 게다가 연기의 원리에 대한 적절한 비유라고 할 수 있는, 수레바퀴의 테는, 어떤 특정한 점에서 시작된다고 말할 수 없다. 왜냐하면 그것은 연속적이기 때문에 어느 특정한 점을 시작 또는 끝이라고 말할 수 없기 때문이다.

연기법에 따른 존재의 과정이란 절대적인 필연성을 지닌 것은 아니다. 만약 원인들과 결과들의 연쇄 속에서 하나의 연결 고리만 파괴될지라도 모든 과정은 종식될 수밖에 없다. 왜냐하면 원인에 대한 결과의 상호 의존 관계 때문이다. 그러므로 필자는 연기의 원리는 서양 철학적 전통에서 논의되는 순수한 인과성(causality)에 대응되는 개념은 아니라고 본다.

연기 원리와 존재 세계

이 장에서는 연기의 원리와 시간의 관계에 대한 동시성과 계기성의 논란을 중심으로 살펴보았다. 결론적으로 말하자면, 초기 불교에서는 12연기 중 각각의 지분은 윤회 과정 속에서 계속 일어나는 인과 관계에 의해 그 시간적인 순서가 결정되는 것이 아니라, 존재 본연의 구조에 따라 순차적으로 체계화되어 있기 때문에 편의상 열거되고 있을 따름이라고 본다.

필자는 연기의 세계 속에서 제 법(諸 法), 즉 모든 존재는 그 상속의 특성상 계기성이 인정되며, 상호 의존 관계성의 논리적인 귀결로서 동시성이 인정되는 것이라고 해석한다. 따라서 계기성과 동시성, 둘다 연기의 원리 해석상 도출되기 마련이라는 점을 환기시키고자 하였다. 두 입장을 모두 인정하는 것이 논리에 어긋나는 것이 아니며, 각 부파마다 상이한 시간의 이해에 따라 달라질 수밖에 없는 연기의 원리에 대한 해석일지라도 연기에 대한 근본적인 의미의 측면에서는 결코 큰 차이가 나는 것은 아니라고 본다.

모든 것은 상의(相依) 상관(相關)의 관계성에 의해 존재한다는 연기의 원리에 따른 자연스런 귀결은, 제행무상(諸行無常)의 이치와 일치한다. 연기의 원리란, 일체 존재는 찰나에 생멸 변천하며, 아무런 생멸 변화도 하지 않고 상주하는 실체는 존재하지 않는다는 것을 상세히 펼쳐 놓은 것이다.

초기 불교 이래로 연기의 원리는 존재 현상을 개념화하는 새로운 방식으로서 제시되었다. 여기에서는 부파 불교를 거치면서 발전된 해석을 통한 다의적이고 복합적인 의미만을 일별해 보았다. 초기 불교의 교법에 따르면, 연기와 연생을 굳이 원인과 결과로 분설하였다기보다는 둘 다 연기의 원리라는 근본적인 범례(paradigm)를 상술하기 위한 용어로 파악된다. 그리고 『구사론』에서 보여 주듯이, 아비달마의 연기의 교리는 기본적인 범례를 수정하는 차원이 아니라 근본적인 연기의 원리에 통합되는 진보의 차원이라고 본다.

붓다가 정립시킨 기본 교리적 범례를 수정 또는 부정하는 것은 결코 불교라는 테두리 안에 머물러 있을 수 없는 별개의 노선을 취하는 사상일 것이다. 이러한 점은 부파 불교가 그 숱한 교리적 분설에도 불구하고, 불교라는 큰 바다에서 벗어나지 않고 있다는 평가를 받는다는 점을 볼 때 더욱 시사적이다.

체르바츠키는 그의 저서 『불교 논리학』 가운데 '연기(pratītya-samutpāda) 즉 인과(causation)의 장'에서 연기설만큼 "그렇게 철저하게 오해되고 그렇게 소모적으로 근거 없는 억측과 공상적인 철학화가 많이 이루어진 불교 교리는 아마 없을 것이다."[34]라고 단언하였다.

하지만 필자는 연기의 원리와 시간과 관련된 부파 불교 이래의 여러 분분한 논의들은 결국 가우타마 붓다가 선언했던 연기와 무상(無常)의 원리를 이해하려는 노력의 일환이었다는 점을 다시 환기시키고자 한다. 결국 연기의 원리에 대한 시간성 내지 무시간성이라든지, 동시성과 계기성의 문제는 결국 제행무상을 어떻게 볼 것인가라는 문제로 귀결되며, 그것은 곧 불교에서 시간을 어떻게 보는가 하는 문제와 동질의 것이라고 본다.

연기의 원리는 존재 세계의 개체성과 관계성에 대한 총체적 개념화라 할 수 있다. 연기는 역동적인 존재의 원리를 뜻한다. 일반적으로 어떤 법칙이란 현상(現象)들 사이의 필연적인 관계를 의미한다. 따라서 연기의 법칙도 존재 현상들의 필연적인 관계를 원리화한 것이라 말할 수 있다.

존재 현상에 대한 법칙은 우리들로 하여금 다양한 현상들을 하나의 단순한 공식 속에 응축시켜서 가지적(可知的)인 우주를 제시해 준다. 또 그러한 법칙을 통해 예측도 가능하게 해 주기 때문에 실천적인 중요성을 갖는 것이다. 따라서 업에 의해 과보가 초래된다는 업감(業感)

34) Stcherbatsky(1962), Vol. Ⅰ, p. 141.

연기나 삼세 양중 인과설을 빌리지 않더라도, 연기의 원리는 인과 응보에 대한 각성을 통해 중생으로 하여금 자연스럽게 윤리적 실천으로 이끄는 역할을 다할 것이라 본다.

제3장 율장의 용왕 설화 이해

신화와 상징주의

우리 주변의 복잡한 사회 현상과 개인적인 실존 상황은 신화, 민담, 상징 등의 다양한 방식으로 형상화되어 그 사상(事象)의 의미를 전하고 있다. 하지만 그러한 사상들을 분석해 나가면, 결국에는 하나의 소소하고 지엽적인 삽화(揷話)들만 드러낼 뿐이고, 마치 기호들처럼 각기 그러한 삽화가 의미하는 상징태(象徵態, symbolisant)로 환원되는 것을 피할 수 없게 된다.

일반적으로 상징이 쓰인 형상화 과정을 광의로는 상징주의라 부르는데, 이러한 특징은 신화 속에서 두드러지게 나타나고 있다. 어떤 상징이 신화의 한 요소가 되어 있을 때, 상징으로 사용된 각 형상을 상징태라 한다. 그리고 이러한 상징태가 신화의 일부분으로 쓰여서 기능을 하였다는 뜻에서 신화소(神話素, mythème)라고 지칭한다. 따라서 이러한 상징태에 대한 바른 이해가 없다면 인류사에 축적된 숱한 신화들은 단지 비실제적인 이야기로 여겨질 것이다.

상징주의와 무관한 신화는 단순한 '이야기'에 불과한 것이라고 말했던 조르주 나타프(Georges Nataf)도, 신화에서는 상징주의가 중요한 역할을 담당한다고 강조하였다. 그리고 그 신화 속에서 사용된 단어들은 보조 장치와 표준점, 표지(標識)가 된다고 하며, 여러 상징태들을 분석하면서 덧붙이기를, "하나의 상징을 읽는 것은 태초의 '황금 시대'를 되찾는 것을 의미한다."라고 하였다.[1]

우리는 불교 문헌들을 읽으면서 수많은 상징과 비유, 우의적(寓意的)인 설화들을 접하고 있다. 그런데 어떠한 독법(讀法)을 통해서 그 상징들의 참뜻을 찾아낼 수 있을 것인가? 더구나 불전(佛典) 곳곳에서 보여 주는 설화들은 근원적으로는 인도인 특유의 민족적인 상징들을 근저에 두고 전개되는 까닭에 인도 문화적인 기반을 토대로 하여 상징과 신화를 해독할 수밖에 없다고 본다.

율장의 서두에 등장하는 갖가지 용왕 설화는 방대한 불교 문헌 중에서도 가장 널리 알려진 설화 중 하나라 해도 과언이 아닐 것이다. 이 장에서는 신화학적인 해석을 기반으로 하여, 율장(律藏, Vinayapiṭaka)의 『대품』(大品, *Mahāvagga*) 서두에 등장하는 무찰린다(Mucalinda) 용왕과 에라파타(Erāpatha) 용왕, 우루벨라(Uruvela)의 용왕 등에 대한 설화에서 묘사되고 있는 용왕의 보편적인 상징태에 대해서 고찰하고자 한다.

용의 연원

조르주 뒤메질(George Dumézil)의 기능주의에 의한 사회적 환원 방법에 따르면, "신화, 의식 혹은 상징은 그 어원을 밝히자마자 곧바로 그 정체가 드러나는 것"[2]이라고 하면서 어원 분석의 중요성을 지적

---

1) 나타프(1987), pp. 11~13, 참조.
2) 뒤랑(1983), p. 63.

하고 있다. 실제로 여러 상징들은 그 성질이나 기원에 있어서 개인적이라기보다는 집단적이며, 종교적인 상(像)들을 갖는다. 그런 점에서 상징 체계는 언어학적인 의미론의 출발점이 되기도 하였다. 용의 정체와 의미를 파악하는 데 있어서도 그 어원을 추적하는 것은 가장 선행되어야 할 근본 문제라는 것은 재론의 여지가 없을 것이다.

먼저 초기 불교에서는 용과 코끼리가 동일한 상징적 의미를 갖는다는 견해가 있다.

그림 3 ▌남인도 힌두 사원의 나가 부조

사다카타 아키라(定方 晟)는 "사전에 따르면 인도어의 '나가'(nāga)에는 코끼리의 의미도 있고 뱀의 의미도 있다. 후자에는 또한 자연적인 존재로서의 뱀과 신격화된 뱀, 용이 있다."[3]라고 설명하면서, 『숫타니파타』, 『담마파다』, 『테라가타』 등을 면밀히 분석하고 나서 초기 불교에서의 나가란 오로지 코끼리를 의미했다고 주장한다.[4]

하지만 그러한 관점은 초기 불교 시대에 나가라는 단어의 제1 의미를 코끼리라고 보는 입장과 전혀 다를 것이 없다. 그렇지만 이러한 견해는 소수의 견해이다. 대다수의 학자들은 초기 불교 시대의 인도에서도 나가란 코브라 종류로 연상되는 뱀을 지칭하는 것이 제1의 의미라고 본다. 이러한 입장에서는 용이란 뱀의 신격화와 밀접한 관련이 있다고 본다.

그러나 필자는 용에 대칭되는 산스크리트어 나가가 지시하는 대상은 본래 뱀에서 비롯된 것이며, 용은 나가 즉 뱀이 후대에 이르러서 점차 신격화된 것이라고만 단정하기에는 용의 신화가 상징하고 있는 내용은 그 기원이 너무나 멀고 깊다고 생각한다. 용의 정체에 대한 해명이라 할 수 있는 그 기원에 대한 학설들을 일별해 보아도 얼마나 다의적인 해석이 가능한지 한눈에 알 수 있다.

용의 기원에 대해서는, 용권설(龍卷說), 사신(蛇神) 공포설, 사신 신앙설, 상상 동물설, 나가(nāga) 기원설, 서방 전래설, 뱀 기원설, 기상(氣象) 현현설, 토템 발생설, 공룡 발생설 등 매우 다양한 견해들이 있다.

중국의 하신(何新)은 "용이 뱀의 변형이라고 말하기보다는 도리어

---

3) 定方 晟(1971), p. 443.

4) 定方 晟(1971), pp. 442~443, 참조.

뒤에 오면서 뱀의 형상에 용의 의미가 부여되었다고 말하는 게 더 적절할 것"이라고 하면서 "용의 실체는 결코 뱀이 아니다."라고 단언하기도 한다.[5)]

강신희는 다음과 같이 발생적 측면에서 용을 고찰하고 있다.

> 뱀과의 관련이 많은 것은 사실이나, 용을 뱀에서 발전하였다고 보는 견해는 타당하지 못하다. …… 뱀은 자연계에서 존재하지만 용은 순수한 상상의 산물이며 상룡(象龍), 마룡(馬龍), 어룡(魚龍), 계룡(鷄龍)과 같이 다른 동물과 혼합된 상태로 나타나기도 하고 심지어는 뿔이 1개인 양(羊)도 용이라고 하고, 본래 36개의 비늘을 가진 잉어가 81개의 비늘을 갖게 되면 용이 된다 하는 것으로 보아 실제의 동물에 다른 속성이 첨가, 왜곡, 절단, 모순된 상태임을 알 수 있다. …… 용은 일반적인 공룡이라 일컫는 파충강(爬蟲綱), 포유류 또는 조류의 용반목(龍盤目), 익룡목(翼龍目) 등 18속(束) 60종으로 알려져 있다.[6)]

이처럼 용과 관련된 생물학적 분류를 구체적으로 제시하기도 한다. 그러나 필자는 이러한 분류란 공룡의 분류일 뿐이며 용의 분류라고 말하는 것은 적확(的確)한 표현이 아니라고 본다.

지구상에 존재했던 최초기의 공룡은 약 2억 2,500만 년 전인 중생대 트라이아스기에서 시작되어 쥐라기(2억 1,200만 년 전~1억 4,300만

---

5) 何新(1990), p. 98.
6) 강신희(1984), p. 7.

년 전)와 백악기(1억 4,300만 년 전~6,500만 년 전)에 번성했다고 한다. 그러한 파충류에는 용반목, 조반목, 익룡목, 수장룡목, 어룡목 등이 있으며, 그 중에서 공룡이라고 불리는 파충류는 용반목과 조반목에 해당한다고 보는 것이 생물학상의 분류이다. 따라서 공룡의 분류를 용의 분류라고 말해서는 안 될 것이다. 공룡은 실재했었던 생물의 한 종이며, 그에 대한 자료를 용에 대해서 동일하게 적용하는 것은 추정에 의한 확대 해석의 오류를 범하는 것이기 때문이다.

우리들 중에서 그 누구도 '용'이라는 단어를 '공룡'(dinosaur, titanosaur)이라는 단어와 호환할 수 있다고는 생각하지 않을 것이다. 생물학적으로 용이 곧 공룡이 아닌 바에야 그러한 분류를 받아들일 수 없다는 것은 분명하다.

그렇다면 용이란 실재하지 않는 상상의 동물이라고 결론을 내려야 하는가?

지금에 이르러서는 어원상으로 동일한 대상을 지칭하는 '용, 나가, 드래곤(dragon)' 등은 결코 '뱀, 사(蛇), 아히(ahi, 蛇), 사르파(sarpa), 사리스리파(sarīsṛpa, 爬行 동물: 독사, 전갈류)' 등과 혼동되지 않는 고유의 의미 대상을 지닌 단어라고 할 수 있다. 비록 아히 또는 사르파 등이 때로는 용이라고 번역되기도 하였으며, 용으로서의 나가와 동일한 예로 쓰이기도 했을지라도 그것은 의미상으로 '상징적이며 신화적인 용'을 지칭하는 아히와 사르파였을 뿐 뱀을 지시하는 용례가 아니었다고 본다. 따라서 필자는 용형을 이해하는 관건은 용에 대한 신화적 이해의 내용에 달려 있다고 생각한다. 용형의 정체란 각각의 설화 속에서 어떠한 신화소로서 그 의미와 기능을 다하고 있는지를 얼마나 정확히 읽어 내는가에 따라 달라지기 때문이다.

용의 형상

일반적으로 용이라는 단어와 대칭되는 어떤 형상, 즉 명확하지는 않을지라도 어떤 형상으로 치환되는 구체적인 물상(物像)을 떠올리기란 그리 어렵지 않다. 그렇지만 다양한 용형의 유형을 단정하여 확정적으로 말하기란 또한 쉽지 않을 것이다.

지금에 이르러서 용의 형상에 대해서는 거의 형상적인 일치를 보이고 있기는 하지만 역사적인 유형까지 포함하여 열거하자면 다음과 같다. 즉, 계형(鷄形), 사형(蛇形), 상형(象形), 마형(馬形), 수형(獸形), 귀형(龜形), 어형(魚形) 등이 용형으로 꼽힌다. 그리고 용의 색채에 따라서 청룡, 백룡, 적룡, 흑룡, 황룡 등으로 구분하거나, 그 밖에도 비늘의 유무, 날개의 유무, 뿔의 유무, 비상(飛上)이 가능한지에 따른 분류 등이 있다. 그리고 태생(胎生) 용, 난생(卵生) 용, 습생(濕生) 용, 화생(化生) 용 등으로 구분하거나, 천룡(天龍), 지룡(地龍), 신룡(神龍), 복장룡(腹藏龍) 등으로 나누기도 한다.[7]

그런데 이렇게 다양한 용의 형상들에서 유추할 수 있는 요점은, 용이란 뱀의 형태 또는 뱀의 속성에서 발전된 것이라고 볼 수만은 없다

7) 변진의(1989), pp. 167~172, 참조.

는 점이다. 더 나아가서 용이 곧 뱀이라거나, 뱀으로부터 발전된 신화적 형태 내지 상징적 형상이 곧 용이라고 단언할 수도 없다. 왜냐하면 용의 형상에서 얻게 되는 상징태들은 자연적인 원형을 모사한 것에 그치지 않기 때문이다. 또한 용에 대한 어떤 특정의 자연적인 원형에 대한 기억이 신화소 각각에서 직접적인 역할을 하지 않았다는 것은, 여러 다른 동물로부터 추상적으로 추출된 모티프(motif)가 손쉽게 결합되었다는 것에서도 반증으로 삼을 수 있다.[8]

구체적인 예로서, 율장『대품』에 등장하는 '에라파타 용왕'을 들 수 있다. 에라파타 용왕은 불교 문헌에서 다음과 같은 다양한 이름으로 등장한다. 엘라파트라(Elapatra, Elāpatra), 에라바나(Erāvaṇa, Erāvana), 아나파달다(阿那婆達多), 이라파타(伊羅婆陀), 이라파나(伊羅婆那), 애라벌나(藹羅伐拏), 이라만(伊羅漫), 이라발(伊羅鉢), 이라발다(伊羅鉢多), 이나반나(伊那槃那), 의라발달라(醫羅鉢呾羅) 등 …… 하지만 모두 동일하게 에라파타 또는 에라바나를 지칭하는 말이며, 그 각각은 음역상의 차이를 반영하고 있을 뿐이다.

그런데 특히 주목할 만한 점은 동일한 에라파타를 한역하는 데 있어서, 해당 음역어와 함께 용왕 또는 상왕을 부가시켜 번역하고 있다는 점이다. 예컨대 이라파니(伊羅婆尼) 용상왕(龍象王),[9] 이라파니(伊羅婆尼) 상왕,[10] 이나발나(伊那鉢那) 상왕[11] 등과 같이 용상왕, 또

---

8) 보링거(1982), p. 81, 참조.
9)『사분율』, T. 22, p. 867 하.
10)『사분율』, T. 22, p. 984 하.
11)『신수일체장경음의』(新收一切藏經音義), T. 54, p. 447.

는 상왕이라고 교체 번역되고 있다.[12] 이러한 예로써 알 수 있는 것은, 용과 코끼리는 유사한 상징태적 성격에 의해서 서로 자연스럽게 교체되었을 것이라고 추정할 수 있다. 신화소의 해석과 함께 상징태의 의미도 해독해 내야 할 필요가 있는 것이다.

필자는 용의 형상이 어떠한지를 규정짓는 것도, 그것이 들어 있는 설화 또는 신화 속에서 어떠한 상징적 의미와 위치를 지니고 있느냐에 따라 결정될 수 있는 문제라고 본다. 가장 단순하게 말하자면, 선한 용과 악한 용의 이미지는 근본적으로 다를 것이며, 그 상징태는 신화소적 역할에 따라 변모할 수밖에 없기 때문이다.

신화소로서 용의 상징성

긍정적 상징태

용의 긍정적 상징태로서는 굳이 불교 문헌에 국한하지 않고도 여러 민간 설화 속에서 많이 찾아볼 수 있다. 예컨대 보은 설화, 강우(降雨) 설화, 호국룡 설화 등을 들 수 있다. 그러나 불교와 관련되어 등장하는 선룡(善龍)으로서는 귀불(歸佛) 호법룡이 가장 대표적이다. 율장에 등장하는 용들도 그 예외가 아니다. 율장 『대품』에는 붓다에게 귀의하는 용으로서 무찰린다 용왕과 에라파타 용왕이 나온다.

---

12) 이나발나에 해당하는 원어 에라바나(Erāvana)에 대해서는 인드라 신의 탈것인 코끼리를 칭하는 이름이라고도 하며, 그대로 음역하여 이라바나 코끼리, 또는 이라파타 용이라고 한다.(雲井昭善(1997), p. 230 상, 참조.)

그림 4 ▌붓다를 감싸고 있는 무찰린다 용왕[13]

무찰린다 용왕은 정각을 이룬 붓다를 위해서 비바람을 막아 주고 춥지도 덥지도 않게 자신의 몸으로 붓다를 감아서 보호해 주는 선한 용이다. 그리고 다시 날씨가 좋아지자 용왕은 자신의 모습을 벗어버리고, 젊은이(māṇavaka)의 모습으로 변하여 붓다에게 합장하며 경례를 드리는, 귀불 호법의 상징적인 용의 역할을 다하고 있다. 그런데 우리가 놓쳐서는 안 될 다른 하나는 '마나바카'(māṇavaka)이다. 마나바카

---

13) 董茂泰(2004), p. 48.

의 사전적 의미는 '젊은이, 청년, 학생'이다. 그런데 최봉수는 『마하박가』에서는 다음과 같이 '동자'(童子)라고 번역하고 있다.

> 7일이 지난 뒤 세존께서는 삼매에서 깨어나셨다. 용왕은 날씨가 구름 한 점 없이 청명하게 갠 것을 보고 세존에게서 자신의 몸을 풀었다. 그리고 동자의 모습으로 변한 뒤 세존을 향해 합장한 채 경배하며 서 있었다.[14)]

남전대장경에서는 '유동'(孺童)이라고 번역하여, 젖먹이 또래까지 낮추기도 하였다. 하지만 동자(童子)에 해당하는 팔리어 내지 산스크리트어는 '쿠마라'(kumāra)로서 마나바카와는 구분된다. 쿠마라는 마나바카보다 더 어린 유소년을 지칭하는 말로서, 마나바카는 청년으로, 쿠마라는 소년으로 대칭된다.

상징주의적으로 보자면, 동자 또는 어린아이로 상징되는 것은 순수

14) 최봉수 역(1998), p. 45. "7일이 지난 뒤 세존께서는 삼매에서 깨어나셨다." 라고 번역되어 있으나, 이 부분은 오역으로 보인다. 번역자가 일러두기를 통해서 밝히고 있는 저본에 해당하는 팔리어 본은 다음과 같다. "atha kho Mucalindo nāgarājā sattāhassa accayena viddhaṃ vigatavalāhakaṃ devaṃ viditvā bhagavato kāyā bhoge viniveṭhetvā sakavaṇṇaṃ paṭisaṃharitvā māṇavakavaṇṇaṃ abhinimminitvā bhagavato purato aṭṭhāsi pañjaliko bhagavantaṃ namassamāno."(Kashyap(1956), p. 5.) 이 부분에 대한 남전대장경의 번역은 다음과 같다. "그때 무찰린다[目支隣陀] 용왕은 7일이 지난 뒤 하늘이 청명해지고 비가 그쳤다는 것을 알고서, 세존의 몸에서 똬리[蜷局]를 풀고 자기 모습을 버린 뒤 유동(孺童)의 모습으로 변하여, 합장한 뒤 세존에게 귀의하고 세존 앞에 섰다."(高楠博士功績記念會(1938), p. 5.) 덧붙여서 이 부분에 해당하는 것으로서, 『마하박가』를 참조했다는 얼 H. 브루스터의 책을 번역한 예를 들자면 다음과 같다. "7일이 지난 뒤 뱀의 왕 무찰린다는 하늘이 맑게 갠 것을 보고 붓다에게서 자기의 몸을 거두고, 뱀의 모습에서 젊은이의 모습으로 변하여 붓다에게 합장한 채 서 있었다."(브루스터(1996), p. 65.)

인 동시에 무지(無知)이다. 따라서 이미 붓다의 깨달음에 대해 눈을 뜬 마나바카는 '어린 동자'일 수는 없을 것이다.[15)]

그리고 무찰린다 용왕이 자신의 몸을 벗고 젊은이, 곧 사람으로 변신했다는 것은, 허물을 벗는 뱀의 생태적인 상징성이 결합된 것이라고 해석할 수 있다. 그러한 뱀의 특성은 상징 신화적으로 생명과 부활, 재생 등을 뜻하며, 영적인 재생과 육체적인 재생을 동시에 뜻하고 있다.[16)]

무찰린다 용왕은 붓다를 통해서 정신적, 육체적 양면으로 재생하여, 고차원으로 상승하는 상징태의 모습을 보여 주는 신화소로서의 역할을 다하고 있다.

『사분율』(四分律)에서는 "이리하여 축생(畜生)으로서 가장 처음 3귀의계를 받은 것이며, 에라파타 용왕이 으뜸이 되었다."[17)]라고 하여 에라파타 용왕이 3귀의를 받은 최초의 '축생'이라고 한다. 『사분율』에서 언급되고 있듯이 에라파타 용왕은 가섭불 때에 범행을 닦던 비구였으나, 이라발수(伊羅鉢樹) 잎사귀를 손상시켜서 용이 되었다고 한다.[18)]

15) 이 부분에 대해서 『오분율』에서는 "그 본모습을 버리고 젊은이로 변하였다." 라고 한다. "捨其本形化作年少."(T. 22, p. 103 중.)

16) Cooper(1988), p. 147, 참조.

17) "是爲畜生最初受三自歸, 伊羅鉢龍王爲首."(T. 22, p. 792 하.)

18) "爾時世尊告龍王言. 汝何故悲泣不能自勝耶. 時龍王白佛言. 世尊. 我念古昔迦葉佛時. 修梵行故犯戒. 壞伊羅鉢樹葉. 當有何報應. 世尊. 我由此業報故. 生長壽龍中. 如來般涅槃法滅盡後. 我乃當轉此龍身."(T. 22, p. 792 하.)

그림 5 ▌나가를 그린 벽화, 남인도 힌두 사원

이라발(Erapattra), 즉 에라 잎을 손상시킨 업보로서 용의 몸으로 구속되었다는 것은 신화적으로 해석해 보면 그 심층을 이해할 수 있다. 상징에 대한 일반적인 해석에 따르면, 구속, 감금, 체포의 이미지들은 망각, 무지, 수면 등을 뜻한다. 그러므로 용의 몸으로 구속된 에라파타는 무지에 갇혀 있는 상태를 상징한다. 에라파타 용왕이 붓다의 설법을 듣고 무지에서 벗어나 지혜를 획득하여 귀의한다는 것은, 용의 몸을 벗고 사람이 되었다는 무찰린다 용왕 설화에서도 보여 주듯이, 웃타라(Uttara)와 함께 출가하여 구족계를 받는다는 구체성을 띤 변신을 보여 주는 것과 동류에 서 있다고 볼 수 있다.[19]

이와 같이 동서고금의 다양한 형태의 신화를 통해 알 수 있는 것은 지성에 대한 강조가 두드러진다는 점이다. 원시 종족 사회에서는 젊은이들이 성인이 되고자 할 때, 인간 존재 상황과 관련된 문제를 수수께끼 형식으로 재구성하여 그들에게 가르침을 행했던 예를 많이 볼 수 있다. 원시인들의 성인식에서 들려주는 이야기들은 여러 신들, 시조(始祖) 동물, 세계와 인간의 창조, 종말, 죽음의 의미 등을 담고 있다. 그 중에서도 특히 '죽음'에 대한 지식이 그 요체를 이룬다.

그런데 에라파타 용왕 설화에서는 원시적인 '덫'의 역할을 하고 있는 에라파타 용왕이 게송을 내세워 해답을 구하는 형식을 볼 때, 고대

19) 웃타라에 해당하는 인물은 『사분율』에서는 나라다(那羅陀), 『오분율』에서는 나라(那羅) 마납(摩納)으로 음역되어 있다.

의 신화 형식과 유사한 보편성을 보이고 있다는 점을 알 수 있다. 그 게송의 주된 내용은 욕망, 애욕의 흐름에서 벗어나 해탈을 추구하는 것이다. 다시 말해서 붓다의 게송에서 죽음에 빠져들지 않는다는 것은, 욕망과 죽음이 묘사된 전형적인 신화적 주제를 보여 주고 있다. 다만 다른 영웅 신화와 구별되는 점은 그 해결의 축, 즉 수수께끼를 낸 용왕이 그 답을 제시하지 않으며, 의문을 품은 상태로서 진리를 아직도 추구하는 자이며, 용의 몸에 '구속당하고 있는 구도자'의 일면을 띠고 있다는 것이다.

요컨대 에라파타 용왕은 나라다 범지(梵志)가 종교적 체험을 하게 해 주는 중개자인 동시에 그 자신도 진리를 추구하고 결국은 무지의 구속에서 탈피하는 구도자이다.

에라파타 용왕이 게송에 답하는 자에게 주겠다는 "은 곡식 가득한 금 발우, 금 곡식 가득한 은 발우, 여러 용녀"[20]라든지 "화려하게 꾸민 두 여자"[21] 등은 욕망과 현실 세계의 부귀를 상징하며 성적인 모티프에 잇대어진 것이라고 볼 수 있을 것이다.

부정적 상징태

율장『대품』에 나오는 우루벨라의 용왕 설화에 얽힌 붓다의 전기는

20) "龍王言: 若有宣暢此偈義者, 我當持金鉢盛銀粟, 銀鉢盛金粟, 及所將龍女, 盡當與之. 我求如來等正覺."(T. 22, p. 791 상.)

21)『오분율』에서 금, 은 발우 운운하는 것은『사분율』과 다를 바 없으나 '용녀'는 '화려하게 꾸민 두 여자'로 서술되어 있다. "彼龍爲見佛故, 於六齋日在恒水中, 用金鉢盛銀粟, 銀鉢盛金粟, 又莊嚴二女."(T. 22, p. 106 상.)

여러 문헌에서 전하는 다양한 설화들 중에서도 가장 신화적인 설화라고 해도 전혀 과언이 아닐 것이다.[22)]

우루벨라의 용왕 설화에서 용왕은 붓다라는 영웅의 투쟁 상대로서 극복의 대상이 되어 있다. 우루벨라 캇사파(Uruvela Kassapa)의 성화당(聖火堂)에 있는 용은 그러한 부정적인 상징태를 가장 집약적으로 보여 주고 있다.

그림 6 ▌싯다르타의 탄생 장면에 등장하는 구룡, 화산 용주사 대웅보전 벽화

22) Oldenberg(1997), pp. 24 f., [1. 15.] 참조.

우루벨라의 용왕은 악룡(惡龍)으로서 독을 가지고 있으며, 입에서 불을 뿜어 내고 신통 변화를 부리는 괴물로서 인간에 대해 적대적인 관계에 있는 용이다. 특히 불을 뿜는 용은 뱀의 붉은 혀에서 유추된 상징태로 해석하는 것이 일반적이다. 불사조가 불에서 환생하듯이, 변환과 재생을 뜻하는 불의 이미지가 용에도 투영되었다. 또한 용은 비, 번개, 천둥 등의 자연 현상적인 힘의 상징태와 결합된 것으로 해석되기도 한다. 용은 비를 뿌리거나 비가 오지 않게 하는 위력을 지니고, 불과 같은 번개를 내쏘거나, 천둥소리가 나게 하여, 신화 속에서 비현현적인 것의 구체적 현현화를 상징하고 있다.

고대로부터 자연 현상의 다양한 변화는 인간에게 공포와 경이라는 느낌을 통해서 숭배하는 대상으로 자리 잡았듯이, '공포스런 용'은 성화당에 모셔져서 숭배를 받는 대상이 되기도 하였다.

동서고금의 많은 신화 속에서, 괴물로서의 용은 정복자, 창조자인 영웅의 투쟁 대상으로 등장한다. "용과 싸우는 것은 영적 지식이라는 보물을 획득하기 위해서 극복해야 하는 고난"[23]을 상징하는 신화소인 것이다.

부정적인 신화소의 역할을 하는 용은 일본을 비롯한 해양 국가의 신화 속에서 더욱 두드러지게 나타난다. 바다를 무대로 생계를 꾸려 가는 섬 주민들에게 거친 폭풍과 해일이 이는 바다는 목숨을 위협하는 악신으로서의 용왕이 부정적 상징태 역할을 하게 되었다.

이러한 상징태의 역할에 대한 단적인 비교로서는 중국이나 우리나

23) Cooper(1988), p. 110.

라에서 왕의 권위에 대한 상징으로서 흔히 용을 사용하였던 것과는 달리 일본에서는 그와 같은 상징으로 용이 쓰인 사례를 찾기 어렵다는 점을 들 수 있다.

율장에는 이러한 부정적인 상징태가 긍정적인 의미와 혼합되어 자연스럽게 대조를 이루고 있는 구절이 나온다. 즉 우루벨라의 용왕 설화에서는 '뱀 중에서 가장 우두머리인 용'(ahi-nāga)과 '인간 중에서 가장 우두머리인 용'(manussa-nāga)을 비유적으로 대칭시켜서 묘사하고 있다.[24)]

여기서 인간 중의 용은 붓다를 가리킨다. '위대한 존재'를 상징하는 코끼리 또는 용의 이미지는 초기 불교 경전을 비롯한 불교 문헌 곳곳에서 붓다의 수식하는 어구 중에 발견된다. 이러한 긍정적인 상징과 악을 상징하는 부정적인 상징을 대구로 사용하고 있다는 것을 읽어 내지 못한다면, '아히 나가'(ahi-nāga)와 '마눗사 나가'(manussa-nāga)는 곧 '사룡'(蛇龍)과 '인룡'(人龍)이라는 보통 명사로서 이해되고 말 것이다.[25)]

이와 같이 용의 상징태가 긍정적인 의미와 부정적인 의미로서 동시에 사용된 예는 불교 경전에 국한되는 것은 아니다. 크리스트교에서도 그 예를 쉽게 찾아볼 수 있다.

진 쿠퍼(J. C. Cooper)는 "크리스트교에서는 뱀이 용을 대신할 수 있다."라고 하면서 "악한 뱀은 사탄이며, 『요한 계시록』의 용이다. 교

---

24) Oldenberg(1997), p. 25, 참조.
25) 高楠博士功績記念會(1938), p. 46, 참조.

부 테르툴리안에 의하면 크리스트 교도는 예수를 '선한 뱀'이라고 불렀다."라고 밝히고 있다. 크리스트교에서도 십자가 아래에 있는 뱀, 즉 용이 악의 상징이었던 것과 동시에, "십자가나 기둥에 걸린 뱀은 세계의 구제를 위해서 '생명의 나무'에 걸린 예수의 원형"으로서 양면적인 용의 상징소를 함축적으로 표상하고 있다는 것을 알 수 있다.[26)]

용왕 설화의 상징태 이해

신화소로서의 용에 대한 고찰에서 보았듯이, 일견 무찰린다 용왕과 에라파타 용왕은 긍정적 상징태로서, 우루벨라의 용왕은 부정적인 상징태로서 해석할 수 있다. 하지만 어떤 설화 중의 한 신화소로서의 상징적 의미를 모두 해독해 내는 작업은 그리 간단하지 않다. 마치 꿈의 해석이 그 꿈을 꾼 사람의 지적 성숙도에 따라 좌우되듯이, 신화나 상징의 해석 방법은 연구자마다 유별(類別)하며, 그 해석 또한 계층적인 다양성을 피할 수 없다. 그래서 "그 틀을 제시하지 않는 것이 곧 상징"[27)]이라는 일단(一段)의 정의를 수용하기 마련인지도 모른다. 에라파타 용왕 설화에 나타난 다양한 용의 상징태와 관련된 또 다른 신화소, 즉 용의 서식처인 바다에 관한 상징 해석에서도 그와 같은 맥락의 이해를 구할 수 있다.

26) Cooper(1988), pp. 360 f., 참조.
27) 김용직(1988), p. 22.

그림 7 ▌ 강가 강의 하강을 묘사한 마말라푸람(Mamallapuram)의 부조, 남인도

『오분율』[28]과 『사분율』[29]에서는 동일하게 용왕의 거처를 항수(恒水), 항하수(恒河水), 즉 강가 강이라고 하며, 용궁(龍宮)[30]이라고도 한다.

에라파타 용왕이 강 또는 바다에서 살고 있다는 신화소는 시간에 대한 보편적인 상징태의 하나로서 강 또는 물이 쓰이는 것과 동일한 지평을 갖는다. 인도의 조상(彫像)과 회화에 자주 등장하는 다두(多頭)의 뱀은 우주적인 심연의 바다로부터 형성된 이후에 남은 잔존자(殘存者)를 표상한다. 이러한 잔존자의 이미지는 아난타(ananta)라는 이름으로 불리면서 영원성이라는 보편적 상징을 획득한다. 마치 뱀의 긴 꼬리처럼, 무한한 시간을 상징하는 동시에 현상 세계의 영원한 반복 회귀 또는 연속성을 상징하는 것이다. 그런데 이러한 보편적 상징이 에라파타 용왕에도 그대로 투영되어 있다. 즉 『사분율』의 '장수(長壽) 용'이라든지[31] 『오분율』의 '백천억만세'(百千億萬歲)[32] 등의 표현이 그와 같다고 할 수 있다.

죽음으로써 잊혀진다고 하듯이, 망각의 강 레테(Lethe)는 명부(冥府) 하데스(Hades)에 있다. 강이 굽이쳐 흐르듯이, 땅 위를 굽이치듯 기어 다니는 뱀 또는 용이 삶을 삼키는 죽음으로서 간주되기도 하는 데에는 강 또는 물이 시간의 상징태이기 때문이다. 에라파타 용왕의 서식처가 물이 되는 한, 에라파타 용왕은 하나의 신화소로서 장수와

---

28) "至第七日往到龍所；時八萬四千人在恒水兩岸, 欲聽摩納解說偈義."(T. 22, p. 106 중.)

29) "時伊羅鉢羅龍王, 自出恒河水所居宮."(T. 22, p. 791 상.)

30) T. 22, p. 791 하.

31) T. 22, p. 792 하.

32) T. 22, p. 106 하.

죽음을, 망각을 통한 재생을, 재생으로써 영원성을 획득하는 가장 보편적인 상징태를 반영하고 있다고 말할 수 있는 것이다. 그리고 이라발수와 관련된 에라파타 용왕의 설화에서도 신화소와 상징태를 추출할 수 있다.[33] 이라발수는 향엽(香葉)이라 번역할 만큼 향기가 짙은 식물이라 한다.[34] 그런데 에라파타 용왕이 그 잎을 손상시켰다는 것은 무엇을 뜻하는가? 단순히 나뭇잎을 훼손시켰다는 것이 과연 죄과를 받을 만한 것인가?

먼저 신화소의 해석상 나무와 식물은 곧 정신 생활의 성장과 발전을 상징적으로 표현한 것이라 본다. 이는 흔히 동물로 표현되는 본능적이고 육체적인 생활과 대조를 이룬다. 더 나아가 향기란 정신적인 것을 뜻하는 대표적인 상징태로 쓰이고 있다. 따라서 에라파타 용왕은 단순히 아무런 의미와 가치가 없는 나뭇잎을 손상시킨 죄과를 받았던 것이 아니다. 정신적 발전에 저해되는 저급한 행동을 한 대가를 그 업보로서 감수해야 했던 것을 표현하고 있는 것이다.

용은 그 기원에서도 육체와 정신의 이원적 대립과 관련된 상징태를 추출할 수 있다.

그 대표적인 일례로서 중국에서는 용의 "형상이 머리 부분은 돼지 같고 몸은 갈고리처럼 구부러졌으나, 비늘이 없어서 뱀류와는 관계가

---

33) "爾時世尊告龍王言: 汝何故悲泣不能自勝耶? 時龍王白佛言: 世尊! 我念古昔迦葉佛時, 修梵行故犯戒, 壞伊羅鉢樹葉, 此當有何報應. 世尊! 我由此業報故, 生長壽龍中, 如來般涅槃法滅盡後, 我乃當轉此龍身, 我失彼此二邊利."(T. 22, p. 792 하.)

34) 이라발수는 양하과(蘘荷科, 생강과)에 속하는 갈대류 식물로서 남인도 지역에 자생한다. 열매는 회색이며, 잎은 칼 모양으로서 향기가 좋아서 요리할 때의 조미 또는 약미(藥味)로 쓰인다.

없다."[35]라고 그 의상(意象)을 설명하고 있다.

돼지는 상징적으로 추한 성욕과 밀접한 관계가 있으며, 용은 자연적인 의상이 생물화(生物化)되었다는 해석을 고려한다면, 이라발수의 잎을 손상시킨 에라파타 용왕의 과보가 어디에 상징적 연원을 두고 있는지 충분히 짐작할 수 있을 것이다.

이러한 용의 상징태는 인도 신화 속의 가루다가 뱀을 잡아먹는 데서도 찾아볼 수 있다. 가루다는 초월성을 상징하며, 뱀은 저차원적 에너지를 상징하기 때문이다.[36] 그리고 에라파타 용왕 설화에서 또 하나의 영웅적 상징태를 찾아볼 수 있다. 에라파타 용왕이 게송을 내걸고 답을 구하였을 때, 웃타라가 그것을 풀고자 도전하는데 이것 또한 영웅 신화의 기본적인 모티프이다. 신화에서는 이러한 구조를 통해서 자아의 성장 과정을 암시한다.

일찍이 폴 라딘(Paul Radin)은 영웅 신화에 나오는 상징적인 인물들이 유사한 역할을 해 내고 있다고 분석하고, 영웅 신화의 전개에 따라서 네 개의 명확한 주기로 나눌 수 있다고 하였다.[37]

> 첫째, 트릭스터 주기(Trickster cycle)로서 유아의 정신 능력에 해당한다. 트릭스터란, 속임수나 장난질로 질서를 어지럽히는 신화적 형상으로서, 장난꾸러기 요정이나 신을 뜻한다. 따라서 본능적이고 무절제하며, 무목적적이므로 잔인하고 냉소적인 성격을 띠는 인물로

35) 何新(1990), p. 98.
36) 田辺和子(1984), p. 136.
37) 헨더슨(1983), p. 115, 참조.

표현되기도 한다.

둘째, 토끼 주기(Hare cycle)로서 인류 문화의 창시자로서의 모습을 나타낸다. 사회적 존재로 발전하면서 트릭스터 주기의 본능적, 충동적 경향을 극복하는 단계이다.

셋째, 붉은 뿔 주기(Red Horn cycle)로서 인간을 파멸시키려는 악의 힘을 이기는 초인적인 힘과 수호신의 도움을 필요로 하는 단계이다.

넷째, 쌍둥이 주기(Twin cycle)로서 인간의 행복과 안전을 위협하는 위험성은 오직 자신의 마음속에서 비롯된다. 이 단계의 대표적인 예로는 로마 신화의 로물루스(Romulus)와 레무스(Remus)가 있다.

그 중에서 용왕 설화의 웃타라는 셋째 단계인 붉은 뿔 주기에 해당한다. 자아는 무지와 미성숙으로부터 탈피해야 한다. 그러한 탈피 과정은 흔히 영웅이 악의 힘에 대항하여 투쟁 끝에 성취하는 형식으로 표현된다. 투쟁에 나선 주인공은 존재의 시발점이 되는 욕망과 그 종말이 되는 죽음, 이 두 세계를 정복한 뒤에야 비로소 영웅이 된다. 모든 무지와 불안을 극복하고 해소한 뒤에 얻게 되는 지혜는 영웅이 갖는 특권이다.

요컨대 에라파타 용왕 설화의 핵심적 주제가 욕망의 극복에 있다는 점을 주시할 때, 에라파타 용왕은 곧 악마나 사탄(Satan)과 동류에 있으며, 욕망이나 애욕 등의 저차원적 에너지를 뜻한다고 해석할 수 있다. 결국 방향성 없는 충동적인 힘, 즉 욕망으로부터 고차원적인 정신 세계인 지혜의 획득으로 나아가는 주체적 인물이 웃타라이다.

인도의 맛시옌드라나타(Matsyendranātha)의 설화에서도 보여 주고 있듯이,[38] 육체적인 사랑, 즉 애욕에 빠지는 것은 수행자로 하여금 무서운 망각 상태에 빠지게 한다. 망각은 근본적으로 자기의 참된 불사(不死)의 본성을 잊어버리는 것을 상징한다. 그러나 게송을 잘 기억했던 웃타라는 죽음, 즉 망각을 벗어나서 각성, 즉 자유와 해탈을 얻게 되는 것으로 해석할 수 있다. 불사성(不死性)을 획득하는 데 필요 조건이 되는 기억력을 이미 갖추었던 웃타라는 마침내 신화적 영웅으로서 지혜를 성취할 자격을 갖춘 셈이다.

에라파타 용왕 설화에서 붓다는 영웅과 구원자가 필수적인 신화에서 볼 수 있는 원형(原型)으로서의 성격을 띠고 있다. 영웅 신화의 보편적인 기능 중 하나는 각 개인의 자아 의식의 발전을 도모하는 데 있다.

칼 구스타프 융은 개개인의 내적 정신의 전체는 궁극적으로 자기(Self)의 원형적 상징을 지향한다고 말한다. 에라파타 용왕의 설화를 통해서 요구되는 신화적 이해의 또 다른 하나는 웃타라라는 한 인물로서 대변되는 인격의 완성에는 붓다라는 강한 인신적(人神的) 인물이 묵시되는 집단적 표상으로서 등장하는 점일 것이다. 그리고 에라파타 용왕을 비롯한 갖가지 신화소들은 붓다라는 최상의 진정한 영웅에게

---

38) 인도 중세 시대(10세기경)의 유명한 요가 수행자였던 맛시옌드라나타가 스리랑카를 여행하는 중에, 그 나라의 여왕과 사랑에 빠져서 그녀의 궁에서 꿈과 같은 시간을 보내는 사이에 자기가 누구인지 잊어버리는 기억 상실증에 걸렸다는 전설이다. 그 망각의 원인은 두르가(Durgā)로서 영원한 무지의 저주를 상징한다.(이은봉(1986), p. 108, 참조.)

귀속되는 상징태의 역할을 하고 있다는 점도 간과해서는 안 될 것이다.

불교의 용왕 설화

대체로 신화적인 이야기는 각 신화소들의 유사한 관계에 따라 배열되며, 구조적인 반복에 의해서 전개된다. 각기 다양한 상징들은 신화소들의 집합이라는 관계로 환원되며 그러한 분석에 의해서 신화의 의미를 해독할 수 있다. 따라서 신화를 이해한다는 것은 신화소 자체의 의미를 이해하는 것과 같다. 그러한 이해를 토대로 상이한 문화적 위상에서도 상징적 언어들은 보편화가 용이하며, 어떤 신화를 다른 문화권의 언어로 번역할 수 있는 것이다. 그러나 심리학자들의 정체적인 분석에 의해서거나, 문화 인류학자들의 발생론적인 해석에 의해서거나, 전 인류가 공유하고 있는 상징적 상상력이라는 광활한 영지를 전부 다 드러내기란 요원하다는 것 또한 간과할 수 없을 것이다.

이 장에서 고찰한 바와 같이 인류 문화사 속에서 복합적인 상징으로 탄생한 것이 용의 신화적인 성격이라고 이해하는 것은 불교 문헌에 등장하는 용의 신화소적 역할을 파악하는 데 반드시 선행되어야 하는 상징태의 해석이라고 할 수 있다.

필자는 용이란 특정한 어떤 생물이 변모되어 용이라는 형상을 이루었다기보다는 상징적인 여러 기능이 형상화되는 과정에서 생물적인 실체를 갖추게 되었다고 보는 것이 신화의 의미 해석상 적확한 이해가 아닐까 생각한다. 따라서 용의 상징태는 어느 한 기원에서 시작되었다는 단정적 강조보다는 각각의 설화 속에서 구체적인 신화소의 역할을 되짚어서 추적하는 것이 그 다의적인 상징태의 전모를 올바르게 이해하는 길이 될 것이다.

그림 8 ▎통영 망일산 보광사의 칠성각 내 용왕 탱화

이 장에서는 율장의 용왕 설화를 중심으로 신화적 이해를 시도하였다. 필자는 이와 같은 신화학적 기반 위에서 불교 문헌 속의 신화적 설화들은 재해석되어야 하며, 그와 동시에 불교의 정해(正解)도 이루어질 것이라고 본다. 흔히 말하기를, 신화는 침묵의 세계와 언어의 세계의 중간에 놓여 있다고 한다. 그러므로 신화적 설화의 양식을 빌어서 우리에게 전달하고 있는 진정한 붓다의 가르침을 읽어 내기 위한 작업에는, 침묵 속에 흐르고 있는 신화의 강을 건너야 하는 단계가 반드시 선행되어야 한다는 점을 간과해서는 안 될 것이다.

제4장 우슈니샤의 번역어와 상징성

계주의 도상학적 해석 문제

불교 예술에서는 불상의 도상적 특이점으로 인하여 학설상 논란이 있는 예가 적지 않다. 그 중에서 최근까지도 쟁점으로 부각되고 있는 것은 계주(髻珠)의 도상학적 해석 문제이다.

계주에 대응하는 인도의 원어는 추다마니(cūḍāmaṇi)이다. 추다마니는 한역(漢譯) 경전에서 주라마니(周羅摩尼), 주잡마니(周匝摩尼), 주라보(周羅寶) 등의 다양한 음역과 합역어로 쓰이고 있다.[1]

인도에서 추다마니의 용법은 인도 복식 문화사를 통해서 알 수 있는데, '머리를 올려 묶은 뒤에 장식하는 보석'을 뜻한다. 동의어로는 쉬카마니(śikhāmaṇi), 추다라트나(cūḍāratna) 등이 있다.

그런데 <그림 9>[2]에서 보듯이, 불상의 머리에 표현된 특이 형태, 예컨대 나발(螺髮)과 구분하여 살구색, 적색 등으로 묘사된 두 곳과 머리끝에서 피어오르는 듯 솟구치는 광명 등은 우리가 주변에서 흔히 보는 불상 장엄의 일반적인 양식이다. 하지만 불상의 특이한 머리 형태에 대한 우리말 명칭과 광명의 출처를 지시하는 용어는 학자마다 달라서 일치하지 않는다. 예컨대 이 부분을 지칭하는 대표적인 용어로는, '계주, 계뉴주, 계중주, 정상(頂上) 계주, 중간 계주' 등과 같이 '계주'라는 말을 사용하는 설이 있고, 이와 달리 '육계'(肉髻)라는 개념에

1) "放大光明, 名周羅摩尼."(T. 9, p. 606 중.) "無量諸池邊 周匝摩尼寶.(T. 16, p. 647 상.) "其中或以周羅寶."(T. 13, p. 22 상.)

2) 김정희(2011), p. 314, 도판의 일부.

비중을 두는 설이 있다.

그림 9 ▌연화사 괘불도의 일부, 조선시대, 1901년 작품

먼저 요점만 간단히 말하자면, 본래 '우슈니샤'[3]라는 하나의 의미

3) 우슈니샤(uṣṇīṣa)는 '피하다, 벗어나다, 면하다'라는 뜻을 지닌 √īṣ에서 파생된

개념에서 출발하였으나, 현재는 다양한 용례들이 어지럽게 혼재된 채로 사용되고 있다는 사실이다. 필자는 특히 하나의 뚜렷한 대상, 즉 '우슈니샤'를 묘사한 도상에 대한 지시 개념들이 일치하지 않는 데에는 핵심적인 선결 논점이 간과되었기 때문이라 본다. 따라서 여기에서는 그러한 선결 논점을 해명하는 데 주력하였다.

논의 전개의 방법으로는 먼저, 계주에 대한 기존의 논의 내용을 정리하여 고찰한 뒤에, 각각의 주장에 대해 원어의 한역 예를 통해서 비교해 보고, 그런 다음에 우슈니샤의 다양한 용례들을 분석하였다. 그리고 이러한 개념 분석과 병행하여 우리나라 불교 미술 도상에 나타난 우슈니샤의 표현 양식에 대해서 각각의 지시 개념과 상징을 적용하여 개념적 혼동의 근원을 추정하고 그 해결 방안을 모색해 보았다.

계주에 대한 용례 분석

계주에 대한 논의에 앞서 먼저 용어의 지시 범주를 정의할 필요가 있다. 왜냐하면 논의를 전개할 때 용어에 대한 이해가 저마다 상이한 점을 포함하고 있기 때문이다.

계주에 대한 논의에서 주로 거론되는 핵심 용례는 다음과 같다.

우슈나(uṣṇa)가 어원이다. 우슈니샤의 어원에 근거한 첫째 의미는 '뜨거운 햇볕을 피하기 위해서 머리를 감싼 것'이라고 풀 수 있다.

계주와 괄주

계주란 계(髻)와 주(珠)의 복합어로서 '상투(cūḍa) 구슬(maṇi)' 또는 '상투의 구슬'을 뜻한다. 상투를 틀어 올린 머리 부분에 붙어 있는 구슬은 모두 '계주'에 해당하는데, 이는 광의의 계주라 할 수 있다. 그러므로 상투의 앞, 뒤, 위, 아래 가릴 것 없이 상투 형식의 머리 모양에 장식된 모든 구슬은 계주로 간주한다.

그런데 추다(cūḍa)를 상투라고 번역할 때, 주의할 점이 있다. 고대부터 현대에 이르기까지 추다라는 인도어의 가장 빈번한 용례는 우리의 전통적 상투와는 다른 점이 있기 때문이다. 우리나라에서 상투라고 하면 대체로 전체의 머리털을 고르게 길러서 감아 틀어 올리는 머리 모양을 떠올릴 것이다. 하지만 인도에서는 머리 꼭대기의 일부분, 즉 특정 부위의 머리털만을 남기고서 나머지 부분을 완전히 삭발하는 머리 모양을 추다라고 한다. 엄밀히 말하면 이 경우에 길게 남겨 놓은 머리털을 추다라고 부른다. <그림 10>에서도 보듯이 일반적으로 그 추다를 돌돌 말아서 감기도 하고 묶기도 한다.[4)]

불교 문헌에서는 '계(髻)' 대신 '괄(髺)'을 사용하기도 한다.[5)] 괄이든 계이든, 우리말의 상투는 긴 머리를 묶어서 올린 형태의 머리 모양을 가리킨다. 따라서 계주는 곧 괄주(髺珠)와 같은 말이다.

---

4) "周羅者隋言髻也, <u>外國人</u>頂上結少許長髮爲髻."(T. 1, p. 365 상.) 여기서 외국인이란 대체로 인도인을 지시한다. 인도에서 남성과 여성의 경우를 가리지 않고 머리털 전체를 고르게 길러서 상투 형식으로 틀어 올린 경우에는 대체로 다밀라(dhamilla)라고 부르며, 추다와 구분한다.

5) "頂有<u>螺髻</u>."(T. 19, p. 165 중.)

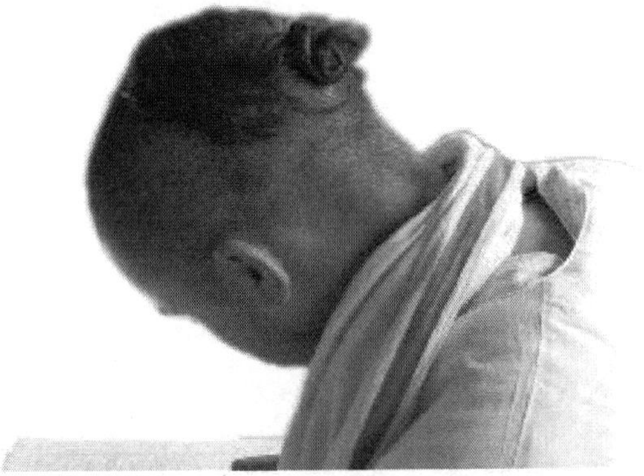

그림 10 ▎인도 남학생의 추다 형태의 머리 모양, 바라나시 범어 학교

계주는 도상에 표현된 위치에 따라 정상 계주와 중간 계주, 둘로 나뉜다. 이에 대해서 강우방은 "학계에서는 중간 계주와 정상 계주라 부르고 있으나 아무 의미를 모른 채 그릇된 용어만 만들어 쓰고 있다."[6] 라고 비판한다. 물론 계주를 정상 계주와 중간 계주로 나누어 부를 때에는 계주와 육계의 혼재로 인해서 그 둘의 구분이 모호해진다. 하지만 영시암의 벽화를 보면 그 의미의 차이는 쉽게 구분할 수 있다. 예컨대 <그림 11>에서는 살구색의 육계만이 두드러지게 표현되어 있으나, <그림 12>에서는 머리의 아래쪽 가운데에는 중간 계주, 머리 꼭대기에는 정상 계주로 나누어서 표현되어 있는 것을 볼 수 있다. 여기서 계주와 육계의 구분이나 차이점은 <그림 12>에 나타나 있듯이 붉은 띠를 둘러 계주를 표현한 것으로도 어렵지 않게 짐작할 수 있다.

6) 강우방(2012), p. 11.

영시암의 전각 벽화 중에서 <그림 11>은 붓다가 수자타의 공양을 받는 장면의 일부이고, <그림 12>는 마라의 세 딸이 붓다를 유혹하는 장면의 일부이다. 이 두 장면에서 붓다의 머리 모양이 상이하게 표현된 데에는 어떤 특별한 서사적 근거가 있는 것은 아니다.

그림 11 ▌ 육계, 설악산 영시암 전각 벽화의 일부

그림 12 ▌ 계중주, 정상 계주(위)와 중간 계주(아래), 설악산 영시암 전각 벽화의 일부

영시암 벽화는 최근 작품으로서, 현재 우리나라 학계에서 일반적으로 구사하는 계주의 2종 구분과 육계와의 차이를 뚜렷하게 보여 주고 있는 대표적인 사례로 꼽을 만하다.[7)]

이와 같은 계주와 동일한 의미로서 불전(佛典)에 나오는 다른 용어는 계명주(髻明珠)[8)]와 육계주(肉髻珠)[9)] 등이 있다. 한역 경전의 계주, 계명주에 대해 우리말 경전에서는 "진주 동곳"[10)]이라고도 번역하는데, 이에 대해서는 '계뉴주'에 대해 설명하는 곳에서 함께 고찰하였다.

계중주와 계중명주

계중주(髻中珠)는 "괄중주(髺中珠)"[11)]라고도 한다. 한역 경전에는 계중주라는 용례보다는 "계중명주(髻中明珠)"라는 표현이 더 빈번하게 나온다.

『가산 불교대사림』에서는 "계중명주"라는 표제어에서 "왕의 상투 속에서 빛나는 보옥(寶玉)을 말한다."라고 간단히 정의한다. 그와 연관된 "계주유(髻珠喩)" 항목에서는 법화 7유(法華 七喩) 중의 한 내용

---

7) 필자가 설악산 영시암에서 해당 건물 벽화의 사진을 촬영했던 2012년 7월에는 아직 현판이 걸려 있지 않은 상태였다. 2012년 12월, 영시암 종무소에 따르면, 해당 건물을 '대웅전'이라 부를 예정이라 한다.

8) "以星宿幢妙莊嚴藏摩尼寶王爲**髻明珠**."(T. 10, p. 664 상.)

9) "要學世尊頂上有**肉髻珠**."(T. 47, p. 349 중.) 학자에 따라 일본의 藤岡 穰의 경우처럼 계주 대신에 육계주(肉髻珠)라는 용어를 쓰기도 한다.

10) "菩薩摩訶薩施**髻明珠**時, 如是迴向."(T. 9, p. 507 상.) "보살 마하살이 진주 동곳을 보시할 때는 이렇게 회향합니다."(동국역경원(2002), p. 463.)

11) "帝釋得之爲**髺中珠**."(T. 85, p. 358 중.)

으로만 설명하고, 전륜성왕의 "상투 속에 있는 구슬"에 대한 불전 삽화를 인용하며 서술한다.[12] 하지만 필자는 계중명주에서, 명(明)이란 주(珠)를 수식하는 첨가어일 따름이므로 계중명주를 계중주에 포함시켜 함께 논하고자 한다.

먼저, 계주에 대한 여러 학설 가운데는 계중주와 계주를 구분하여 설명하는 경우가 있다. 그러나 한역 문헌에 '계중주(髻中珠)'라고 되어 있을지라도 우리말로 번역할 때는 '계주'라고 쓸 수 있다. 계주 자체가 '계의 주' 즉 상투의 구슬을 의미하기 때문에 한자어 '계중명주(髻中明珠), 계중주(髻中珠), 계주(髻珠)' 등은 우리말로 풀면 아무런 차이 없이 번역할 수 있다. 때로는 '중(中)' 자를 살려서 '상투 속의 구슬'이라고 번역하기도 하지만, 한역 경전에서 서술하는 계중주의 첫째 의미는 앞에서 설명한 '계주'와 다르지 않다.[13]

그리고 한역 경전에 계중주라고 서술되어 있어도 우리말 번역으로는 계주와 다를 것이 없다. 굳이 계중주를 풀어서 설명하자면, '상투의 구슬'이 될 것이며, <그림 12>에서도 보듯이 중간 계주와 정상 계주 모두가 계중주이다. 따라서 계중주라는 용어에 대하여, 특정한 삽화에서 소재로 등장하는 몇몇 사례, 예컨대 상투의 안쪽, 그야말로 보이지 않게 숨길 목적으로 상투의 안쪽 깊은 곳이라든지, 머리의 살 속에 감추

12) 이지관(1998), p. 887.

13) 이와 같은 방식의 해석 사례로서 "장중주(掌中珠)"를 들 수 있다. 한글대장경에서는 장중주에 대해서 "손바닥 안의 구슬", "손바닥 위에 있는 구슬", "손바닥의 구슬" 등으로 다양하게 번역한다. 그러나 사실상 그 의미는 다를 것이 없다. 또한 이 경우에 掌中珠를 우리말로 장주(掌珠)라고만 번역해도 어법상 그 뜻을 전혀 훼손시키지 않는다.

어 둔 구슬 등의 예는 매우 드물게 나오는 경우로 보아야 한다. 왜냐하면 소위 '의리계주(衣裏髻珠)'[14] 등은 육계와 계주의 도상적 표현 문제와는 무관하며 일반적인 서사 구조의 한 요소로 보아야 하기 때문이다.

계뉴주와 동곳

'계뉴주'(髻紐珠)라는 단어는 한역 경전이나 불전 문헌에서 찾아보기란 쉽지 않다. '계뉴'도 '뉴주'도 검색되지 않는다. 따라서 이 말은 계주에 대한 해설에서 사용되는 신조어(新造語)로 여겨진다.

인도에서는 머리를 묶어 매는 끈을 케샤반다(keśabandha)라고 하며, 그 끈에 다양한 보석 장식이나 꽃 장식 등을 첨가했다. 바로 그 케샤반다에 대응하는 우리말이 바로 계뉴, 계뉴주라고 할 수 있다. 그리고 이와 관련된 우리말 번역 용례 중 하나가 '동곳'이다.

한글대장경에서 다음 예와 같이 "계중주"를 "상투 속의 진주 동곳"이라고 번역한 예가 있다.

> 보살마하살은 …… 마니 보배관과 상투 속의 진주 동곳으로 중생에게 보시하면서도 아까워하는 마음이 없고, …… 모든 것을 베풀어 줍니다.[15]

여기서 한역본의 '주(珠)'를 굳이 "진주 동곳"으로 번역한 것은 '계(髻)'를 우리 식의 상투로 간주하고, 구슬을 진주로 번역한 뒤, 그 기

---

14) "即解衣裏以珠示之. 弟得見珠, 因而懷情."(T. 4, p. 412 하.)

15) 이운허(2006), pp. 427~428. "菩薩摩訶薩以 …… **摩尼寶冠及 髻中珠**, 普施衆生, 心無吝惜, …… 給施一切."(T. 10, p. 143 중.)

능이 우리 전통의 동곳과 동일하다고 여겼기 때문일 것이다. 그런데 동곳에 대한 일반적인 정의와 모양은 다음과 같다.

> 상투를 튼 뒤에 그것이 다시 풀어지지 아니하도록 꽂는 물건. 금·은·옥·산호·밀화·나무 따위로 만드는데, 대가리가 반구형이고 끝은 뾰족하여 굽은 것과 굽지 않은 것, 말뚝같이 생긴 것 따위가 있다.[16)]

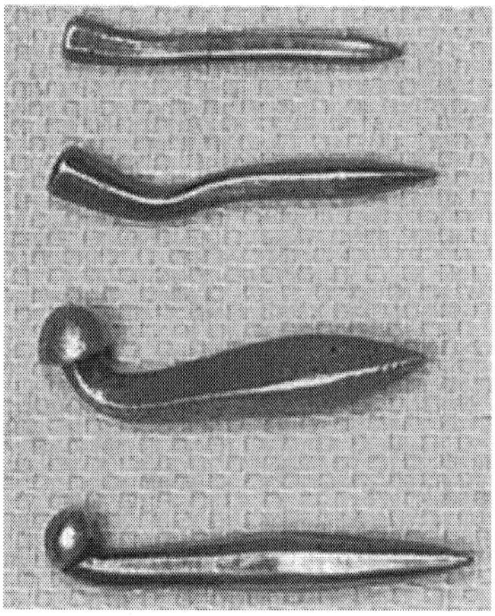

그림 13 ▎동곳

이 내용에 따르면 '진주 동곳'이란 '진주로 장식한 동곳'이어야 할 것이다. 하지만 <그림 13>에서도 보듯이, 동곳 자체를 진주로만 만들었다고 상정하기는 곤란하다. 게다가 한역어일 주(珠)를 '진주'로 국한하여 번역한 것은 분명한 오류이다. 계중주나 계주의 경우에 그 구슬이 결코 진주로만 한정될 가능성이 없기 때문이다. 계중주는 보다 더 많은

16) 동곳의 설명과 <그림 13> 참조.(국립국어연구원(1999), p. 1630.)

경우에 '계중명주(髻中明珠)'라고 한역되어 있듯이, 특정 보석을 지칭하기보다 '빛나는 보석'이라는 일반적인 뜻이 강하다.

계주와 관련된 논의에서 언급하는 계뉴주는 엄밀히 말하면 동곳과 무관하다. 상투를 끈으로 돌려 맨 다음에 상투의 중앙에 고정하거나 장식할 목적으로 달아 놓은 구슬을 계뉴주라고 부르기 때문이다. 그리고 엄밀히 말하면, 동곳은 고대 인도식 머리 장식품도 아니다.

계뉴주라고 할 때, 끈과 구슬이 분리되어 있는지, 구슬로 이루어진 끈인지, 그 외의 것을 지시하는지는 단정하여 말하기 곤란하다. 이에 대한 경전이나 다른 전례, 설명이 없기 때문이다. 하지만 간다라 불상에도 나타나 있듯이, 끈만 있고 구슬은 보이지 않는 경우가 있기 때문에 계뉴와 계주, 즉 끈과 구슬은 분리하여 말한다.

이 글에서도 '계뉴주'라고 하면 상투를 묶는 끈이 있을 때, 거기에 더하여 구슬까지 표현되어 있다는 의미로 사용한다. 그 구슬이 한 개에 불과하든지, 여러 개의 구슬이 줄을 이어 있는지의 여부는 무관하다.

수잔 헌팅턴은 <그림 14>[17]를 근거로, 우슈니샤는 혹이 아니라 머

---

17) 붓다, 브라마, 인드라 조각, 1세기 초엽 작품, 파키스탄 스와트(Swāt) 지역 출토품(Huntington(1999), p. 120, 도판의 일부). 이 작품은 일반적으로 범천권청(梵天 勸請)을 묘사한 것으로 알려져 있고, 학자에 따라 2세기 초엽의 작품으로 보기도 한다. 필자는 붓다의 우슈니샤를 이해하는 데, 이 작품에 묘사된 브라마와 인드라의 머리 형태가 적잖은 시사점을 준다고 본다. 즉 붓다의 머리 형태와 비슷하게 상투 머리를 한 브라마, 그리고 비교적 화려한 터번을 쓴 인드라의 머리 형태를 통해서, 그 당시 사람들이 나타내고자 했던 붓다는, 삭발한 상태의 일반 수행자 신분은 아니었다는 점을 알 수 있다. 그들은 정각(正覺)을 성취한 위대한 인물로서의 붓다를 묘사하는 데 중점을 두었던 것이다. 그래서 도리어 균형감을 잃을 정도의 거대한 머리 모양을 한 붓다로 표현되었다고 본다.

리를 모아 올려서 다발로 묶은 결절(結節)로 보았다. 그녀는 "붓다는 승복과 보석 장식이 없는 우슈니샤 끈(uṣṇīṣa tie)을 착용한다."[18]라고 한다. 이 경우에 우슈니샤를 돌려 묶는 끈이 곧 계뉴에 해당한다. 그리고 <그림 14>에서 계뉴 중간의 매듭 부분에 보석 장식이 부착되어 있다고 보면 계뉴주를 인정하게 될 것이다.

그림 14 ▎범천 권청

하지만 현재, 계주와 관련된 동곳이라는 용어는 불교 미술 학계에서는 널리 쓰이지는 않으며 극히 일부의 사례가 보일 뿐이다.[19]

18) Huntington(1999), p. 121.

19) 최완수(2006), "동곳[導玉]", p. 39, "동곳 모양의 상투 구슬[髻珠]", p. 60.

계주에 대한 도상학적 해설

계주와 관련된 도상에 대한 기존의 주장은 다음과 같이 요약 정리할 수 있다.

정상(頂上) 육계설

이 설은 계주의 명칭을 따로 설정하지 않고 다른 학자들이 계주라고 부르는 부분까지도 육계라고 통칭하는 경우를 말한다. 이 경우에는 계주라거나 계중주라는 말도 굳이 사용할 필요가 없다고 여긴다.[20)]

이 설은 다수의 학자들이 취하고 있고, 흔히 볼 수 있는 일반적인 설명이기도 하다.[21)] <그림 15>[22)]는 이 설의 입장을 잘 보여 주고 있다.

최완수는 동곳이 '도옥(導玉)'이라고 보며 병기하고 있다. 하지만 필자의 조사에 의하면, 도옥은 어떤 의미로든 불교 문헌을 비롯한 의장 용어로서 쓰이는 유례가 없고, 다른 전거로도 쉽게 찾아보기 어려운 용어로 보인다. 굳이 한자를 쓰자면 "동곳(銅串)"이라고 써야 할 것이다. 왜냐하면 국립중앙박물관에서 소장하고 있는 유물, "신수(新收)-011815-000"의 이름이 "금동제(金銅製) 동곳[銅串]"으로 쓰여 있다. 더구나 그 동곳 유물의 이름은 흔히 불두잠(佛頭簪)이라 부르는데, 그 끝이 마치 붓다의 머리 형상과 비슷하기 때문에 붙여진 것이라 한다. 동곳에 대한 일반적인 국어사전의 표제어에서는 한자를 병기하지 않고 마치 순우리말인 듯이 쓰고 있다. 예컨대 "동곳-잠(簪)" 항목이 그와 같다.(국립국어연구원(1999), p. 1630. 고려대학교(2009), p. 1671.)

20) 뚜렷하게 표현된 중간 계주, 육계 부분에 대한 설명은 하지 않고 간단히 "나발"의 표현만 언급한 예가 있다(국립중앙박물관(2010), p. 289, 참조). 이 책의 도판 해설에서는 양희정이 『관무량수경』을 인용하면서 육계를 언급한 예(p. 291)와 유경희가 "큰 육계와 머리 중앙에 붉은색의 중간 계주"(p. 315) 등으로 3회 더 언급한 것 외에, 육계에 관한 다른 언급을 볼 수 없다. 또한 박혜원은 "아미타불의 이마로부터 발하는 구불거리는 서기(瑞氣)는 남녀 예배자의 위로 내려오고 있다."(p. 312)라고, 미간 백호의 설명을 대신하고 있다.

21) 장경숙 외(1996), p. 224. '불상의 명칭'을 설명하는 도상에서 이와 동일하게 설명하고 있다. 즉 육계라는 말을 사용하며, 계주라는 명칭은 사용하지 않는다.

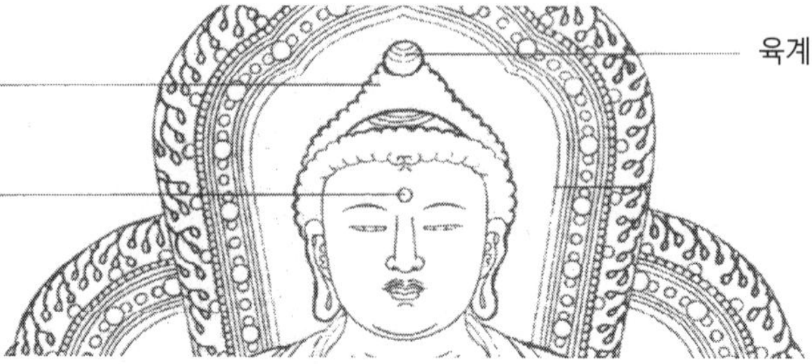

그림 15 ❙ 정상 육계설

이 설의 특징은 <그림 15>의 설명에서도 보듯이, 중간 계주 부분이 함께 표현되어 있어도 정상 부분만 육계라고 지칭하는 것이 원칙이다. 왜냐하면 육계는 솟아오른 부분을 말하는데, 중간 머리 부분은 굳이 솟아올랐다고 보기는 어렵기 때문일 것이다.

그림 16 ❙ 갑사 삼신불 괘불화의 일부, 석가불(향좌), 비로자나불(향우, 지권인)

---

22) 동국대학교 불교문화연구원 편(2009), p. 471, 도판의 일부. 이 책의 도판 부분의 집필자는 목경찬이다. 홍윤식도 이와 동일하게 설명한다. 홍윤식(1994), 부록 7. 여래 세부 명칭, 참조.

그런데 <그림 16>[23]에서도 보듯이 머리 꼭대기와 머리 중간의 특정 부분은 동일한 색채 기법으로 표현하는 것이 일반적이며, 대개 살구색과 적홍색이 주조를 이룬다.

이 설에 따르자면 <그림 16>에서 '기둥처럼 솟은 특이한 머리 모양'의 끝에 있는 살구색과 붉은 빛을 띠는 원형(圓形)만이 육계에 해당한다. 그리고 이마 바로 위 앞머리 부분에 초승달 모양의 살구색 바탕에 적색으로 그려진 형태는 동그라미의 일부로 추정할 수 있는 모양을 취하지만, 이 설에 의하면 지칭하는 특별한 다른 이름이 없다. 이 견해로는, 솟아 있는 머리 모양은 말 그대로 '머리'라고 하며, 나발이라는 지칭에 포함시킨다. 그러나 엄밀히 말하자면, 소라처럼 말려 있는 곱슬머리 모양만을 지칭하는 것이 나발이다. 상투를 튼 것처럼 솟은 부분에 대해서는, 머리카락을 모아 틀어서 만든 상투인지, 아니면 머리뼈가 솟아오른 형태 위에 곱슬머리 털을 그렸다고 해야 할지 알 수 없다.

이 설에서 분명한 것은 <그림 15>와 <그림 16>에서도 보듯이, 불두(佛頭)의 꼭대기에 머리털 색과는 확연히 다른 살구색 바탕에 적색 칠을 가미한 원형 부분을 '육계'라고 지칭한다는 점이다.

계주 표시가 없는 예에도 적용시켜 보자면, <그림 17>[24]과 같이 정수리 쪽에 그 높이와는 무관하게 조금이라도 솟아오른 끝 부분만을 육계라고 부르는 입장이 정상 육계설이다.

23) <그림 16>은 이 작품을 소개하는 글에서 흔히 '머리 모양은 기둥처럼 솟은 특이한 모양'이라고 말하는 갑사 삼신불 괘불화의 일부이다. 1650년에 조성된 괘불화로서 국보로 지정된 작품이다.

24) 국립중앙박물관(2010), p. 17, 그림의 일부.

그림 17 ▌육계

중간 육계설

김정희는 머리 정상이 아닌 머리 중간 한 곳에만 특이한 양식이 표현되어 있을 때, 그 중간 부분을 가리켜 "육계에서 나오는 빛을 받으며"[25]라고 설명한다.

이 설은 <그림 18>[26]에서도 보듯이, 원칙적으로 불두의 상투머리 부분의 크기라든지 그 유무와는 전혀 상관이 없다. 머리 중간, 한 곳에만 특이한 도상이 있는 경우에 그곳만을 '육계'라고 부르는 입장이며, 그 육계가 빛을 낸다고 간주한다. 이 경우에도 계주와 중간 계주 등의 용어를 적용할 여지는 없다.[27]

25) 김정희(2011), p. 86.
26) 국립중앙박물관(2010), p. 17, 그림의 일부.

그림 18 ▌머리 중간의 타원형 표시 부분을 육계라고 부르는 경우

<그림 18>처럼 머리의 정상이 아닌 중간에 있는 작은 도상을 육계라고 할 때, 상투처럼 솟은 부분을 육계라고 하는 일반적인 정의와는 적잖은 차이가 난다. 그림에서와 같은 중간 부위는 솟았다고 보기 어렵기 때문이다. 또한 머리털이 짙게 색칠되어 있어도 이 육계 부분은 적색이나 살구색을 띠며, 머리색과 다른 옅은 색을 띠고 있는 것이 특징적이다. 추정하건대, 이 설에 따른 도상은 한자어 '육계'에서 특히 '살'이라는 의미에 중점을 두고 묘사한 예로 보인다.

27) 문명대의 경우는 분명하지는 않으나 대체로 이 설의 입장을 취한 듯하다. 예컨대 문명대는 개운사 목조 아미타불상을 설명하면서 이렇게 말한다. "큼직한 머리에 나발의 육계가 유난히 커진 것도 이런 인상을 더해 주는 것이다." (문명대(1997), p. 187).

중간 계주와 육계의 이분설

김정희는 육계에 대해 "정수리 부분에 혹 모양으로 솟아 있는 것으로, 살 상투라고도 한다."[28]라고 정의한다. 이에 따르자면 '혹 모양'이 아닌 앞머리 부분의 특이 도상에 대해서는 다른 설명을 부연해야 할 필요가 생긴다. 그에 대해서 김정희는 머리 중간 부분의 특이한 도상을 "중앙 계주"라는 용어로 설명하고 있다.

김정희는 봉정사 대웅전의 영산회상도를 설명하면서 "석가모니의 넓적한 육계(肉髻)와 중앙 계주(髻珠), 둥근 얼굴과 단아한 신체"[29] 등으로 설명하고 있다. 그러나 '중간 육계설' 항에서 보았듯이, 김정희는 중간 계주의 자리 한 곳에만 특이한 표현이 있을 때에는, 그곳을 가리켜서 육계라고 한다. 결국 김정희에 따르자면, 머리 중간의 특이한 표현은 육계이기도 하고, 계주이기도 하다는 결론에 이른다.

이 설은 육계와 계주의 구분이 모호하고, 설명하는 데 일관성이 없다는 점이 문제이다. 육계와 계주는 결코 동의어가 아니기 때문이다.

계중주설

계중주설은 육계가 있고, 거기에 더하여 계중주라는 구슬이 있으며, 그 구슬이 두 곳에 표현되는 경우에, 아래는 중간 계주, 머리 꼭대기는 정상 계주라고 부르는 경우를 말한다. 이에 따르면 <그림 15>에서 '육계'라고 지칭하는 부분은 정상 계주이고, 아래 머리 중간에 이름

28) 김정희(2011), p. 50.
29) 김정희(2011), p. 82.

이 없는 특이 표시 부분은 중간 계주가 된다.

이 설은 특히 둥글게 표현되는 부분을 보석이나 구슬로 간주하고 '정계(頂髻)에서 나오는 대광명'[30]의 근거로 삼는다. 다만, 이 입장에서는 육계와 계주의 구분을 표현상 명료하게 구분해야 한다.

앞의 그림들에서도 보듯이, 살구색 바탕은 육계를 표현한 것이고, 적색 계열의 원형 선(線)은 계주, 즉 구슬 모양으로 표현한 것이라고 보고 있다. 황금색의 원형으로 표현된 경우에도 당연히 계주라고 한다. 물론 채색이 있는 불상 미술에 해당한다. 대체로 채색이 없는 불상 조각류의 경우에는 달리 분석해야 할 것이다.

그림 19 ▌머리 부위의 두 부분의 특이상은 두 계주를 표현한 것

30) "入佛莊嚴三昧, 從於頂髻放大光明."(T. 3, p. 539 중.)

계중주설의 요지는 <그림 19>[31]와 같이 불상의 머리에 표현되어 있는 하나 또는 두 개의 특이 도상을 '육계'라고 부르지 않으며, 계중주 즉 '중간 계주'와 '정상 계주'로 나누어 말하거나 '계주'라고 부른다는 점이다.

보주설

이 설은 <그림 20>[32]에서 a의 위치에 있는 것을 보주라고 보는 입장이다.

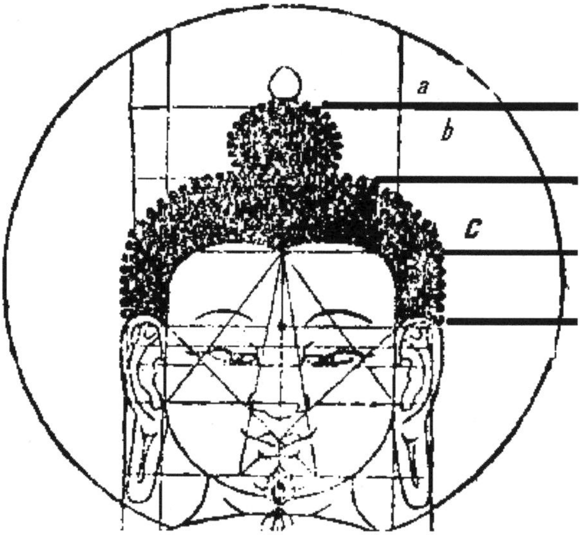

그림 20 ❙ 『불설조상양도경』(佛說造像量度經)의 도상

---

31) 국립중앙박물관(2010), p. 17. 그 도안을 바탕으로 하여, 설명의 편의상 필자가 머리 꼭대기에 원형의 표시 한 개를 첨가한 것이다.

32) 도상: "여래만월면(如來滿月面)."(T. 21, p. 941 상.) 필자가 원래 그림에 설명의 편의상 a, b, c 문자만을 첨가하였다.

유경희는 “부처의 육계 정상의 보주 표현”, “육계 정상 위로 보주가 있는 점” 등으로 설명한다.[33)]

대체로 이러한 형태가 불상 조성의 기본으로 알려져 있다. 그 이유는 이 도상이 대장경에 입장(入藏)된 이후로 도상의 기본으로 여겨졌기 때문일 터이나, 그 이전에도 불교 문헌상 다양한 내용으로 보주가 등장하고 있다.

이 설에서는 <그림 20>에서 b 부분을 육계라고 부른다. 『불설조상양도경』에서는 육계의 높이를 4지(指)로 정하고 있다.[34)] 그리고 같은 보주설이라 할 수도 있지만, 그 배경 설명은 판이하게 다른 예가 있는데, 앞서 언급한 강우방의 주장이다. 하지만 그가 영기설(靈氣說)과 관련시켜서 언급하는 한, 전통적인 불교 도상학의 범주를 넘어선 주장으로 판단하며 별도의 논의가 필요하다.

비릉가보설

인도의 의장(意匠) 전통에서 머리 장식은 매우 다양한 형태로 나타난다. 머리카락만의 모양뿐 아니라 거기에 덧붙이는 장신구 또한 단순하지 않다. 인도의 다양한 머리 장신구 중에서 계주와 관련된 것은 비릉가보(毘楞伽寶)이다.

---

33) 국립중앙박물관(2010), pp. 316~317.

34) “肉髻崇四指.”(T. 21, p. 941 중.) 여기서 1지(指, aṅgula)는 인도의 단위로서, 손가락 하나의 길이가 아닌, 그 너비를 말한다. 따라서 1지의 길이는 1.5~2센티미터 정도이다. 『프라티마 라크샤나』(*Pratimā-lakṣaṇa*)에서는, ‘전체 크기가 120앙굴라에 달하는 불상을 조성할 때 우슈니샤의 크기는 4앙굴라, 즉 4지’라고 정하고 있다. Banerjea(1985), p. 619, 참조.

비릉가보는 '사가라비릉가나마니보(舍迦囉毘楞伽那摩尼寶)'의 준말이다.[35] 샤크라 아빌라그나 마니 라트나(śakra-abhilagna-maṇi-ratna)가 그 원어이다. 샤크라는 제석천 즉 인드라 신을 뜻하며 그가 '가지고 있는'(abhilagna, 持) 보석이라는 뜻이다.

엄밀히 말하면, 이 보석은 실재하는 현실 속의 특정 보석이라기보다는 최고의 힘과 지배력을 상징하는 인도 문화 특유의 개념이었다. 그런데 갈수록 후대에는 인드라닐라(indranīla)라는 이름이 붙여진, 사파이어 또는 에메랄드 등의 "청색을 띤 보석"이 비릉가보로서 주로 쓰이게 되었고, 인드라닐라는 제석보(帝釋寶),[36] 제석청보(帝釋靑寶),[37] 제청보(帝靑寶),[38] 천주대주(天主黛珠),[39] 인다라(因陀羅)[40] 등 다양한 이름으로 불전에서 쓰이게 되었다.

비릉가보와 동일한 의미로서 불전에 나오는 주요 번역어들은 석가비릉가마니보주,[41] 석가비릉가마니보,[42] 석가비릉가마니,[43] 석가비릉가보주,[44] 석가비릉가보,[45] 석가비릉가,[46] 비릉가마니주,[47] 비릉가보주,[48]

---

35) "或有知如來身舍迦囉毘楞伽那摩尼寶色."(T. 10, p. 920 상.)
36) "當獲最上帝釋寶."(T. 18, p. 534 중.) "釋提桓因以帝釋寶摩尼."(T. 9, p. 318 하.)
37) "所謂珊瑚鞞琉璃夜帝釋靑寶."(T. 17, p. 862 상.)
38) "伊陀尼羅此云帝靑寶也."(T. 35, p. 399 상.)
39) "因陀尼羅(論曰靑珠也 譯曰天主黛珠)."(T. 54, p. 1053 하.)
40) "如梵天王頂上寶珠名因陀羅."(T. 44, p. 873 상.)
41) "頂上肉髻如釋迦毘楞迦摩尼寶珠."(T. 20, p. 663 중.)
42) "一一童子有五百億釋迦毘楞伽摩尼寶以爲瓔珞."(T. 12, p. 342 중.)
43) "頂上肉髻髮紺瑠璃色, 釋迦毘楞伽摩尼."(T. 14, p. 419 하.)
44) "百千釋迦毘楞伽寶珠."(T. 13, p. 656 중.)
45) "如釋提桓因著釋迦毘楞伽寶瓔珞已."(T. 9, p. 301 중.)
46) "常在其頂上 釋迦毘楞伽."(T. 13, p. 648 하.)

비릉마니,[49] 비릉가보,[50] 제석비릉가마니보,[51] 릉가보[52] 등이다.

요컨대, 비릉가보는 제석천의 보주이자[53] 최상의 보배이므로 자연스럽게 여의보주(如意寶珠, cintāmaṇi-ratna)로 치환되었고,[54] 의장상(意匠上)으로는 추다마니, 즉 계주 형태로 구현되었다.[55]

필자는 이와 같은 비릉가보설이 앞서 말한 보주설까지 포함시키는 동시에 불교 문헌적 고증과 인도 문화적 기원을 함께 충족시켜 주고 있다고 본다. 또한 이 설이 불상의 계주에 대한 도상학적 기원을 해명하는 데에도 가장 유력한 실마리가 되리라고 본다.

---

47) "即以毘楞伽摩尼珠, 瓔珞."(T. 21, p. 487 하.)

48) "如來臍如毘楞伽寶珠."(T. 15, p. 648 중.)

49) "足下相毘楞摩尼色."(T. 15, p. 667 상.)

50) "毘楞伽寶(譯曰不好色也)."(T. 54, p. 1054 상.) 비릉가, 즉 아빌라그나(abhilagna)를 불호색(不好色)이라고 설명하고 있다.

51) "兩手執持帝釋毘楞伽摩尼寶鬘."(T. 13, p. 307 상.)

52) "楞伽寶名. 具云釋迦毗楞伽."(X. 17, p. 471 하.)

53) "如釋提桓因著釋迦毘楞伽寶瓔珞已."(T. 9, p. 301 중.)

54) "釋迦毘楞伽摩尼 …… 釋迦毘楞伽此云能聖. 摩尼亦云離垢亦云如意."(T. 37, p. 293, 상~중.)

55) "如毘楞伽摩尼寶珠在帝釋頸."(T. 14, p. 468 상.) 때로는 『대방광보협경』의 이 예문처럼 제석천의 목에 있다고도 한다. 하지만 이 경우는 도리어 예외적인 경우로 보아야 할 것이다. 인도의 천신들은 왕족과 마찬가지로 주로 머리에 천관을 쓰는 형식을 취하고, 그 관을 보배로 치장하며, 최상의 보배는 머리 장식에 부착하는 것이 일반적이라 해도 과언이 아니기 때문이다. T. 54, p. 108 상, 참조. T. 14, p. 481 상, 참조.

육계와 계주의 상징성

육계와 우슈니샤

육계에 대한 우리나라의 대표적인 정의는 "부처의 정수리에 있는 상투 모양으로 두드러진 혹 같은 모습."[56]이다. 이 정의는 문화재 관련 한자어를 우리말로 순화한다는 취지 아래 발간한 자료에서 인용한 것이다. 그런데 '육계(肉髻)' 항은 순화어를 따로 만들지 않고, "순화안, 한글, 북한" 등의 항목이 모두 "육계"로 동일하다. 또한 영문 표기는 "protrusion on the top of Buddha"(붓다 정수리의 돌출물)라고 정의하였다. 간단히 말해서 '머리 혹'을 뜻하며, 상투 그 자체는 결코 아니다.

육계의 우리말 풀이는 "상투 모양의 살"이 될 것이다. 그래서 흔히 '살 상투'라고 풀어쓰기도 한다. 하지만 이 경우도 살 상투보다는 '머리 혹'이 더 합당한 말이라고 본다. 왜냐하면 상투가 살로 되어 있다는 말보다 머리에 혹이 솟았다는 표현이 더 상식적인 표현이기 때문이다. 이러한 '머리 혹'은 한역 경전에서 "육괴(肉塊, 살덩어리)"[57]로 표현되기도 한다.

---

56) 문화재청(2004), No. 839의 용어 해설 부분. 국립국어연구원에서 간행한 표준국어대사전에서는 '육계'의 항목을 '무견정상(無見頂相)' 항목으로 넘겨서, "부처의 정수리에 있는 뼈가 솟아 저절로 상투 모양이 된 것. 인간이나 천상에서 볼 수 없는 일이므로 이렇게 이른다. 부처의 80수형호의 하나이다."라고 설명한다. 국립국어연구원(1999), p. 2224.

57) "肉髻. 佛頭巔頂上有<u>肉塊</u>. 高起如髻."(T. 21, p. 941 하.)

그림 21 ▎붓다 입상 일부, 인도 마투라, 2세기 작품

<그림 21>[58]의 도상은 머리 혹으로 묘사된 우슈니샤(uṣṇīṣa, uṇhīsa)의 예를 잘 보여 주고 있는 대표적인 작품으로 꼽힌다.

한역 경전을 거쳐서 형성된 우리말 우슈니샤 관련 용례의 특징은 '상투'라는 용어와 밀접한 관련성을 갖는다는 데 있다. 필자는 계주의 도상적 혼란 문제도 이러한 용어의 문제에서 비롯되었다고 본다. 이 점은 인도의 불상이 계주의 문제에서 비교적 자유롭다는 사실로도 알

58) 東京國立博物館 외(2002), p. 23. 인도 마투라 박물관 소장 불상, 도판의 일부. 최완수는 이 작품의 연대를 "3세기 전기"라고 보고 있다. 최완수(2006), p. 64.

수 있다.

인도를 비롯한 국제 학회에서는 육계에 대한 영문 표기로 원어 'uṣṇīṣa'를 그대로 채용하여 쓰는 추세이다. 그리고 상투와 결합할 필요가 없는 우슈니샤라는 원어의 직접 사용 때문인지 계뉴주라든지 계주 등과의 혼동 또한 찾아보기 힘들다. 물론 우리나라에서도 우슈니샤라는 원어를 음역하여 사용하는 예가 있다.

이주형이 "우슈니샤가 솟아 있고 나발이 덮여 있다."[59]라고 한 표현을 통해서 알 수 있듯이 원어의 음역을 그대로 사용하고 있다. 그리고 머리카락의 형태에 대해서는 '나발'이라고 따로 구분하여 표현한다. 다만 이주형은 우슈니샤에 대해 "정계(頂髻)"[60]라는 말을 첨기(添記)하기도 했으나 주로 '우슈니샤'라고 서술한다.

우슈니샤에 대한 한역어는 매우 다양하다. 음역의 예는 다음과 같다.

전역(全譯)은 오솔니사(烏率膩沙), 오슬니사(烏瑟膩沙, 烏瑟尼沙, 烏瑟膩砂, 塢瑟膩沙, 烏瑟抳娑, 烏瑟柅沙, 鄔瑟膩沙), 오슬니쇄(烏瑟抳灑, 塢瑟膩灑), 올슬니사(嗢瑟尼沙), 울슬니사(鬱瑟尼沙) 등이며, 축역은 니사(膩沙), 오니사(烏膩沙), 오슬(烏瑟), 울니사(鬱尼沙) 등이 있다.

이처럼 육계라는 의역어보다 훨씬 더 다양하고, 많은 수의 음역어가 사용된 것만 보아도 우슈니샤에 대한 육계라는 의역어의 적절성은 재고할 필요가 있다고 본다.

---

59) 이주형 외(2007), p. 230.
60) 이주형 외(2007), p. 222.

대인상(大人相)과 육계

육계는 경전에서 말하듯이, 32대인상(mahāpuruṣa-lakṣaṇa) 중 하나이다. 흔히 32대인상을 줄여서 32상(相)이라고 하며, 80수형호(隨形好)와 함께 언급한다.[61]

후대의 법화경류와 화엄경류의 불전에서는 97종의 대인상까지 발전시키고, 그 중 제일 특징은 육계상이라고 하였다. 97종을 헤아리는 방법은 여러 가지이지만, 대표적인 예는 97종 가운데 32가지가 불상의 머리 부분의 특징으로 꼽으며, 나머지 65가지가 머리 외의 다른 신체의 특징으로 거론되고 있다.[62]

32종, 80종, 97종 등의 특이한 표징들은 대인상이라는 이름에서도 알 수 있듯이, 위대한 인물의 징표로서 고대 인도로부터 전래되어 오는 문화적 상징이자 관습의 하나이다. 그리고 불교뿐만 아니라 자이나교를 비롯한 다른 인도 종교에서도 언급하는 특징들이기도 하다.

필자는 그러한 표징에 대한 관습은 사람의 외양만을 보고 신분과 지위, 인품까지도 판단하는 인도의 고대적 전통 문화에서 기인한다고 본다. 또한 그러한 전통적인 관습을 토대로 하여 붓다의 탄생 직후부터 이미 그가 그토록 고귀한 대인의 풍모를 타고났다는 식의 전승이 형성되었고, 그 내용이 불전에 기록되었을 것이다.[63]

---

61) "忍辱即是助菩提法, 具足三十二相, 八十隨形好故."(T. 3, p. 222 상.) 80수형호는 줄여서 80호(好), 80수호(隨好)라고 한다. "成爲一切智, 三十二相, 八十好, 十種力."(T. 8, p. 504 하.) 그리고 대인상은 대사상(大士相), 대장부상(大丈夫相)이라고도 한역한다.

62) "如來頂上有三十二衆寶莊嚴相. …… 以上共九十七種大人相也."(X. 25, p. 849, 하.)

63) 모니카 진은 32상 중에서 가장 쉽고 뚜렷하게 드러나는 것이 우슈니샤라고

그 이후 불교 문헌에서 32상은 불상 장엄의 기본적인 양식으로서 고착화되었고, 그 중에서도 특히 육계상은 불상의 대표적인 특징으로 꼽힌다.[64)]

인도 미술사에서는 불상의 특징으로서 미간 백호상(白毫相)을 첫손에 꼽는 예도 있다. 왜냐하면 우슈니샤는 자이나교 성상들에서도 동일하게 나타나는 특징이며,[65)] 불상만의 고유한 특징이 아니기 때문이다. 오히려 자이나교 성상에서는 드물게 나타나며, 거의 찾아보기 힘든 미간 백호상은 불상과 자이나교 성상을 구분하는 척도로 꼽힌다. 그리고 자이나교의 지나(jina) 상은 인도 불상에서는 보기 힘든 슈리밧사(śrīvatsa) 문양, 즉 가슴 부위에 표시되는 길상 문양을 제일의 특징으로 삼기도 한다. 자이나교 미술 전통에서는 우슈니샤를 그다지 강조하지 않으며, 유일한 성상 장엄은 슈리밧사뿐인 예가 적지 않기 때문이다.

하면서, 붓다뿐만 아니라 그의 주변 인물들도 우슈니샤가 있는 모습으로 묘사되었다는 사례를 아잔타 석굴 벽화 등을 근거로 제시하고 있다. Zin(2003), 논문 참조. 그리고 아난다 K. 쿠마라스와미는 사람뿐 아니라 나가(nāga)의 머리에도 "우슈니샤"가 표현되었다고 보았다. Coomaraswamy(1980), pp. 10, 17.

64) 프레드릭 번스는 우슈니샤란 힌두적인 의장이지만 특히 불상에서 두드러지게 나타나며, 붓다의 32상 중 가장 중요한 특징이라고 설명한다. Bunce(2001), p. 320.

65) 라마프라사드 찬다는 자이나교의 제1대 티르탕카라인 리샤바를 제외한 나머지 23명의 티르탕카라의 성상은 머리털로 덮힌 혹("bump"), 즉 우슈니샤를 가진 모양으로 표현되었지만, 삭발한 모습의 지나(jina) 성상이 없는 것은 아니라고 하면서 한 예를 들고 있다(Chanda(1934), p. 673, 참조). 그러나 리샤바는 장발 모습으로, 다른 티르탕카라들은 우슈니샤 형식으로 표현되는 것이 자이나교 예술의 일반적 양식이다.

계주의 상징적 원형

광명 방출

보석이나 구슬이 계주의 원형이며, 빛을 방출한다고 보는 경우이다. 이 경우에 계주는 곧 광명을 상징한다.[66] 다만, 계주가 보석이나 구슬이라는 뜻에서 밝고 빛나는 특성은 당연시되고 있으나, 계주를 중심으로 고찰할 때, 불상에서 계주의 위치는 부정확하다. 예컨대 『대승밀엄경』에서 "대중이 이미 자리를 정하자, 이때 세존께서 사방을 둘러보시며 미간으로 청정한 광명을 놓으시니, 계주 장엄이라 불렀다."[67]라고 하며, 미간의 광명을 계주에서 기인한 것으로 간주한다.[68]

『묘법연화경』에서 "그때 석가모니불께서 대인상인 육계에서 광명을 내비추시고, 또 미간의 백호상에서도 빛을 내어"[69]라고 하듯이, 32상 중에서 광명을 방출하는 곳은 주로 백호와 육계이다. 불상에서 광명을 방출하는 것은 조각상이 아니라 불화에서 더 용이하게 표현된다. 그리고 고려 불화에서도 보듯이, 중간 계주에서 빛을 방출하는 방식이 미간 백호에서 방출하는 사례보다 훨씬 더 많으며, 백호는 자그마하게 둥근 모양으로 표시되어 있다.[70]

---

66) "此輪王亦放周羅摩尼光."(T. 45, p. 781 상.) "彼輪王放大光明. 名周羅摩尼."(T. 45, p. 596 중.) 여기서 계주는 주라마니라는 음역어로 쓰였다.

67) "從眉間出淸淨光明名髻珠莊嚴."(T. 16, p. 723 하.) "遍觀十方從髻珠中放大光明."(T. 6, p. 738 하.)

68) "從眉間珠髻光明莊嚴."(T. 16, p. 748.) 계주는 주계(珠髻)라고도 한다.

69) "爾時釋迦牟尼佛放大人相肉髻光明, 及放眉間白毫相光."(T. 9, p. 55 상.)

70) 국립중앙박물관(2010), 호암미술관(1993), 참조.

정리하자면, 계주, 육계, 백호, 세 곳에서 모두 광명 방출을 보이지만, 계주와 육계에서 방출하는 것을 가장 많이 볼 수 있고, 육계에서 방출할 경우에도 광명과 보석의 친연성 때문에 보주로서 특별한 도안, 예컨대 선(線), 원형 표시 등을 병행하는 예가 많다.

때로는 미간 백호(uṇṇa)를 육계(uṇhīsa)로 번역하기도 한다. 전재성은 "오사디 판드라 숫다 수 운노(osadhi paṇḍra suddha su uṇṇo)"에 대해 "육계는 새벽의 샛별처럼 밝고 아름다우시니"[71]라고 번역하였다. 광명 방출이라는 공통점 때문에 빚어진 착오가 아닌가 생각한다.

그 외에도 경전에서는 불꽃, 물 등이 정수리에서 방출하는 예를 언급하고 있으며, 남인도를 비롯한 남방 불교의 불상에서 흔히 보듯이, 불상의 정수리에 불꽃 즉 화염을 올려놓는 사례도 광명 방출과 동일 내지 유사 기능이라고 간주할 수 있다.[72]

사리 장엄

계주의 위치는 사리 장엄과 관련이 있다고 보고, 계주가 곧 사리를 상징한다고 보는 설이 있다.[73] 이 설은 특히 '계리주(髻裏珠)' 또는 '윤왕(輪王) 계리주'와 관련된 일화와 연결하여 주장하는 설이 해당한

---

71) 전재성(1997), pp. 38~39.

72) Snellgrove(1978b), p. 127, 도판 설명 참조.

73) "육계에 사리를 수납하는" 사례와 관련하여 이주형의 논문을 인용하면서 "초기 간다라 불상의 북상투[椎髻] 표현 역시 그 속에 든 계주의 존재를 염두에 둔 것일 개연성도 존재한다."고 본다. 염중섭(2010), p. 203.

다. 그러나 이 경우는 용어가 유사할 뿐이고, 32대인상 내지 불상의 특성으로 꼽히는 우슈니샤와는 무관하다고 본다. 이 점은 본래 우슈니샤가 계주, 즉 추다마니와는 별개의 것이기 때문에 당연한 귀결이며, 계주 또는 계리주 이야기와 사리 장엄 등을 연결 짓는 것은 후대의 문학적 발전에서 파생된 이야기로 보아야 할 것이다.

잘 알다시피, 일반적인 사리 수장의 위치는 불상의 정수리가 아니다. 사리의 수장 장소는 불상의 재질이나 소재, 크기, 좌상인가 입상인가 등등 여러 가지의 변수와 맞물려 있다. 그리고 그 위치를 단정해서 말할 수 있는 것도 아니다.

선정 수행

계주 또는 육계의 자리가 다양한 선정이나 명상 수행 등과 관련이 있다고 보는 설이 있다.

유근자는 다음과 같이 말한다.

> 초기에 제작된 중인도의 마투라와 간다라 부처님 상의 육계는 우리나라 부처님의 육계와 상당한 차이가 있다. 그 이유는 마투라와 간다라의 부처님은 당시 사람들의 상투 튼 머리 모습을 부처님의 상에 반영했기 때문이지만, 우리나라 부처님의 육계상은 오랜 수행의 결과 생겨난 살 상투로 인식되었기 때문에 추상화되어 정수리에 혹이 솟아오른 모습으로 변화하였기 때문이다.[74)]

---

74) 유근자(2010), p. 80. 밑줄은 필자가 표시하였다. 그리고 원래 "정수에 혹이"라고 쓰여 있었으나, "정수리에 혹이"라고 교정해서 인용하였다.

그러나 필자는 인도 수행 문화의 전통에서 수행 내지 고행의 결과 머리 위에 '살 상투' 즉 '혹'이 생겨난다는 유례(類例)를 담고 있는 어떠한 문헌적 전거나 논증 자료를 찾아보기란 쉬운 일이 아니기 때문에, 그 연관성을 주장하기 위해서는 훨씬 더 엄밀한 논거가 필요하다고 본다. 그리고 간다라 미술품에서는 우슈니샤를 머리털 묶음, 즉 상투로 묘사한 예가 일반적이지만, 마투라 미술품의 경우에는 <그림 21>처럼 머리에 솟은 혹처럼 표현한 예도 적지 않기 때문이다.

그 외, 도교와 관련하여 설명하는 예는 강우방이 대표적이다.

강우방은 "도(道)가 깊을수록 머리 위가 솟아오른다."라는 도교의 설명을 인용하면서, "미황사 괘불의 경우, 기(氣)가 쌓여서 머리로 올라온 것은 머리를 뚫고 솟구쳐 오르려고 하는데 마치 보주와 같은 모습을 하고 있다. …… 그러니 여래의 얼굴은 바로 보주였던 것이다."[75]라고 주장한다. 그러나 이 설은 강우방 자신이 제시하는 여러 가지 논증에도 불구하고, 불교 미술의 일반적 이론으로 수용되기에는 난점이 적지 않다.[76] 그 이유는 고대 인도로부터 시작된 불교가 오랜 세월 동안 각 나라에서 뿌리 내리며 축적한 문화적

---

75) 강우방(2012), p. 11. 또한 이 글에서 강우방은 "우리가 불상을 연구하면서 여래의 머리에 무엇인지 모를 것이 있으면 되겠는가? 평생 불상을 연구해 온 나는 그 육계, 계주, 그리고 중간 계주나 정상 계주가 무엇인지 알아보았으나 시원한 해답을 주는 책이나 논문을 보지 못했으므로 내가 풀어낼 수밖에 없다고 생각해 왔다."라고 하면서 영기설, 또는 영기 화생론을 제시한다.

76) "승(僧)이 어찌 곱슬곱슬한 머리를 기를 수 있는가? 이른바 나발이란 것은 도르르 말린 제1 영기 싹으로, 여래로부터 발산하는 영기 문이지, 소라 모양의 머리칼인 나발이 아니다." 강우방(2012), p. 11.

전통과 배치되는 점이 너무나 크기 때문이다. 그리고 선정 수행과 요가 전통 등과 연관하여 육계와 계주를 설명하는 경우, 인도 문화에서 유독 정수리를 중시했다고도 한다.[77]

그렇지만 쿠마라지바가 번역한 『좌선삼매경』에서도 언급하듯이 신체의 다섯 곳, 즉 "정수리, 이마, 미간, 코끝, 심장[마음]"[78]은 동등한 비중을 갖는다. 굳이 하나를 강조했다면 도리어 마음을 강조했다고 말해야 보다 더 합당할 것이다.

특히 <그림 22>와 같이 차크라의 위치와 그 도상적 표현으로 인해서 마치 우슈니샤가 차크라가 관련이 있는 듯이 설명하거나, '브라마란드라(brahmarandhra)와 연결을 갖는다'[79]라고 설명하는 경우에도 사실상 요가와 탄트라교의 발전 이후에나 연결 가능한 설명이 될 것이다.

---

77) 염중섭은 "인도인들이 상투 속에 보주를 넣는 것은 인도의 명상 문화에서 기인하는 것으로 이해된다."라고 하면서 인더스의 요기 인장, 차크라 등과 연계하여 설명하고 있다. 그런데 염중섭은 그에 앞서서 "32상 중 육계상"이란 "불상의 표현이 경전으로 인입(引入)된" 것이고 "불상에서의 계주 표현"은 "관련 전적의 내용이 표현된 것"이라는 입장을 취한다. 그러나 그러한 주장들은 앞뒤의 논리적 정합을 이루지 못한 주장으로 판단된다. 염중섭(2010), pp. 196~198, 190~191, 참조.

78) "繫意五處: 頂額眉間鼻端心處."(T. 15, p. 272 상.)

79) Salter 외(1991), 참조.

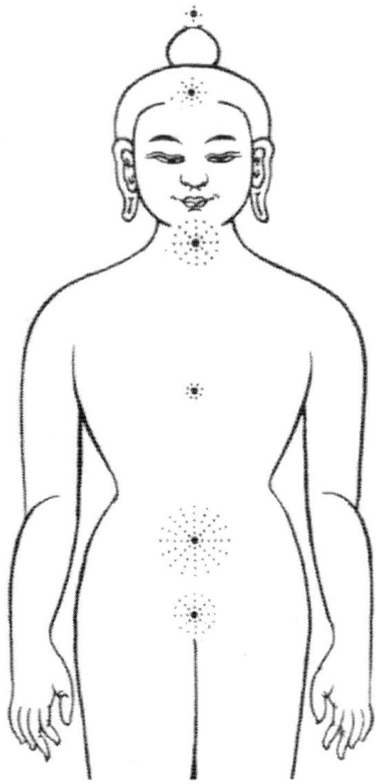

그림 22 ▌인체의 차크라와 그 영적(靈的) 상호 관계[80)]

초기 불교 또는 그 이전부터 시작된 우슈니샤 개념을 차크라 개념과 직접적 연결성이 있는 양 설명하는 것은, 마치 아들이 아버지를 낳았다고 보는 것과 같은 입장이 되고 말 것이다.

실상 지혜

계주가 실상 지혜를 상징한다고 보는 예도 있다. 즉 법화경류에 나

80) 셰크 외(2007), p. 98, 도상. 한국어 본에는 없지만, 일본어 번역판에는 이 도판에 위과 같은 제목이 붙어 있다. シェック 외(2007), p. 141.

오듯이 왕이 상투에 명주를 가지고 있는 것은 권위와 지혜를 상징하는 것이라고 본다. 이는 『유마경 약소』 등에도 나오는 내용이다.[81)]

이상과 같이 계주의 상징적 원형이나 기원에 관한 다양한 학설이 있다. 그러나 불상의 특이 도상과 관련된 계주인 한, 예컨대 문학적인 소재로서 표현된 보주 또는 계주에 대한 내용은 육계와는 별개의 범주에서 다루어야 한다. 왜냐하면 32상을 중심으로 불상과 불화를 제작하는 과정에서 빚어진 계주는 32상 안에 포함되는 것이 아닌 일종의 의장이나 머리 장식품의 문제이기 때문이다.

이와 마찬가지로 후대에 밀교적 관상 수행과 결합한 계주 장엄 또는 "종자(種字)의 총지(總持)"[82)]도 우슈니샤 상과는 그 관련성이 희박하다고 본다.

우슈니샤의 상징적 원형

필자는 우슈니샤의 도상적 상징은 다음과 같은 3단계를 거쳐서 완성되고 그 상징의 이해라는 목적에 이른다고 본다.

제1단계: 머리가 유독 도드라지게 솟은 것은 우슈니샤이다.

→ 실제 형상(形象, pratimā, figure)

---

81) "**珠髻者即實相智慧**."(T. 38, p. 580 중.)

82) 종자의 총지 중에서 "**정상 육계(頂上 肉髻) 안에 옴**(oṃ), 목구멍[項喉] 안에 아(āḥ), 심장 속[心間衷]에 트람(traṃ), 배꼽[臍孔] 안에 훔(hūṃ) 삼(saṃ), 밀처(密處)에 흐리(hri), 이마 위[額上] 캄(kaṃ)." 등으로 배치하고 있다.(T. 21, p. 951 상.)

제2단계: 상투처럼 머리에 혹이 있는 듯 도상으로 표현한다.

➜ 우슈니샤의 표징(表徵, pratīka, symbol)

제3단계: 우슈니샤가 있는 도상은 대인상, 즉 불상이다.

➜ 직관적 심상(心象, pratīta, image)

우리는 이와 같은 상징 구현 과정을 거쳐서 우슈니샤가 있는 성상만 보고도 불상으로 판단하고, 불상의 우슈니샤는 매우 특별한 상징이므로 그것만으로도 갖가지 수행의 방편이 된다고 믿기에 이르렀다. 우슈니샤가 32상 중 하나가 되고, 불상의 특성이 되는 과정에는 위와 같은 복합적인 과정이 상징화의 기제(機制)로서 내재되어 있는 것이다. 그렇다면 가장 먼저 이해해야 하는 것은 당연히 제1 단계 '머리가 유독 도드라지게 솟은 우슈니샤'일 것이다. 그런데 인도에서 우슈니샤라는 단어는 단일한 의미를 가진 단순어가 아니다.

필자는 인도 전통에서 사용되는 우슈니샤에 대한 다양한 의미와 지칭을 면밀히 조사하여 다음과 같이 분석 정리하였다.

① 머리 싸개

터번의 일종으로 머리를 덮는 천 종류를 뜻한다.[83] 인도에서는 태양의 열기로부터 머리를 식히기 위해서 천 등으로 머리를 감싸는 것을 우슈니샤라 불렀다.[84] 인도에서 터번 종류의 머리 싸개는 학생, 귀족,

83) 우슈니샤의 가장 일반적인 뜻은 '터번'이다. Edgerton(1985), p. 149, 참조.

왕족, 사제(司祭, 祭祀者) 등이 주로 착용할 뿐만 아니라 신분의 높낮이를 막론하고 일반인도 착용하는 일상적인 의장 용품이다. 다만, 신분이나 지위에 따라 그 형태나 재질, 크기, 장식 등이 차이가 나기 때문에 당연히 머리 장식으로서 터번은 신분과 지위의 상징으로 여겨졌다.[85]

경전에서는 우슈니샤를 다양한 음역어로 번역하는데, 그에 대한 한 설명에서는 마치 천개(天蓋)와 같다고도 하였다.[86] 그 이유는 뜨거운 태양을 가리고 그늘을 덮어 준다는 기능적인 면에서 양자 간 유사성이 있기 때문일 것이다.

② 의례용 머리 싸개

베다의 희생제에서 제사를 시작할 때 제사자의 머리에 천을 세 번 감아서 올리는데, 그것을 우슈니샤라고 불렀다.[87]

이 용례는 ①과 같이, 일반적인 머리 싸개를 우슈니샤라고 칭하는 것과 동일한 용례이기는 하지만, 힌두 전통 의례를 통해서 정립된 특수 용법이며 보다 더 좁은 의미라서 별개로 정의한다. 특히 힌두 입

---

84) 앞의 각주 3)에서 말했듯이, 우슈니샤는 그 어원인 우슈나(uṣṇa)가 '뜨겁고 더운 열기'를 의미하며, 그로부터 파생한 단어이기 때문에, 다수의 학자들이 우슈니샤는 머리 싸개라고 설명한다. Poddar(2008), p. 1389, 참조.

85) 현대 인도에서는 머리에 쓰는 의장으로는 터번이라는 말을 가장 많이 사용하고 있지만 전통적으로 다양한 용어가 쓰였다. 예컨대 coloṇḍuka, saveṣṭana, soṣṇīṣa, uṣṇīṣabhājana, veṣṭita, veṣṭitaśiras, śiraḥpaṭṭa, śiraska, śirastra, śirodāman, śiroveṣṭa, śuka 등이 있다.

86) "頂有烏瑟膩沙如<u>天傘蓋</u>相."(T. 17, p. 661 중.) "烏瑟膩沙(梵語也如來頂相 …… 高顯端嚴猶如<u>天蓋</u>又一譯云無見頂相)."(T. 54, p. 329 하.)

87) Sen(2001), p. 56. 또한 이 책에서는 쉬바에게 우슈니샤가 있다는 표현을 간단히 "터번을 쓴 쉬바"라고 한다.

문식에서 아이의 머리를 천으로 두르는 것은 태아 상태를 상징하며, 입문식을 통해서 재생하는 것을 의미한다.[88)]

③ 소마(soma) 줄기를 묶는 천

소마 제의를 위해 준비하는 소마 줄기를 천으로 매듭을 지어 동여 매는데, 그것을 우슈니샤라고 한다.[89)] 이 천은 소마 제의를 마친 다음에, 치우고 정리할 때라든지, 다른 희생제 때 머리에 쓰는 터번으로 재사용했다. 물론 소마 제의를 위해 준비하는 제사자의 머리에 쓴 터번도 우슈니샤이다.

④ 감아 올린 머리 다발

고행자의 긴 머리카락 다발을 감아서 머리 위에 올린 상태를 우슈니샤라고 부른다.[90)]

쉬바의 천 가지 별명 중 "우슈니샤가 있는 자"(uṣṇīṣin)라는 호칭은 장발의 쉬바가 머리를 땋아서 감아 올려 마치 왕관처럼 보이는 머리 모양을 하고 있다는 의미에서 붙여진 별명이다.[91)]

이와 같은 의미로 상투 또는 여러 가지 방식으로 올린 머리 형태를 우슈니샤라고 지칭하기도 한다.[92)] 특히 수잔 헌팅턴은 우슈니샤가 머

---

88) Stutley(2003), p. 149, 참조.

89) Sen(2001), p. 56, 참조.

90) 『근본살바다부율섭(根本薩婆多部律攝)』에서는 "머리를 묶어서 우슈니샤를 만들 경우"를 비법(非法) 악작(惡作)의 예로서 열거하고 있다. "或時繫髮爲烏率膩沙."(T. 24, p. 551 상.)

91) Kumar(2006), p. 21.

리 매듭을 의미하는 말이며, 붓다의 왕자 시절에 썼던 터번의 매듭을 의미한다고 추정하고 있다. 그렇다면 출가 이후의 삭발 상태를 반영하지 않고 출가 이전의 의장 양식을 고수하여 도상의 원칙으로 삼은 이유를 해명해야 할 것이다.

고대 인도에서는 남녀 모두 머리를 길렀고, 다양한 형태의 머리 장식을 가미한 상투를 틀어 올렸다.[93] 머리 다발로 표현된 우슈니샤는 특히 서역의 불교 미술 작품에서 쉽게 찾아볼 수 있는 특징 중 하나이다.[94]

⑤ 머리 혹

"정골(頂骨)이 융기한 모습"[95]이다. 엄밀히 말해서 머리뼈가 융기한 것으로 보아야 하는지, 머리 위의 살이 마치 상투처럼 융기된 상태를 말하는 것인지는 견해가 나뉜다.[96]

대체로 '육계'라고 한역된 탓인지, 우리나라에서는 한자를 풀어서, '살이 솟아 생긴 혹'으로 설명하는 경우도 적지 않다. 벤자민 로

92) Huntington(1999), p. 121.

93) 이주형은 "우슈니샤는 원래 터번이나 고귀한 머리 모양을 가리키는 말로, 간다라 불상의 상투는 바로 우슈니샤를 나타낸 것이다."라고 말한다(이주형 편(2006), p. 20). 다시 말하면, 이주형은 간다라 불상의 우슈니샤는 터번이 아니라 머리 모양, 즉 상투를 표현한 것이라고 보고 있다.

94) 村上眞完(1984), 도판 Ⅳ, Ⅴ: 제9호 굴사(窟寺)의 서원화(誓願畵) ①, ③, ⑤ 등 참조.

95) 마츠바라(1996), p. 636. 하지만 마츠바라 사브로는, 우슈니샤란 원래 "단순히 '터번을 쓸 만하다'라는 뜻의 말이었던 듯하고, 초기 불교 미술에서도 단지 상투가 머리 위로 솟은 모습으로 표현되었다."라고 부연하고 있다.

96) 大川幸太郎도 "살이 솟아 있다"고 설명하고 있다.(大川幸太郎(1984), p. 31.)

울랜드(Benjamin Rowland, 1904~1972년)는 우슈니샤의 개념적 변천에 대하여 다음과 같이 정리하고 있다.

> 원래는 '터번을 쓸 수 있을 만큼 고귀한 머리'라는 뜻으로 터번을 벗었을 때 드러난 상투 튼 머리를 의미했다고 생각된다. 나중에 정수리에 살이 솟아 있다는 의미로 뜻이 바뀌었는데, 동아시아 불교미술에서 사용하는 '육계'(肉髻)라는 역어(譯語)는 이 후자의 의미를 반영한다.[97)]

하지만 붓다의 32상 중의 하나로서, 불전에는 불정골(佛頂骨)이라는 표현도 있기 때문에 머리뼈라는 설도 비등하다.[98)] 결국 여기서 적잖은 논란이 발생한다.[99)]

과연 이러한 혹의 의미가 두개골이나 머리 피부의 기형을 의미하는지, 아니면 중층적인 의미를 지닌 상징적 표현인지에 대한 논의가 분분하다.[100)] 전자의 경우는 자연적으로 솟은 혹, 즉 머리뼈 모양이라고

---

97) 로울랜드(1996), pp. 322~323, 150 b, 152 b, 참조). "三十二者, 頂髻肉成."(T. 25, p. 681 상.)

98) 다음의 예처럼 여러 가지 설명을 병기하는 예도 적지 않다. "보통 부처의 머리 위에 혹과 같이 살[肉]이 올라온 것이나 머리뼈가 튀어나온 것으로 지혜를 상징한다. …… 원래는 인도의 성인(聖人)들이 긴 머리카락을 위로 올려 묶었던 형태에서 유래한 것으로 보인다." 장경숙 외(1996), p. 223.

99) 최완수는 "본래 32대인상 중의 하나로 화려한 머리 장식을 가할 수 있게 높고 큰 상투를 틀 수 있는 숱 많은 머리라는 의미인 우스니샤 실샤가 정수리의 살이 상투 모양으로 솟아올라 있다는 육계의 의미로 신비화되었다."라고 설명하고 있다.(최완수(2006), p. 45.) 여기서 "우스니샤 실샤"는 우슈니샤 쉬르샤(uṣṇīṣa śīrṣa)를 말한다.

100) 수잔 헌팅턴은 우슈니샤를 머리의 혹이라고 말하는 것은 오류라고 단언하며, 머리 다발을 예술적으로 표현하는 방법이라고 주장한다. Huntington(1999), p. 121.

한다. 이는 특히 붓다의 탄생 때부터 가지고 있었던 고유의 특상이라는 전거를 토대로 한다.

⑥ 두관(頭冠)

왕관을 비롯하여 머리에 쓰는 두관과 장식 등은 머리 위로 높이 솟아 있기 때문에 우슈니샤라고 한다.

⑦ 머리띠

머리띠를 비롯하여 광의의 머리 장식도 우슈니샤라고 불렀다. 원래 머리띠는 우슈니샤팟타(uṣṇīṣapaṭṭa)라고 하는데, 줄여서 우슈니샤라고 한다. 터번이나 머리띠에 두루 쓰이는 말이다.

고대 인도에서는 특히 앞이마를 장식하는 머리띠가 남녀를 불문하고 널리 사용되었다. 이마 또는 머리 부위에 두르는 리본, 머리띠, 끈 등의 장신구 일체를 가리키는 말이 팟타(paṭṭa)이다.

인도 전통에서는 왕과 왕비, 왕세자 등 최고위 신분에 속하는 사람들이 황금 팟타를 즐겨 착용한다. 그 경우의 팟타는 다양한 보석으로 장식되었고, 팟타에 부착된 보석도 팟타마니가 아닌, 추다마니(cūḍāmaṇi) 즉 계주라고 불렀다. 그리고 머리띠는 보석 장식 때문에 보대(寶帶)라고 한역되었다.

⑧ 머리

두부(頭部)는 몸 전체에서 가장 높은 곳에 위치한다. 따라서 우슈니샤는 몸의 정상인 머리 전체를 가리키는 말로도 쓰였다.

우슈니샤에 대한 논의에서 우리는 혹이 솟아 있다는 특징에만 주목하여 놓치는 것이 있는데, 우슈니샤의 특징으로 자주 부연되는 "고현주원(高顯周圓)"[101]이다. 즉, 높고 둥근 머리 형태를 말한다. 이 설명은 뾰족하게 솟았다는 의미와는 다르며, 혹 모양의 설명이라고 보기에도 적합하지 않다. 이는 '크고 원만한 머리 형태'를 우슈니샤라고 이해한 예라고 본다.

그림 23 ▎ 「오백나한도」의 일부, 조선 시대 초기, 일본 지온인(知恩院) 소장

101) "太子頂上有烏瑟膩沙, 金頂之骨<u>高顯周圓</u>, 亦如天蓋."(T. 3, p. 940 하.)

<그림 23>[102]은 “고현주원”하게 묘사된 우슈니샤의 대표적인 예로 꼽을 만하다.[103]

⑨ 꼭대기

정수리 즉 머리 꼭대기를 가리켜서 우슈니샤라고 한다. 이 경우는 “일반 건물의 꼭대기”[104] 또는 벽돌이나 돌로 쌓아올린 제단, 난간, 담 등의 맨 위에 얹는 “갓돌”[105]을 우슈니샤라고 부르는 것도 포함한다. 이는 모든 사물의 정점(頂點)을 통칭하는 일반적인 용례에 속한다.

⑩ 초월성

우슈니샤는 인격적 초월성과 신분적 존귀성과 신성성(神聖性)을 상징한다. 불교 문헌에서는 우슈니샤가 단순히 높은 신분에서 기인한 것이 아니라 그 원인에는 갖가지 공덕이 있었다고 설명하고 그로 인한 덕상(德相)의 일종으로 본다. 예컨대 「상경」(相經, *lakkhaṇa sutta*)에서 붓다가 스스로 말하기를, 전생에서의 선업의 결과로 천상

---

102) 호암미술관(1993), p. 101. 필자가 보기에 이 그림의 육계상은 상당히 특이한 작례로 보이지만 그 해설 중에는 어떠한 언급도 없다.

103) 32상 80수형호는 여러 불전 문헌에서 언급하는 사항이고, 불교 미술의 기본으로 여겨졌다. 그러나 세세한 조목들은 문헌마다 완전히 일치하지 않는다. 더구나 32상에서 중시되는 우슈니샤 상의 경우에, 80수형호로 언급되는 “七十二, 頭頂圓滿”(T. 3, p. 557 하)이라든지, 32상의 하나로 언급되는 “雙肩頭頂圓滿殊妙相”(T. 17, p. 661 중) 등과는 배치되는 점이기도 하다. 결국 머리 모양이 전체적으로 원만하지만 우슈니샤가 솟아올라 있다고 정리할 수밖에 없다.

104) Acharya(2004), p. 99.

105) Banerjea(1985), p. 570.

에 태어났다가, "거기서 죽어 여기에 와서는 정수리에 육계가 솟은 이런 대인상을 얻었다."[106]라고 말한다.

또한 비디야 데헤지아는 불교 경전에 나오는 32상을 반영하여 불상이 조각되었고, 우슈니샤란 "지혜의 혹(a wisdom bump)"[107]이라고 보았다.

이와 같이 다양한 의미가 함축되어 있는 우슈니샤는 인도의 오랜 문화적 전통이 낳은 복합적인 상징 개념이라고 간단히 요약할 수 있다. 그러나 이 논제와 관련하여 정리하자면, 민머리 위에 특별하게 솟아 있거나, 덮어 쓰거나, 감아 올려서 특이한 형태를 보여 주는 머리 모양뿐만 아니라 그저 둥글게 보이는 민머리조차도 모두 우슈니샤라고 부를 수 있다. 여기서 민머리란, 나발 표현이 아니라는 뜻의 소발(素髮)을 우리말로 표현한 '민머리'를 의미하는 것이 아니다.

---

106) 각묵 스님(2006), p. 295. 그리고 같은 경전에서 붓다가 다음과 같이 단언하고 있는 점은 적잖이 흥미롭다. "비구들이여, 대인에게 있는 이러한 서른두 가지 대인상들은 외도의 선인(仙人)들도 가지고 있다. 그러나 그들은 어떤 업을 지어서 이런 특징[相]을 얻게 되었는지는 알지 못한다." (각묵 스님(2006), p. 265). 그리고 붓다 자신의 32상은 어떤 인연, 어떤 선업에 의거한 것인지를 부연하고 있다. 그 외, 32상 80종 호와 공덕의 관련성은 『불설무상의경』(佛說無上依經)에서도 상세히 설명하고 있다.

107) Dehejia(2002), p. 80. 이 책의 번역본에서는 "조각가들은 이러한 32길상에 의거하여 불상을 제작했다. 그들은 부처를 형상화할 때 눈썹 사이에 난 털을 의미하는 백호(白毫)와 지혜의 혹으로 해석되는 정수리에 솟은 육계(肉髻)를 표현했다."(데헤자(2001), p. 80)라고 한다. 요컨대 비디야 데헤지아는 붓다의 우슈니샤를 단순한 머리 혹이라기보다는 지혜의 표징이라는 데에 더 큰 방점을 두었다.

아무런 장식도 상투조차도 없는 보통 머리라는 뜻이다. 어떤 것의 맨 위 부분, 정상(頂上) 부분도 우슈니샤이기 때문이다.

그렇다면, 예컨대 "북상투의 육계화(肉髻化)"[108]라는 표현은 결국 '우슈니샤의 우슈니샤화(化)'라는 말과 다를 바 없으며, 적절한 용어 구사도 아니고, 바른 번역 용례라고도 할 수 없을 것이다. 따라서 필자는 우슈니샤라는 용어를 '5종 불번(五種 不翻)' 가운데 "함다의(含多義)"[109] 내지 "다함불번(多含不翻)"[110] 항에 해당하는 용어라고 판단하며, 원어를 음역하여 사용하는 것이 오해를 줄이는 최선의 방안이라고 본다.

붓다 도상의 우슈니샤

앞서 고찰했듯이, 불상의 도상적 표현에서 솟은 부위와 함께 머리 중간의 특이상을 동시에 표현할 때 개념상 혼란이 발생한다. 따라서 필자는 현재 일반적으로 통용되고 있는 '육계와 계주'라는 개념에 대해서 다음과 같이 가름할 필요가 있다고 본다.

첫째, 민머리 위로 솟은 형태는 우슈니샤를 표현한 것이다. 계주에

108) 최완수(1973), p. 109.

109) "唐奘法師論五種不翻. 一祕密故. 如陀羅尼. 二含多義故. 如薄伽梵具六義."(T. 54, p. 1055 상.)

110) "五不翻一祕密不翻即神呪等二多含不翻即羅漢須菩提等."(X. 10, p. 169 하.)

대한 표시 없이 방광이 그려진 경우에는 우슈니샤의 방광으로 본다.

둘째, 솟은 모양의 우슈니샤가 대소의 크기로 표현되어 있지만, 동시에 머리 중간 부분, 즉 <그림 20>의 c 부분에 특이하게 구슬 모양의 도상이 표현되어 있는 경우에 그것을 '중간 계주'라고 부른다. 대체로 빛을 방출하는 표현이 함께 나타나는 머리 중간에 있는 것은 우슈니샤라는 특상의 표현이라기보다는 계주의 기능에 가깝다고 본다. 이때 '계'의 의미는 상투 또는 육계의 계라기보다는 위치 개념으로서 머리 부분을 지시한다. 그리고 필자는 상투와 맞물려서 오해를 낳는 '중간 계주'라는 말보다는 '머리 구슬, 즉 두보주(頭寶珠)라는 용어로 교체하여 사용하고자 한다.

셋째, 우슈니샤의 끝, 정상 계주의 경우는 방광의 기능이 강화된 우슈니샤로 보아야 한다. 하지만 불화 등의 표현상 보주의 형태가 특히 강화되어 있는 경우에는 정상 계주라고 부른다. <그림 20>의 a가 여기에 해당한다. <그림 20>과 같은 형식에서 a는 없이 b에서 바로 방광하는 식으로 도상에 표현된 경우는 우슈니샤, 즉 육계에서 방광하는 모양을 묘사한 것으로 간주한다. 정상 계주의 경전상 용어는 '정상(頂上) 보주(寶珠), 즉 정수리 구슬'이다.[111]

넷째, 그럼에도 불구하고, 고려 불화에서 보듯이, 보주를 표현하는 선(線) 등의 특이한 표현 없이 머리 중간 부위를, 단순히 붉은색 또는 살구색 등으로 묘사한 경우에는 당연히 우슈니샤라고 본다. 그러한 표현 배경으로는 아마도 '육계'라는 말뜻 때문에 '머리털 없는 특수 머리

---

111) "世所希有, 頂上自然有一寶珠, 光曜城內, …… 頂上寶珠."(T. 4. p. 238 하.)

부위'라고 이해하고서, 채색을 살[肉] 빛에 가깝게 칠했던 것이 아닐까 추정한다. 그리고 그곳에서 방광의 묘사가 있다면, 우슈니샤의 방광 묘사로 보아야 할 것이다.

다음 <그림 24>는 앞서 인용한 <그림 15>에 위와 같은 필자의 결론을 적용하여 정리한 것이다.

그림 24 ▌a: 우슈니샤 부분. b: 정수리 구슬, 정상 보주. c: 머리 구슬, 두보주

인도 문화의 특징 중 하나는 말보다 상징이 중요한 사회라는 점을 꼽는다. 예컨대 결혼의 유무를 말을 해야 알게 되는 다른 나라의 문화적 전통과 달리, 기혼 여성인지 아닌지를 신두라(sindūra), 즉 가르마에 붉은 칠이 있는지의 여부를 통해서 단박에 알 수 있을 정도이다. 신두라는 미혼녀나 과부는 하지 않는 것이 힌두 문화의 전통이며, 신두라 그 자체만으로도 남편 있는 기혼녀를 상징한다. 이처럼 하나의 상징은 동일 문화를 공유한 구성원 간의 약속이다.

불상의 표현은 32상을 기본으로 한다는 것, 그것은 불교 문화 전통의 약속이다. 32상의 조목 각각에는 인도의 뿌리 깊은 사회 문화적 전통이 스미어 있다. 그런데 그 상징적 의미를 제대로 읽어 내지 못한다면 어떻게 될 것인가? 32상을 비롯한 갖가지 붓다의 특상은 불상을 장엄하게 구현해 낼 뿐만 아니라, 우리들이 붓다의 위대한 성품을 직관적으로 공감하도록 이끌어 준다.

이 글에서 필자는 계주에 대한 갖가지 오해와 갈수록 확대 재생산되고 있는 새로운 주장들은 인도 문화적 연원과 원의를 적확하게 이해하지 못한 채 번역 과정을 거쳤고, 그로 인해서 변용이 심화되었기 때문이라는 점을 밝히고자 하였다.

필자는 먼저, 계주는 본래 32상 중의 우슈니샤와 관련된 특이 도상인 만큼 우슈니샤의 다양한 상징적 원형들을 이해할 필요가 있다고 보았다. 그리고 우슈니샤의 번역 또는 중역(重譯) 과정에서 발생할 수밖에 없었던 개념적 오류로 인한 패착은 역사와 문화적 배경이 상이한 까닭에 파생된 일종의 변용이었다고 본다.

끝으로, 필자는 육계와 계주라는 개념과 도상에 얽힌 복잡 다기(多岐)한 관점들은 고대 인도부터 오랜 세월 동안 축적된 다양한 의장 양식과 신화적 영향, 문화적 전통, 그리고 불전(佛典) 문학의 서사적 상징뿐만 아니라 불교가 이식(移植)된 타방(他邦)의 민족 문화적 전통까지 혼재된 문화적 복합의 결과였다는 점을 강조하고자 한다.

제5장 동음이의 음역어의 번역론

한역본의 음역어

음역어(音譯語)란 단어가 가진 원래의 발음을 그대로 따서 만든 말을 가리키며, 언어학적으로 분류하자면 외래어의 범주에 속한다. 문화적 토양이 다른 외국의 문헌을 현지의 언어로 번역하여 통용시키고자 할 때 불가피하게 외래어가 발생할 것이라는 점은 쉽게 예상할 수 있다. 특히 사물의 시간적 발전과 더불어 생겨나고 정착되는 말의 특성으로 볼 때, 단기간 내에 많은 정보량을 해소해야 하는 번역 문화의 영역에서 음역어를 채용하는 것은 다분히 용이한 언어 창출의 한 방법이 될 것이다.

그런데 한역 불교 문헌의 경우에는 우리가 통상적으로 예상하는 정도를 훨씬 넘는 양의 외래어, 즉 음역어가 나온다. 그런 까닭에 1차로 한역된 경전을 다시 우리말로 번역하고자 할 때, 누구나 직면하는 문제는 음역어의 번역 방식이라 할 것이다. 음역의 형태가 전역(全譯)이든 축역이든지간에, 본래의 원음을 살려서 번역해야 할지, 아니면 한역된 음만 그대로 우리말로 독음(讀音)하여 번역해야 하는지 결정해야 되기 때문이다.

또한 본래 음을 채용하고자 하여도 원전이 상실된 경우에 얼마나 적확하게 원음을 복원하여 표기할 것인지는 간단한 문제가 아니다. 이러한 과정에서 도출되는 문제점은 동일한 내용의 문헌을 번역하고 있는 여러 판본들을 비교해 보면 더욱 극명해진다.

그 중에서 한 부분만을 예시하면 다음과 같다. 열거 순서는 번역된 연도에 따랐다.

① "一時, 佛遊阿邏鞞伽邏, 在恕林中."[1)]

② "一時, 佛遊阿邏鞞伽邏, 在恕林中."[2)]

③ "한때 부처는 아라비가라의 한 수림 속에 자리 잡고 있었다."[3)]

④ "어느 때 부처님께서는 아알라비갈라에 노닐으시면서 악가알라바 숲속에 계셨다."[4)]

⑤ "어느 때 부처님께서 아알라비갈라[阿羅鞞伽羅]에 노닐으시면서, 악가알라바[恕林][5)] 속에 계시었다."[6)]

---

1) T. 1, p. 482 하. 고려대장경에서도 이와 동일한 한자를 사용하고 있다. 그런데 『한글대장경 목록』에서는 고려대장경에서의 위치를 "K648(17-1114·1117)"이라고 잘못 표기하고 있다.(동국역경원(2001), p. 257.) 실제로는 "K648(17-1104·1107)"이 바른 위치이다.(동국대학교(1963), pp. 1104 상, 1107 상.)

2) 佛光山宗務委員會(1984), p. 343. 점호(點號)를 다르게 표시했을 뿐 1)의 예와 동일하다. 이 경우는 "아라비가라(阿邏鞞伽邏)"를 한 장소로 보기 쉬울 것이다. 다른 현대 중국어 역본은 다음과 같다. "一时, 佛游阿邏鞞伽邏, 在恕林中."(中國佛教文化研究所(1999), p. 171.) 여기서는 유(游) 자가 달리 쓰인 듯 하지만 동일한 의미이다. 하지만 아라비와 가라 사이에 점호를 넣지 않았다는 점은 다를 바 없다.

3) 김주철 편(1992), p. 107.

4) 이연숙 편역(1992), p. 215. 여기서 화림에 해당하는 부분을 "악가알라바 숲"이라고 번역하고 있는데, 그 근거를 찾기 힘들다. 더구나 '화(恕)'는 '시섭화(尸攝恕)'를 축약시킨 단어로 보아야 하며, 그에 해당하는 원어는 팔리어 "싱사파(siṃsapā)"일 것이다. 그러므로 위의 인용문 ④와 ⑤의 예에서 '화림'을 "악가알라바 숲" 또는 "악가알라바[恕林]"라고 번역하고 있는 점은 주해 또는 교정이 뒤따라야 할 부분이라고 생각한다.

5) 팔리 문헌을 분석하여 초기 불전에 나오는 지명의 빈도를 분석한 자료에 따르면, 알라비(Āḷavī)는 11번째로 자주 나오는 지명이며, 총 60회로서 1.28%를 차지한다.(Sarao(1990), p. 180.) 그런데 알라비의 실제 위치에 대해서도 학설이 나뉜다. 즉 "Unao에 있는 Newal(또는 Nawal)이라는 설"과 "Etawah에서 북동쪽으로 27마일 거리에 위치한 Aviwa라는 설" 등이 있다.(Sarkar(2003),

⑥ "어느 때 부처님께서 아라비가라阿邏鞞伽邏를 유행하실 때에 화림恕林에 계셨다."[7)]

⑦ "어느 때 부처님께서 아라비가라(阿邏鞞伽邏)를 유행하실 적에 화림(恕林)에 계셨다."[8)]

여기에 해당하는 팔리 본과 그 번역 예는 다음과 같다.

① "XXIII. 1. Ekaṃ samayaṃ Bhagavā Āḷaviyaṃ viharati Aggāḷave cetiye."[9)]

② "ある時, 世尊は阿羅鞞阿伽羅婆制底に住したまへり."[10)]

---

p. 156.) 간혹 "Etwah"라는 기록도 있으나(Law(1979), p. 24.), 이는 힌디어 또는 현지음의 영어 표기 방식에 따른 차이라고 보아야 할 것이다.

6) 동국역경원 편(1993), p. 210. 동국역경원의 한글대장경은 고려대장경을 저본으로 하고 있다고 밝히면서도 정작 한자는 "阿邏鞞伽邏"가 아니라 "阿羅鞞伽羅"라고 하여 다르게 표기하고 있다.

7) 김월운(2006a), p. 352.

8) 일반적으로, 인터넷을 통해 보는 "한글대장경 검색 시스템"은 동국역경원에서 고려대장경을 저본으로 하여 역경을 한 한글대장경을 그대로 반영한 것이라고 예단하기 십상이다. 실제로 이와 동일한 내용이 한글대장경 검색 시스템의 첫 화면에 담겨 있다.(http://ebti.dongguk.ac.kr/h_tripitaka/main.html: 2010년 4월 29일 검색.) 하지만 위의 예문으로 판단하건대, 실제는 그렇지 않다는 것을 알 수 있다. 중요한 것은, 교정의 유무를 떠나서, 어떤 경우일지라도 인터넷상의 저본이 어떻게 이루어져 있는지 정확히 공시되어야 하며, 별도의 작성 또는 번역이 있었다면 어떻게 반영되어 있는지도 정확히 공지되어야 한다는 점이다.("40) 수장자경(手長者經) 제9 [초 1일송]"(http://ebti.dongguk.ac.kr/h_tripitaka/kyoung/index_kyoung.asp : 2010년 4월 22일 검색.) 덧붙여서 특기할 사항으로는, 원전의 "화림(恕林)"이 "지림(恕林)"으로 쓰여 있다는 점이다. 여기서 화(恕) 자와 지(恕) 자는 별개의 한자이다. 그런데 또 다른 문제 하나는 해당 사이트의 용어 검색 칸에 '아라비가라'만을 써 넣고 검색하면 『중아함경』의 수장자경(手長者經)에 해당하는 문구가 뜨는데, 이 경우에는 해당 한자가 "화(恕)" 자로 바르게 표시된다는 점이다.

9) Hardy(1958), Vol. Ⅳ, p. 216.

10) 高楠博士功績記念會(1939), p. 90. 여기서는 cetiya를 '제지(制底)'라고 음역하

③ "Einst weilte der Erhabene bei Āḷavi am Hauptschrein der Āḷaver."[11]

④ "한때 세존께서는 알라위에서 악갈라와 탑묘에 머무셨다."[12]

⑤ "한때 세존께서 알라비국에 있는 악갈라바 성소에 계셨다."[13]

되 축역을 한 점이 특이하고, 아라비(阿羅鞞)와 아가라바(阿伽羅婆) 제지가 이어서 쓰여 있으나, "아라비의 아가라바 제지"라고 번역해야 할 것이다. 그 근거로는 같은 책, 색인 편에서 "阿伽羅婆 Aggāḷva (制底) 90, 93"이라고 분리하여 설명하고 있는 점을 들 수 있다.(高楠博士功績記念會(1939), "漢字索隱", p. 1 상.)

11) "23 *Hatthaka aus Alavi* 1(Acht Eigenschaften)"라는 제목으로 시작하고 있다.(Nyanatiloka(1969), p. 121.) 또한 각주를 통해서 "*Aggāḷave cetiye.*"를 지칭한다고 밝히고 있다.(Nyanatiloka(1969), p. 185.)

12) 역자는 여기서 탑묘에 각주를 붙이고서, "악갈라와 탑묘(Aggāḷava cetiya)에 대한 설명은 주석서에는 나타나지 않는다."라고 첨언하고 있다.(대림 스님(2007), p. 149.)

13) 전재성 역주(2008), p. 134. 여기서는 "악갈라바"에 각주를 붙여서 다음과 같이 설명하고 있다. "Aggāḷava: Srp. Ⅰ. 268에 따르면 알라비(Āḷavī) 왕국에는 불교 이전 시대에 야차나 용 등을 숭배하는 많은 성소가 있었는데, 그 성소들이 있는 곳을 악갈라바(Aggāḷava) 또는 고따마까(Gotamaka) 등으로 불렸다. 부처님 이후에 사람들은 그것들을 제거하고 그곳에 정사를 세웠으나 예전의 이름을 그대로 붙였다." 이 부분은 원문을 그대로 옮긴 것이다. 간단히 정리하면, '그 성소들을 악갈라바 또는 고따마까 등으로 불렀다.'라는 의미인 듯하다. 여기서 Srp.는 *Sāratthappakāsinī*(*Saṃyutta-Aṭṭhakathā*)이다. 이러한 각주를 붙여놓은 데는, 팔리 본 원어가 'cetiya'임에도 불구하고 굳이 '성소'라는 용어를 채택한 데 대한 역자의 해명이 담겨 있는 것으로 보인다. 그런데 우리말 사전을 검색해 본다면 누구나 알 것이지만, '성소(聖所)'의 우리말 쓰임새는 '크리스트교' 전용이라 해도 과언이 아니다. 물론 한자의 뜻풀이인 '성스런 장소'를 의미할 뿐이라고 헤아릴 수는 있다. 하지만 동일한 역주자가 편찬한 사전에서도 cetiya에 해당하는 의미로는 "사당, 묘당, 무덤, 유골탑, 탑묘" 등의 단어와 "지제수(支提樹)[나무의 이름]"라는 뜻이 열거되고 있을 뿐이다.(전재성(2005), p. 364 b.) 더구나 동일한 사전에 'Aggāḷava'라는 표제어에서는 "m. n. [*sk.* agnyālayā] 알라비(Āḷavī)에 있는 사원."이라고 설명하고 있다.(전재성(2005), p. 70 a.) 또한 'Gotamaka' 항에서도 "m. [gotama-ka] 고따마까. 구담(瞿曇)[祠堂의 이름]."(전재성(2005), p. 352 a.)이라고 설명하고 있듯이, 그 어디에도 '성소'라는 번역어는 없다는 것을 알 수 있다. 덧붙여서, Srp. Ⅰ. 268라는 문헌의 원문은 다음과 같다. "Paṭhame: *Aggāḷave-cetiye* ti, Āḷaviyaṃ agga-cetiye. Annuppanne Buddhe Aggāḷava-

이와 같이 동일한 내용일지라도 번역본에 따라서 여러 가지 의미로 달라진다는 것을 알 수 있다.

위에 열거한 구문들을 비교해 보면, “알라비”와 “악갈라바”라는 두 종류의 원어가 한역과 우리말로 다시 번역되는 과정을 거치면서 단일한 장소로 쉽게 오해되고 있다는 사실이 명료하게 드러난다.[14] 물론 『번범어』(翻梵語)에서도 “阿羅鞞伽羅(應云阿羅波伽羅 譯曰阿羅婆者不得伽羅者屋也.)”라고 하여 하나의 단일한 “국토명(國土名)”으로 분류하여 해설하고 있기도 하다.[15]

이처럼 특정한 장소의 이름을 명명하는 방법에 따라서 마치 또 다른 장소를 나타내는 것처럼 표현될 수도 있고, 또한 동일한 원전을 번역하는데도 번역자에 따라서 어떤 용어에 첨가하는 설명어가 각기 달라지는 것을 알 수 있다. 그런데 경전의 번역 용어를 선택할 때 뒤따르는 문제들 중에서도 동음이의어가 성립하는 경우에는 그 문제가 한층 더 복잡해진다.

그 점에 착안하여 여기에서는 다양한 동음이의의 음역 사례가 불가피한 용례들 중에서 ‘가라’의 경우만을 중점적으로 분석한 뒤, 실제로 발생되는 역경상의 문제점들까지도 고찰해 보고자 한다.

Gotamakādīni yakkha−nāgādīnaṃ bhavanāni cetiyāni ahesum. Uppanne Buddhe tāni apanetvā manussā vihāre kariṃsu. Tesaṃ tān' eva nāmāni jātāni.”(Woodward(1977), p. 268.)

14) 이와 관련된 또 다른 논의는 “Āḷavaka의 전거와 변용”에 대한 분석에 잘 나타나 있다. 정승석(2010), p. 120, 이하 참조.

15) T. 54, p. 1034 하.

가라의 음역 용례의 분석

먼저, 우리말 '가라'에 해당하는 음역어들을 추출한 뒤, 각각의 경문에 해당하는 원어를 역추적하고 그 의미를 분석하여 아래와 같이 정리하였다. 특히 원어의 추정은 다음과 같은 선행 연구의 기준을 따랐다.

중국에 전래된 불전들 중에는 그 원어가 방언이거나 방언 형태의 범어인 경우도 적지 않다. 그러나 이러한 경우에도 불전 언어의 특성상 그 원어를 범어로 환원하거나 비정(比定)할 수 있다. 본론에서는 원어가 방언이었을 가능성을 배제하고, 그러한 특성을 전제로 하여 음역어의 원어를 범어로 환원 또는 비정한다.[16)]

각 항목 내용의 배열 순서는 다음과 같다.[17)]

가라(가라의 일련 번호) \ 음역 한자어 \ %는 동음이의어들을 의미 체계에 따라 분류한 뒤 그 빈도수를 표시한다. !%는 축역3의 예를 나타낸다.

(多種 분류의 일련 번호){의미 체계 분류}[18)] \ 전역(全譯),

16) 정승석(2009), p. 307.

17) 이하 용례 분석에서 채택한 서술 방식과 '의미 체계 분류'는 필자가 공동 연구자로 참여했던 "범어 음역 한자어의 의미 체계 심화 연구"라는 주제의 프로젝트(KRF-2008-322-A00044)에서 고안한 작성 수칙을 적용하여 분석하였다.

18) 분류는 해당 음역어가 나오는 문맥에 따라 결정하는 것을 기준으로 삼았다. 따라서 동일한 인물일지라도 '존자'라는 호칭과 함께 나오면 존자로서 분류하

축역(縮譯)1·2·3[19] \ s_범어 \ p_팔리어 \ 단어의 의미. \ CETC.의 해당 예문(T. ; X., Vol. No., page, 段(상, 중, 하)).

그 외 보충 규정 사항은 다음과 같다.

* 각 단어의 의미에 따른 분류는 "의미 체계 분류"의 표에 따른다.

* 본 연구의 특성상, 축역의 경우에 다음과 같이 3종으로 보다 더 세분화하여 분석하였다.

축역 1: 원어에서 축역2와 3을 제외하고 일부분이 축역된 경우이다.

축역 2: 접사가 생략된 경우. 예를 들어서 기본 접두사 또는 이차 접미사 중 대부분은 −ya, −ka 등이 생략되거나, 간혹 희소하게 −tā, −tva, −tara, −tama, −tas, −śas, −vat, −vin 등이 생략된 경우이다.

축역 3: 복합어로 이루어져 있을 때 한 단어 또는 그 이상이 생략된 경우이다. 특히 축역3의 경우에는 원어 추정의 난이도를 분석하기 위해서 전체 사례 중에서 해당 개수를 !%를 붙여서 별도의 통계를 표시하였다. 만약 그 사례가 1건에 불과할 경우에도 !%1/1이라고 표시하였다.

였고, '비구'라는 호칭이 함께 나오면 비구로 분류하였다. 왜냐하면 동일한 인물일지라도 해당 문헌의 편찬 시기라든지 여러 가지 편찬 배경에 따라서 그 인물의 성격이 달라지고 있기 때문이다.

19) 이 연구의 사안에는 음역과 의역이 복합적으로 결합하여 이루어진 "합역"(合譯)의 예도 따로 분석하고 있다. 하지만 여기서 조사한 "가라"의 경우에는 합역에 해당하는 사례를 제외시켰기 때문에 여기서는 열거하지 않았다.

* 열거되는 가라의 항목에 붙인 일련 번호는 한자의 자전의 배열, 즉 부수 순서에 따라서 임의로 정하였다.

예문으로서 추출된 경문은 전적으로 CETC.에 의거하였다. 다수의 경문들 중에서 임의로 선택할 때, T. 또는 X.의 열거 번호 중에서 가능한 한 앞선 번호를 선택하는 것을 원칙으로 삼았다. 또한 이 연구의 취지상 상세한 설명은 배제하였고 의미 구분만 드러날 정도로 간명하게 설명하는 것을 원칙으로 삼았다.

가라[01] \ 伽囉 \

{ie0} \ 축역1 \ s_sāgara \ p_sāgara \ 바다. \ 但明字義若辨句者伽囉云海羅演云宮室或云巢窟(X. 23, p. 629 상).[20]

가라[02] \ 伽羅[21] \ %3/11{ia0}, 2/11{db1}, 1/11{a00} ; {da1} ; {dc0} ; {jb0} ; {kb0} ; {lb0}.

&01{a00} \ 축역1 \ s_pudgala \ p_puggala \ 사람의 몸이나 자아. \ 故云沈細綱紐. 綱紐是業因. 伽羅是果報. 業因亡

---

20) 여기에 해당하는 전역의 예는 다음과 같다. "從本國立名也. 有人言: **娑伽羅**, 海名也. 和修吉此云多頭."(T. 34, p. 465 상.) 이후로 나오는 모든 축역의 경우에도 다양한 전역의 용례들이 있을 수 있으나 더 이상의 상세한 설명은 생략하였다.

21) 『불설장아함경』 「사문과경」에는 "王又命**伽羅**守門將而告之曰: 今夜淸明."이라는 부분이 나온다.(T. 1, p. 107 중.) 여기서 "가라(伽羅)"는 문지기의 이름으로서 거의 틀림없이 음역어일 것이다. 하지만 이에 해당하는 팔리 본 경전에는 이 부분이 누락되어 있다. 팔리 본에는 "그러자 어떤 대신이 마가다의 왕 아자타삿투 베데히풋타에게 이렇게 말하였다."라고 하여 이름이 빠져 있다.(각묵스님(2005), p. 190.) 또한 여러 가지 문헌을 탐색해 보아도 추적하기가 매우 어렵기 때문에 이와 같은 경우는 원어를 밝히기가 매우 난해한 사례로 꼽힌다.

則執爲引果(T. 39, p. 960 하).

&02{da1} \ 전역 \ s_kāla \ p_kāla[22] \ 천신의 이름. \ 神足伽羅天王. 中主上得自在軍將天女(T. 21, p. 236 하).

&03{db1} \ 전역 \ s_kāla \ p_kāla \ 귀신의 이름. \ 意寂然定. 伽羅鬼謂彼鬼言: 我今堪任以拳打此沙門頭(T. 2, p. 793 상).

&04{db1} \ 전역 \ s_khara \ p_khara \ 야차의 이름. \ 如伽羅夜叉以拳打舍利弗頭(T. 25, p. 513 상).

&05{dc0} \ 축역1 \ s_sāgara \ p_sāgara \ 용왕의 이름. \ 運心供養伽羅龍王居在海中(T. 21, p. 569 상).

&06{ia0} \ 축역1 \ s_kajaṅgala \ p_kajaṅgala \ 나라의 이름. \ 伽羅(譯曰伽羅者屋亦云頸也)(T. 54, p. 986 하).

&07{ia0} \ 전역 \ s_gṛha \ p_gaha \ 집, 마을, 성(城). \ 天竺稱羅閱祇伽羅, 羅閱祇此云王舍, 伽羅此云城(T. 34, p. 5 상).

&08{ia0} \ 축역1 \ s_nagara \ p_nagara \ 성(城). \ 具足外國語應云羅悅祇摩訶伽羅. 羅悅祇, 此翻爲王舍；摩訶言大；伽羅云城(T. 34, p. 456 상).

&09{jb0} \ 축역1 \ s_tagara \ p_tagara \ 향나무의 일종. \ 取伽羅樹枝. 若無此木. 取石榴枝(T. 18, p. 877 상).

&10{kb0} \ 전역 \ s_kāla \ p_kāla \ 시간의 분류 중 하나. \ 假名時有三. 一伽羅時. 二三摩時, 三世流布時. 伽羅時者.

22) kāla의 경우에 kāḷa로 표기되는 예도 있으나 대체로 kāla에 포섭하거나, 동일시하여 표기되는 경우가 훨씬 보편적이다. 여기서도 그에 따라 kāla로 단일화하였다.

此云別相時(T. 85, p. 22 중).

&11{lb0} \ 축역1 \ s_hālāhala \ p_halāhala \ 독약의 이름. \ 欝闍尼國生伽羅毒藥, 是名生毒藥(T. 22, p. 255 중).

가라[03] \ 伽邏 \

{ic0} \ 축역1 \ s_ \ p_aggāḷava \ 탑원(塔院)의 이름. āḷavī에 있던 사원(寺院)의 이름. \ 一時, 佛遊阿邏鞞伽邏, 在恕林中. 爾時, 手長者與五百大長者俱(T. 1, p. 482 하).[23)]

가라[04] \ 佉羅 \

{id0} \ 축역1 \ s_khadiraka \ p_khadiraka \ 산의 이름. \ 去尼彌陀山, 復有山名佉羅山 ; 去此山(T. 2, p. 736 상).

가라[05] \ 加羅 \

{ea3} \ 전역 \ s_kāla \ p_kāla \ 비구의 이름. \ 加羅比丘聽明利根. 未出家時常爲人斷疑(T. 85, p. 619 하).

가라[06] \ 可羅 \

{ia0} \ 축역1 \ s_tukhāra \ p_tukhāra \ 나라의 이름. \

23) T.에서는 aggāḷava라고 각주를 붙여 놓았다.(T. 1, p. 482 하.) 赤沼智善은 aggāḷava의 철자를 "aggalava"라고 하며, 이에 상응하는 범어로서 "agrāṭava"를 병기하고 있다(赤沼智善(1967), p. 7 b). 전재성은 여기에 해당하는 범어가 "agnyālayā"라고 한다.(전재성(2005), p. 70 a.) 그러나 어떤 경우도 확실치 않기 때문에 일단 팔리어만 채용하였다.

毘沙門王子杜那里娑婆(梁言有吉)一億夜叉圍遶住可羅國(T. 19, p. 451 중).

가라[07] \ 哥羅 \ %1/6{db1} ; {dc0} ; {ea1} ; {ea3} ; {ea5} ; {kc0}.

&01{db1} \ 전역 \ s_kāla \ p_kāla \ 야차의 이름. \ 薄俱羅藥叉住在王城內哥羅小哥羅 住劫比羅城此藥叉守護(T. 19, p. 464 중).

&02{dc0} \ 축역2 \ s_kālaka \ p_kālaka \ 용왕의 이름. \ 針毛臆行諸龍王頡利沙婆及哥羅(T. 19, p. 460 하).

&03{ea1} \ 전역 \ s_kāla \ p_kāla \ 존자의 이름. \ 迦羅此翻黑. 或云哥羅. 是尊者已得阿羅漢果(X. 39, p. 435 상).

&04{ea3} \ 축역1 \ s_ \ p_belaṭṭhasīsa \ 비구의 이름. \ 若復苾芻者謂哥羅苾芻, 餘義如上(T. 23, p. 825 상).[24)]

&05{ea5} \ 전역 \ s_kāla \ p_kāla \ 왕자의 이름. \ 善能忍恕謂勝光王, 離邪欲心爲哥羅太子(T. 23, p. 871 하).

&06{kc0} \ 전역 \ s_kalā \ p_kalā \ 숫자의 단위. \ 算數過算數分不及一, 哥羅分不及一(T. 11, p. 472 상).

가라[08] \ 舸羅 \

{ja0} \ 전역 \ s_kāla \ p_kāla \ 벌레의 이름. \ 依膀胱根復

24) belaṭṭhasīsa에 해당하는 범어는 관련 자료들에서 대체로 '불명(不明)'이라고 한다.

有二種. 一名哿羅. 二名哿羅尸羅(T. 32, p. 433 하).

가라[09] \ 柯羅 \ %2/6{la0}, 1/6{db1} ; {ea2} ; {ea3} ; {kc0}. !%1/6.

&01{db1} \ 전역 \ s_kāla \ p_kāla \ 야차의 이름. \ 脩部摩(梁言善地) 柯羅(梁言黑) 優波柯羅(梁言小黑) 以此大孔雀王呪(T. 19, p. 452 중).

&02{ea2} \ 축역1 \ s_kātyāyāna \ p_kaccāyana \ 성현의 이름. \ 上古有仙人名柯羅, 此云思勝(T. 34, p. 459 하).

&03{ea3} \ 축역3 \ s_kātyāyāna \ p_kaccāyana \ 비구의 이름. \ 摩訶迦栴延, 此翻爲文飾, 亦肩乘, 人云字誤, 應言扇繩, 亦好肩, 亦名柯羅, 柯羅此翻思勝(T. 34, p. 14 중).

&04{kc0} \ 전역 \ s_kalā \ p_kalā \ 숫자의 단위. \ 乃至數分柯羅分算分譬喩分優波尼沙陀分(T. 32, p. 532 상).

&05{la0} \ 전역 \ s_kara \ p_kara \ 손[手]. \ 譬如人手名爲頞悉多. 亦名柯羅. 亦名波尼(T. 32, p. 387 하).

&06{la0} \ 축역1 \ s_kalala \ p_kalala \ 태내(胎內) 5위(位)의 첫 단계. \ 復次生有多種. 謂柯羅等胎位差別. 乃至出胎如受生經說(T. 32, p. 381 중).

가라[10] \ 柯邏 \

{kb0} \ 전역 \ s_kāla \ p_kāla \ 시간의 분류 중 하나. \ 又佛

法中多說三摩耶, 少說柯邏, 少故不應難(T. 25, p. 66 상).

가라[11] \ 歌羅 \ %1/3{ea5} ; {kc0} ; {la0}.

[&01]{ea5} \ 축역1 \ s_saṅgārava \ p_saṅgārava \ 바라문의 이름. \ 雨勢. 歌羅. 數. 瞿默. 象跡喩(T. 1, p. 648 상).

[&02]{kc0} \ 전역 \ s_kalā \ p_kalā \ 숫자의 단위. \ 百千萬分不及一, 歌羅分不及一(T. 8, p. 756 중).

[&03]{la0} \ 축역1 \ s_kalala \ p_kalala \ 태내(胎內) 5위(位)의 첫 단계. \ 歌羅(亦云歌羅羅亦云迦羅羅 論曰受胎七日不淨和合時)(T. 54, p. 986 상).

가라[12] \ 歌邏 \

{la0} \ 축역1 \ s_kalala \ p_kalala \ 태내(胎內) 5위(位)의 첫 단계. \ 疏歌邏者. 梵語訛也. 正云羯羅藍. 此云薄酪. 謂初託胎智(X. 9, p. 601 중).

가라[13] \ 軻羅 \

{db1} \ 전역 \ s_khara \ p_khara \ 야차의 이름. \ 復有夜叉丈夫, 名阿羅婆迦, 修至滿魔, 軻羅, 諸夜叉丈夫(T. 24, p. 697 중).[25] 軻羅(譯曰強也)(T. 54, p. 1029 하).

---

25) T.에서는 여기에 해당하는 원어가 "kharaloma"라고 한다.(T. 24, p. 697 중.) 만약 그에 따라 원어를 표기한다면 khara-loma가 되어 축역3에 해당하는 예로서 처리해야 할 것이다. 그러나 여기에서는 khara만을 원어로 채택한 뒤

가라[14] \ 迦囉 \

{jb0} \ 축역2 \ s_kālaka \ p_kālaka \ 나무의 이름. \ 一夜寒受苦 但愁迦囉樹 枝枯不復生(T. 23. p. 916 하).

가라[15] \ 迦攞 \

{kb0} \ 전역 \ s_kāla \ p_kāla \ 시간. \ 久(指囉) 時(迦攞) 新(曩縛)(T. 54, p. 1242 중).

가라[16] \ 迦羅 \ %6/36{ea5}, 4/36{jb0}, 3/36{ea3} ; {ia0}, 2/36{db1} ; {ea1} ; {eb3} ; {jc0}, 1/36{c00} ; {db2} ; {dc0} ; {hc2} ; {ic0} ; {ie0} ; {jc0} ; {ka0} ; {kb0} ; {kc0} ; {la0} ; {nc0} ; {pe0}. !%5/36.

[&01]{c00} \ 전역 \ s_kāla \ p_kāla \ 벽지불의 이름. \ 世有辟支佛, 名曰迦羅, 教化人民(T. 4, p. 158 상).

[&02]{db1} \ 전역 \ s_kāla \ p_kāla \ 명왕의 이름. \ 摩賀彌伽明王. 迦羅明王迦羅俱吒明王(T. 20, p. 840 중).

[&03]{db1} \ 전역 \ s_kāla \ p_kāla \ 신(神)의 이름. \ 有迦羅神現身語曰. 道路懸遠(X. 42, p. 36 중).

[&04]{db2} \ 전역 \ s_kālī \ p_kālī \ 파순의 여동생인 마녀의 이름. \ 亦爲觸嬈魔. 我有妹名迦羅, 汝是彼子. 汝波旬!

전역으로 처리하였다. 이는 Malalasekera(1974), Vol. 1, p. 713. Bapat(1970), p. 90, 등의 자료를 비교 검토한 후에 결정하였다.

當以此知, 汝是我妹子(T. 1, p. 864 하).

&05{dc0} \ 전역 \ s_kāla \ p_kāla \ 용왕의 이름. \ 有龍王兄第, 一名迦羅, 二名欝迦羅(T. 3, p. 463 하).

&06{ea1} \ 전역 \ s_kāla \ p_kāla \ 존자의 이름. \ 塢波半唧迦尊者. 迦羅尊者蘇迦羅尊者(T. 20, p. 842 중).

&07{ea1} \ 축역1 \ s_ \ p_belaṭṭhasīsa \ 존자의 이름. \ 爾時尊者迦羅在中住, 常坐禪思惟(T. 22, p. 662 하).

&08{ea3} \ 축역1 \ s_ \ p_belaṭṭhasīsa \ 비구의 이름. \ 比丘名迦羅, 本是王大臣善知俗法(T. 22, p. 582 하).

&09{ea3} \ 축역1 \ s_kapila \ p_kapila \ 비구의 이름. \ 即迦羅比丘是. 汝謂何者是跋難陀比丘(T. 15, p. 795 하).[26)]

&10{ea3} \ 축역3 \ s_dharma-kāla \ p_dhamma-kāla \ 중국에서 활동한 역경승의 이름. 의역은 법시(法時). \ 迦羅既至大行佛法. 諸僧請出毘尼(T. 49, p. 56 중).

&11{ea5} \ 전역 \ s_kāla \ p_kāla \ 녹자 장자의 아이의 이름. \ 佛在舍衛國. 爾時有鹿子長者兒, 名曰迦羅, 聰智利根(T. 23, p. 18 상).

&12{ea5} \ 전역 \ s_kāla \ p_kāla \ 바라문의 이름. \ 時香山有梵志, 名曰迦羅, 得備四禪(T. 14, p. 967 상).

&13{ea5} \ 전역 \ s_kāla \ p_kāla \ 빔비사라 왕의 조카의

26) T.의 해당 각주에서 '迦羅=迦毘羅'라고 밝히고 있는데, 이에 따라 원어를 추정하였다.(T. 15, p. 795 하.)

이름. \ 爾時瓶沙王姊子名曰迦羅, 爲諸沙門施食, 欲於外道異學中出家(T. 22, p. 658 중).

&14{ea5} \ 전역 \ s_kāla \ p_kāla \ 왕의 이름. \ 迦羅王(譯曰黑也)(T. 54, p. 1011 하).

&15{ea5} \ 축역1 \ s_kapila \ p_kapila \ 왕사성에 살던 장자(長者)의 이름. \ 時會中有迦羅婦懷妊在座, 腹中子叉手聽經(T. 14, p. 914 중).

&16{ea5} \ 축역1 \ s_kapila \ p_kapila \ 외도의 이름. 의역은 황두(黃頭). \ 又入大乘論. 迦羅所說. 有計一過. 作者與作一(T. 48, p. 685 상).

&17{eb3} \ 축역3 \ s_kāla-bhadra-kāpileya \ p_kāla-bhaddā-kāpilānī \ 비구니의 이름. \ 有一迦羅比丘尼, 常出入其家以爲檀越(T. 22, p. 734 상).

&18{eb3} \ 축역3 \ s_caṇḍa-kārī \ p_caṇḍa-kālī \ 비구니의 이름. \ 爾時有比丘尼名曰迦羅, 本是外道, 喜鬪諍相言(T. 23, p. 311 상).

&19{hc2} \ 전역 \ s_kāla \ p_kāla \ 수인(手印)의 이름. \ 雖移入左亦勿離同類指及本觀之內. 乃結迦羅印. 誦迦樓羅印心密言(T. 21, p. 333 상).

&20{ia0} \ 축역1 \ s_kālaka \ p_kālaka \ 동산의 이름. \ 馬師, 弗那跋比丘遊那竭提國迦羅園(T. 24, p. 873 하).

&21{ia0} \ 축역1 \ s_kaśmīra \ p_kasmīra \ 나라의 이름. \

入山至迦羅國. 此迦彌羅. 亦是北天數(T. 51, p. 976 하).

&22{ia0} \ 축역3 \ s_kapila-vastu \ p_kapila-vatthu \ 성(城)의 이름. \ 在迦羅城尼俱律那僧伽藍所. 與諸比丘并諸菩薩無數衆會(T. 21, p. 468 하).

&23{ic0} \ 축역1 \ s_ \ p_aggāḷava \ 탑원(塔院)의 이름. \ 世尊於晨朝時, 詣迦羅道場敷座而坐(T. 3, p. 540 상).

&24{ie0} \ 축역1 \ s_gargarā \ p_gaggarā \ campā국에 있던 연못의 이름. \ 爾時佛在瞻婆國, 於迦羅池邊, 爲瞻婆人說法(T. 24, p. 697 하).

&25{jb0} \ 축역1 \ s_hālāhala \ p_halāhala \ 독초(毒草)의 이름. \ 罽闍尼國土, 有毒草名迦羅, 是名生. 合者, 如獵師合藥, 若根, 若莖(T. 22, p. 377 중).

&26{jb0} \ 축역1 \ s_tagara \ p_tagara \ 향나무의 일종. \ 猶若, 瞿曇! 諸有根香, 迦羅爲最上(T. 1, p. 876 중).

&27{jb0} \ 축역2 \ s_kālaka \ p_kālaka \ 나무의 이름. 독성이 강한 열매의 이름. \ 若用三教方便觀法則節級遞判迦羅鎮頭(T. 33, p. 942 하). 如彼諸人食迦羅果已而便命終(T. 12, p. 401 중).

&28{jb0} \ 축역3 \ s_kāla-anusārya \ p_kāla-anusārita \ 침향(沈香), 흑견실향(黑堅實香). \ 迦羅香(譯曰黑花)(T. 54, p. 1049 중).

&29{jc0} \ 축역2 \ s_kanaka \ p_kanaka \ 황금(黃金), 금

괴(金塊). \ 或以迦羅種種大寶以為莊嚴(T. 17, p. 120 상).

&30{jc0} \ 전역 \ s_kṣura \ p_khura \ 돌, 지석(砥石). \ 縱廣各四千里, 一者名迦羅, 二者名迦羅尸羅(T. 1, p. 292 하).

&31{ka0} \ 전역 \ s_kāla \ p_kāla \ 검은색. \ 迦茶. 或迦羅. 此云黑色(T. 54, p. 1109 하).

&32{kb0} \ 전역 \ s_kāla \ p_kāla \ 시간의 단위. \ 一千六百剎那名一迦羅, 六十迦羅名摸呼律多(T. 13, p. 276 상).

&33{kc0} \ 전역 \ s_kalā \ p_kalā \ 숫자의 단위. \ 百千俱胝那由他分, 迦羅分, 算分(T. 10, p. 845 상).

&34{la0} \ 축역1 \ s_kalala \ p_kalala \ 태내(胎內) 5위(位)의 첫 단계. \ 變異得三有 已見依內具 依細迦羅等(T. 54, p. 1255 중).

&35{nc0} \ 전역 \ s_kala \ p_kala \ 좋은 소리, 음조(音調). \ 迦毘伽鳥者具云迦羅頻伽. 此云美音言鳥. 謂迦羅云美音. 頻伽云語言(T. 35, p. 488 하).

&36{pe0} \ 전역 \ s_kāla \ p_kāla \ 발우의 이름. \ 聽持迦羅鉢, 舍羅鉢. 時有比丘入僧中食無鉢(T. 22, p. 945 상).

가라[17] \ 迦螺 \

{ea3} \ 축역1 \ s_mahā-raṣita \ p_mahā-rakkhita \ 비구의 이름. \ 迦螺(勒和反人名也律文作蠡悅專反爾雅蠡覆

[蝂]虫名也蝝非此用)(T. 54, p. 738 하).[27]

가라[18] \ 迦邏 \ %1/2{la0} ; {nc0}.

&01{la0} \ 축역1 \ s_kalala \ p_kalala \ 임신 후 태아의 상태. 태내(胎內) 5위(位)의 첫 단계. \ 揭邏藍或曰迦邏 皆一語耳此即說人初受胎七日之名(T. 54, p. 783 하).

&02{nc0} \ 전역 \ s_kara \ p_kara \ 동작의 주체. 행위자(行爲者). \ 迦邏. 秦言作者. 大品. 迦字門入諸法作者不可得故(T. 54, p. 1134 하).[28]

위와 같이 조사 결과, 우리말 '가라'에 해당하는 한자 음역어는 총 18종에 이르며, 모두 76종의 용례들이 상이하게 열거되고 있다는 사실을 알 수 있다. 물론 이것이 완벽하게 검색한 결과라고는 말할 수 없다.

---

27) 한글대장경에서는 다음과 같이 번역한다. "가라(迦螺): 뒷글자는 륵(勒)과 화(和)의 반절이다. 사람 이름이다. 율문에는 연(蝝)이라 썼는데 열(悅)과 전(專)의 반절이다. 『이아』에서는 "연(蝝)은 복도(蝮蜪)이다"라고 하였으니, 벌레의 이름으로 연(蝝)은 여기서의 쓰임이 아니다." 여기에 더하여 각주에서는 "원문의 복(覆)은 복(蝮)의 오자이다. 『이아』「석충(釋蟲)」에 보인다."라고 교정하고 있다.(박원자(2000), p. 194.) 그런데 한글대장경에서 지적하고 있는 것처럼, 복도의 "도"는 실제로 그 저본이라고 밝히고 있는 고려대장경뿐만 아니라, 대정신수대장경(大正新脩大藏經)에서는 '도(蜪)' 자가 아니라 "국([蝂])" 자로 나온다. 이와 관련하여 참고로 검색하면, "楊子云. 蚖其肆矣. 蝮. 蜪蝝(上音陶. 下音延)也."(X. 21, p. 727 중), "蝗子毒蟲名 爾雅云蝝蝮蜪 注云蝗子未有翅."(X. 28, p. 488 하)라는 구절이 나온다. 이로써 도(蜪)라고 쓴 연유가 짐작되기도 한다. 그러나 도(蜪) 자와 국([蝂]) 자는 엄연히 다른 글자이므로 한글대장경의 오기로 판단된다.(단국대학교 동양학연구소(2008), Vol. 12, p. 128, 129.)

28) 원어 kara는 kāra라고도 할 수 있다.

예컨대 "迦羅"의 경우에 CETC.에서 단순 검색을 지시한다면 무려 4,193회가 검출된다. 물론 그 모든 경우가 음역어 '가라'에 해당하는 것은 아니다. 먼저 4,193회를 모두 검토해 보고 나서, 추적 가능한 음역어로서의 사례를 뽑아낸다. 그런 다음에, 그에 대응하는 원어가 있거나 유사한 사례의 원전이 있는 예문을 추려내고서, 원어를 정리해 본다. 그러고 나서야 대표적인 예만을 표본화하여 정리한 용례가 총 36종이라는 것이다. 물론 경문의 표기 조건이 달라서 4,193회에 포함되지 않는 경우도 허다하고, 또는 음역어가 분명하지만 도저히 원어를 추적할 수 없는 경우도 적지 않다. 물론 그 원어가 번연히 추정되거나 시간이 허락한다면 밝혀내고야 말 여지가 없지 않는 경우도 있다. 하지만 그와 같이 적확성을 담보할 수 없거나 명료하지 않은 사례는 일단 제외시키는 것을 원칙으로 하였다.[29] 그리고 이 원칙으로 인하여 18종의 음역 사례에 해당하지 않는 다른 '가라'가 있지만 여기에 열거하지 못하였다.

또한 분명히 음역어 '가라'에 해당하지만 분류항의 기호 {nb0}에 해당하는 "문자 관련 용어, 언어 구분"에 해당하는 경우에는 분석에서

---

29) 그 중 한 가지 예를 들자면 다음과 같다. "刎闍(無粉反) **譀羅**(古何反) 曝(蒲木反)(T. 54, p. 554 상)"에서 "譀羅"는 야차의 이름을 음역한 단어의 일부만 지시하고 있다는 사실을 추정할 수 있다. 그리고 해당 문헌에서 밝히고 있듯이 "『공작왕신주경』(孔雀王神呪經) 상권"에서 추출한 단어라면 앞뒤 단어의 맥락으로 보건대 "叔譀羅木珂夜叉" 또는 "矜譀羅夜叉"(T. 19, p. 451 중), 둘 중 하나의 단어 또는 두 단어에 공통하는 "譀羅"를 가리킨다는 추정은 큰 무리가 없다고 생각한다. 따라서 원어는 슈클라무카(śuklamukha) 또는 킹카라(kiṃkara)로서 그 축약의 형태라거나, 두 원어에 밑줄을 그은 부분을 반영한 것이라고 판단할 수 있다.

제외시켰다. 그 이유는 단어의 의미 분석과 무관하기 때문이다.[30)]

음역어 가라의 난맥상

중첩적 다의성

가라에 대한 조사 내용에서 보듯이, 각각의 한역 단어에 따라 다양한 원어들이 해당 한역어(漢譯語)로서 대응 번역되었는데, 우리말로는 모두 "가라"라는 단어 하나로 일치한다는 사실을 알 수 있다.

이 점은 원전 원어를 토대로 하여 한역된 경전을 다시 우리말로 번역할 때 생기는 문제의 특성상 피할 수 없는 점이기도 하다. 더구나 원어 자료에서 제1차로 한역(漢譯)할 때에는 결코 동음도 아니고, 다의어에도 해당하지 않을 수 있는 경우조차도 우리말로 독음하고 번역하는 과정에서 결과적으로 동음이의어가 되거나 다의어로 포섭되고 만다는 점이 난맥상을 초래하는 가장 큰 요인이라고 본다. 예컨대 가라에 해당하는 총 18종의 음역어 중에서도 "가라[16] \ 迦羅"의 경우에는 무려 36종의 음역 용례가 한 단어의 이의어로 추출되었다는 점이 매우 두드러진다. 이처럼 "가라[16] \ 迦羅"의 경우가 두드러지게 많은 이유로서는 특히 迦 자가 범어의 'ka 또는 ga' 음의 차자(借字)로서 채용되었다는 점을 들 수 있을 것이다. 총 18종 가라의 음역 용례를 모

---

30) 범어 "kra"에 해당하는 음역으로 쓰이는 "迦邏, 迦羅, 柯羅" 등이 그에 해당한다.(T. 36, p. 436 상.)

두 합한 76종 가운데 迦 자가 사용된 경우는 무려 41종에 이르고 있다.

의미 체계의 다양성

가라의 음역 용례에 따른 의미 체계의 분류는 <표 4>의 자료에 따라 분석하였다. 이러한 분류 체계는 수년간에 걸친 공동 연구 프로젝트를 수행해 나아가는 과정에서 취합된 자료들과 대정신수대장경의 색인 자료 등을 참조하여 정리한 표본 규정이다. 그에 따라 가라에 대한 76종의 음역 용례를 분석하면 다음과 같다.

회수	분류 기호	총수
1	{a00}, {c00}, {da1}, {db2}, {ea2}, {hc2}, {id0}, {ja0}, {ka0}, {lb0}, {pe0}.	11
2	{eb3}, {ic0}, {ie0}, {jc0}, {nc0}.	10
3	{dc0}, {ea1}.	6
4	{kb0}, {kc0}.	8
6	{jb0}, {la0}.	12
7	{db1}, {ea3}, {ia0}.	21
8	{ea5}.	8
	총 26종의 의미 분류	76

이상, 총 26종의 의미 분류는 {a00}, {c00}, {da1}, {db1}, {db2}, {dc0}, {ea1}, {ea2}, {ea3}, {ea5}, {eb3}, {hc2}, {ia0}, {ic0}, {id0}, {ie0}, {ja0}, {jb0}, {jc0}, {ka0}, {kb0}, {kc0}, {la0}, {lb0}, {nc0}, {pe0} 등이다.

그 중에서 가장 많이 나오는 의미는 총 8회에 달하는 '{ea5} 일반 남자'의 분류에 속하는 경우이며, 그 다음으로 각 7회에 해당하는

'{db1} 잡신, 귀신, {ea3} 비구, {ia0} 일반 거처' 등의 분류에 해당하는 용례들이다.

7, 8회씩 등장하는 분류가 있기는 하지만, 전반적으로 볼 때 가라의 음역어는 1, 2회만 나오는 범주가 21회에 달하고, 총 26종의 분류 범주에 해당하는 결과로 미루어 보건대, 단일한 음역어 '가라'의 의미 체계는 지나치게 중층적이라는 사실을 알 수 있다. 이 점으로 인해서 음역어로서의 '가라'는 언어학적으로 명료한 지시 대상을 갖는 말이라기보다는 다수의 동음이의를 내포하는 애매성을 수반하는 단어가 되고 말았다.

한역어의 다양성을 배제하고 우리말로서의 가라에 대한 원어의 의미 체계만을 헤아린다면 총 60가지의 서로 다른 의미를 갖게 된다. 그에 따라 정리한 내용은 다음과 같다.

1) s_ \ p_aggāḷava \ 탑원(塔院)의 이름. \ 伽邏, 迦羅.
2) s_caṇḍa-kārī \ p_caṇḍa-kālī \ 비구니의 이름. \ 迦羅.
3) s_dharma-kāla \ p_dhamma-kāla \ 비구의 이름. \ 迦羅.
4) s_gargarā \ p_gaggarā \ campā국에 있던 연못의 이름. \ 迦羅.
5) s_gṛha \ p_gaha \ 집, 마을, 성(城). \ 伽羅.
6) s_kajaṅgala \ p_kajaṅgala \ 나라의 이름. \ 伽羅.
7) s_kala \ p_kala \ 좋은 소리, 음조(音調). \ 迦羅.
8) s_kalā \ p_kalā \ 숫자의 단위. \ 哥羅, 柯羅, 歌羅, 迦羅.
9) s_kāla-anusārya \ p_kāla-anusārita \ 침향(沈香), 흑견실향(黑堅實香). \ 迦羅.

10) s_kāla-bhadra-kāpileya \ p_kāla-bhaddā-kāpilānī \ 비구니의 이름. \ 迦羅.

11) s_kalala \ p_kalala \ 태내(胎內) 5위(位)의 첫 단계. \ 柯羅, 歌羅, 歌邏, 迦羅, 迦邏.

12) s_kālī \ p_kālī \ 파순의 여동생인 마녀의 이름. \ 迦羅.

13) s_kanaka \ p_kanaka \ 황금(黃金), 금괴(金塊). \ 迦羅.

14) s_kapila-vastu \ p_kapila-vatthu \ 성(城)의 이름. \ 迦羅.

15) s_kara \ p_kara \ 동작의 주체. 행위자(行爲者). \ 迦邏.

16) s_kara \ p_kara \ 손[手]. \ 柯羅.

17) s_kātyāyāna \ p_kaccāyana \ 선인(仙人)의 이름. \ 柯羅.

18) s_kaśmīra \ p_kasmīra \ 나라의 이름. \ 迦羅.

19) s_khadiraka \ p_khadiraka \ 산의 이름. \ 佉羅.

20) s_khara \ p_khara \ 야차의 이름. \ 伽羅, 軻羅.

21) s_kṣura \ p_khura \ 돌, 지석(砥石). \ 迦羅.

22) s_mahā-kātyāyāna \ p_mahā-kaccāyana \ 비구의 이름. \ 柯羅.

23) s_mahā-raṣita \ p_mahā-rakkhita \ 비구의 이름. \ 迦螺.

24) s_nagara \ p_nagara \ 성(城). \ 伽羅.

25) s_pudgala \ p_puggala \ 사람의 몸이나 자아. \ 伽羅.

26) s_saṅgārava \ p_saṅgārava \ 바라문의 이름. \ 歌羅.

27) s_tagara \ p_tagara \ 향나무의 일종. \ 伽羅, 迦羅.

28) s_tukhāra \ p_tukhāra \ 나라의 이름. \ 可羅.

29) s_kāla \ p_kāla \ 검은색. \ 迦羅.

30) s_kāla \ p_kāla \ 귀신의 이름. \ 伽羅.

31) s_kāla \ p_kāla \ 녹자 장자의 아이의 이름. \ 迦羅.

32) s_kāla \ p_kāla \ 명왕의 이름. \ 迦羅.

33) s_kāla \ p_kāla \ 바라문의 이름. \ 迦羅.

34) s_kāla \ p_kāla \ 발우의 이름. \ 迦羅.

35) s_kāla \ p_kāla \ 벌레의 이름. \ 哥羅.

36) s_kāla \ p_kāla \ 벽지불의 이름. \ 迦羅.

37) s_kāla \ p_kāla \ 비구의 이름. \ 加羅.

38) s_kāla \ p_kāla \ 빔비사라 왕의 조카의 이름. \ 迦羅.

39) s_kāla \ p_kāla \ 수인(手印)의 이름. \ 迦羅.

40) s_kāla \ p_kāla \ 시간. 때. \ 迦攞.

41) s_kāla \ p_kāla \ 시간의 단위 또는 분류. \ 伽羅, 柯邏, 迦羅.

42) s_kāla \ p_kāla \ 신(神)의 이름. \ 迦羅.

43) s_kāla \ p_kāla \ 야차의 이름. \ 哥羅, 柯羅.

44) s_kāla \ p_kāla \ 왕의 이름. \ 迦羅.

45) s_kāla \ p_kāla \ 왕자의 이름. \ 哥羅.

46) s_kāla \ p_kāla \ 용왕의 이름. \ 迦羅.

47) s_kāla \ p_kāla \ 존자의 이름. \ 哥羅, 迦羅.

48) s_kāla \ p_kāla \ 천신의 이름. \ 伽羅.

49) s_ \ p_belaṭṭhasīsa \ 비구의 이름. \ 哥羅, 迦羅.

50) s_ \ p_belaṭṭhasīsa \ 존자의 이름. \ 迦羅.

51) s_hālāhala \ p_halāhala \ 독약의 이름. \ 伽羅.

52) s_hālāhala \ p_halāhala \ 독초(毒草)의 이름. \ 迦羅.

53) s_kālaka \ p_kālaka \ 나무의 이름. \ 迦囉, 迦羅.

54) s_kālaka \ p_kālaka \ 동산의 이름. \ 迦羅.

55) s_kālaka \ p_kālaka \ 용왕의 이름. \ 哥羅.

56) s_kapila \ p_kapila \ 비구의 이름. \ 迦羅.

57) s_kapila \ p_kapila \ 왕사성에 살던 장자(長者)의 이름. \ 迦羅.

58) s_kapila \ p_kapila \ 외도의 이름. 의역은 황두(黃頭). \ 迦羅.

59) s_sāgara \ p_sāgara \ 바다. \ 伽囉.

60) s_sāgara \ p_sāgara \ 용왕의 이름. \ 伽羅.

축역의 유무 분석

가라에 대한 총 76종의 음역 사례에 대해서 원어의 음운을 어느 정도 반영했는가에 따라서 전역과 축역으로 분류할 수 있다.

전역이란 원어를 온전히 그대로 반영한 경우인 반면에, 축역은 원어의 자모 중에서 선택적으로 일부만 반영하여 음역한 경우를 말한다. 특히 축역의 정도에 따라 각각 1, 2, 3으로 구분하였는데, 그 기준에 대해서는 앞에서 설명하였다. 총 76종의 가라는 다음과 같이 구분된다.

표 3 ▎가라의 음역어

<table>
<tr><th colspan="4">가라의 음역어</th></tr>
<tr><td>전역</td><td colspan="3">36종</td></tr>
<tr><td rowspan="3">축역</td><td rowspan="3">40종</td><td>축역1</td><td>30종</td></tr>
<tr><td>축역2</td><td>4종</td></tr>
<tr><td>축역3</td><td>6종</td></tr>
<tr><td colspan="4">총 76종</td></tr>
</table>

이러한 통계로 볼 때, 총 76종의 음역 사례의 결과, 전역은 48%, 축역 52%로 분석된다. 축역 52%를 다시 세분해 보면, 전체 통계 중에서 축역1은 39%, 축역2는 5%, 축역3은 8%를 차지한다.

축역의 용례 중에서 가장 심한 정도로 원어가 축약된 용례는 "s_kāla-bhadra-kāpileya \ p_kāla-bhaddā-kāpilānī \ 가라[16] \ 迦

羅"의 경우이다.

그렇지만 전반적으로 가라의 음역에 국한하여 보자면, 음역어의 특성상, 그 원어가 세 음절 이상으로 넘어가는 경우에 축역이 이루어지는 사례가 매우 빈발한다는 것과 비교해 보면, 상대적으로 축역이 많지 않다고 볼 수도 있다. 그 이유 중 하나는 가라의 원어들 중 절대 다수를 차지하고 있는 "kāla"의 원어가 두 음절의 원어이며, 원어 그 자체의 쓰임새만으로도 다양한 의미를 지닌 말이기 때문이라고 추정 가능하다.

그 밖에 한역상 축역이 빈발하는 이유 중 가장 근본적인 원인은 한자 자체의 특성에서 찾아야 할 것이다. 한자는 단어(單語) 문자, 즉 표어(表語) 문자 계통에 속한다. 글자 하나로 하나의 말이나 형태소를 지시하는 특징을 지닌 문자 체계인 까닭에 아무리 복잡한 의미 체계일지라도 한자 하나로 집약시키는 전통이 근간을 이루고 있다. 따라서 여러 가지 이유로 음역 방식을 선택하여 번역은 할지라도, 언어적 관습상 최대한 그리고 가능한 한 줄이고 또 줄여서 표현하고자 했던 것은 중국 어법상 당연하다고 해도 전혀 지나침이 없다. 그 결과 한역 불전에서도 음역상 축역 방식이 많아지게 된 결과를 초래했다고 본다.[31]

---

31) 이 점과 관련하여, 낭송이나 암송과 연관을 지어 분석하는 주장이 있다. "중국어로서는 2음절 어휘가 주류를 이루고 있었고 길어야 3, 4음절 내외이었으니 그 이상이 되면 낭송 및 암송에 불편하기 그지없었을 것이다. 그러므로 축역은 중국어의 기본 음절수에 맞게 대다수가 2음절과 3음절로 이루어지는 것이 보편적인 현상이다. 또한 소수이기는 하나 4음절도 존재하는데 중국어의 성어(成語)가 보통 4음절로 이루어진 것을 감안하면 이 정형화된 패턴의 음절과 아주 무관하지는 않을 것으로 생각된다. 따라서 축역 현상은 범어에서 중국어로 번역되면서 당시의 언어 현상과 맞물려 나타나는 자연 발생적인 것이라고

원어의 분석

가라에 해당하는 원어를 분석하면, 총 33종의 원어가 총 76종의 동음이의 음역어로 사용되고 있다. 물론 원어에 따라 그 사용 빈도수는 확연히 차이가 난다.

전체 음역 용례 중에서 총 21종의 원어가 단 한 차례씩만 가라로 음역된 경우이고, 그 외에는 2종 이상의 서로 다른 한자로 음역되었다.

각각의 원어에 따라 정리하면 다음과 같다.

1원어 당 1종 음역

s_caṇḍa-kārī \ p_caṇḍa-kālī: 迦羅

s_dharma-kāla \ p_dhamma-kāla: 迦羅

s_gargarā \ p_gaggarā: 迦羅

s_gṛha \ p_gaha: 伽羅

s_kajaṅgala \ p_kajaṅgala: 伽羅

s_kala \ p_kala: 迦羅

s_kāla-anusārya \ p_kāla-anusārita: 迦羅

s_kāla-bhadra-kāpileya \ p_kāla-bhaddā-kāpilānī: 迦羅

s_kālī \ p_kālī: 迦羅

s_kanaka \ p_kanaka: 迦羅

s_kapila-vastu \ p_kapila-vatthu: 迦羅

s_kātyāyāna \ p_kaccāyana: 柯羅

s_kazmīra \ p_kasmīra: 迦羅

s_khadiraka \ p_khadiraka: 佉羅

할 수 있을 것이다."(이현우(2002), p. 201.)

s_kṣura \ p_khura: 迦羅

s_mahā−kātyāyāna \ p_mahā−kaccāyana: 柯羅

s_mahā−raṣita \ p_mahā−rakkhita: 迦螺

s_nagara \ p_nagara: 伽羅

s_pudgala \ p_puggala: 伽羅

s_saṅgārava \ p_saṅgārava: 歌羅

s_tukhāra \ p_tukhāra: 可羅

1원어 당 2종 음역

s_ \ p_aggāḷava: 伽邏, 迦羅

s_hālāhala \ p_halāhala: 伽羅, 迦羅

s_kara \ p_kara: 柯羅, 迦邏

s_khara \ p_khara: 伽羅, 軻羅

s_sāgara \ p_sāgara: 伽囉, 伽羅

s_tagara \ p_tagara: 伽羅, 迦羅

1원어 당 3종 음역

s_ \ p_belaṭṭhasīsa: 哥羅, 迦羅(2종 의미).

s_kapila \ p_kapila: 迦羅(3종 의미).

1원어 당 4종 음역

s_kalā \ p_kalā: 哥羅, 柯羅, 歌羅, 迦羅.

s_kālaka \ p_kālaka: 哥羅, 迦囉, 迦羅(2종 의미).

1원어 당 5종 음역

s_kalala \ p_kalala: 柯羅, 歌羅, 歌邏, 迦羅, 迦邏.

1원어 당 24종 음역

s_kāla \ p_kāla: 加羅, 哿羅, 柯羅, 柯邏, 迦攞, 哥羅(3종 의미), 伽羅(3종 의미), 迦羅(13종 의미).

이상에서 보듯이, kāla의 경우에 24종에 이르는 음역어와 가장 다양한 의미 체계를 보여 주고 있다. 구체적으로 정리하면 다음과 같다.

인명 용례

녹자 장자의 아이의 이름: 迦羅.

바라문의 이름: 迦羅.

벽지불의 이름: 迦羅.

비구의 이름: 加羅.

빔비사라 왕의 조카의 이름: 迦羅.

왕의 이름: 迦羅.

왕자의 이름: 哥羅.

존자의 이름: 哥羅, 迦羅.

신명(神名) 용례

귀신의 이름: 伽羅.

명왕의 이름: 迦羅.

신(神)의 이름: 迦羅.

야차의 이름: 哥羅, 柯羅.

용왕의 이름: 迦羅.

천신의 이름: 伽羅.

일반 용례

시간의 단위 또는 분류: 伽羅, 柯邏, 迦羅.

시간, 때: 迦攞.

검은색: 迦羅.

발우의 이름: 迦羅.

벌레의 이름: 哿羅.

수인(手印)의 이름: 迦羅.

이처럼 다양한 의미의 음역어는 전적으로 그에 해당하는 원어인 'kāla'의 쓰임새가 광범위하기 때문이다. 따라서 이와 같이 원어가 "칼라(kāla)"이기 때문에 그 음가를 전역(全譯)하여 "가라"라고 우리말 번역 용어를 채용하는 경우만으로도 상당히 복잡한 의미 체계를 초래한다고 볼 수 있다.

동음이의 음역어의 번역 문제

한역어로는 각기 다른 한자이고, 그 한자의 독음에 따라, 또는 장단음(長短音)에 따라서도 각기 다른 음역어가 될 수도 있다. 하지만 특정 한역어를 우리말로 읽어내서 표기할 때, 모두 '가라'가 되어 우리말만을 기준으로 볼 때 동음이의어로 귀결되고 마는 경우에 어떻게 의미를 구분할 것인가?

이는 일반적으로 외래어나 번역 용어를 다룰 때 언급되는 "그대로 쓸 용어와 풀어 쓸 용어"의 문제와는 또 다른 문제를 누적적으로 야기한다. 다시 말하면 직역이냐 의역이냐 하는 점과는 다른 측면의 문제, 즉 이중 번역(二重 飜譯)의 경우이기 때문이다. 더구나 불전(佛典)의 경우는 단순히 한 차례의 이중 번역에 그치지 않고, 여러 가지 판본이 공존하는 누역(累譯)이라는 점도 간과해서는 안 된다.

일반적으로 한역(漢譯) 불전을 우리말로 번역할 때, 해당 한자의 독음에 따라 우리말 표기만으로 '가라'라고 써 두거나, 때로는 괄호 속에 해당 한자를 병기해 놓기도 한다. 물론 그런 경우를 오역(誤譯)이라고 말할 수는 없다. 하지만 한역본 자체에 공존하는 여러 가지 이역본(異譯本)들과 그와 동일하거나 또는 유사한 원전들까지 번역되고 있는 현대에 이르러서, 동일한 인물이나 장소 등이 번역본마다 달리 표기되어 있다면 그 혼동은 이루 말할 수 없을 것이다. 실제로 동음이의의 음역어의 경우에 그 난해하고 복잡한 정도는 뭐라고 표현하지도 못할 만큼 난맥상으로 점철되어 있다는 것을 '가라'의 음역 용례를 조사해 봄으로써 극명하게 알 수 있었다.

또한, 가라의 경우처럼 동음이의의 음역 용례가 빈번한 다른 음역어로는 '나라, 다라, 마라, 바가, 바라, 바사, 반나, 발리, 발타, 발타라, 사라, 사리, 사타, 사파, 수라, 시라, 시파, 타라, 파나, 파라, 파리' 등을 꼽을 수 있다. 특히 그 중에서도 사라, 파리, 파라 등은 가라의 예와 비견할 만큼 또는 그 이상으로 다양하고 중첩적인 음역 용례를 보여 주고 있다.

보편적으로 동음이의어의 기의(記意)는 그 단어의 전후 맥락에 따라서 결정된다. 이 점은 불전의 번역이라 하여도 그 예외가 아니다.

그러나 한 손으로 셀 정도의 동음이의어로 그치지 않고 한 단어가 수십 종, 무려 76종의 의미 영역에 대응된다면, 비록 고유 명사의 경우라 하더라도 언어의 가장 기본적이며 고유한 기능이라 할 지시적 의미 구분이 유명무실해지고 말 것이다.

사실, 뜻글자인 한자어를 소리글자인 우리말로 옮길 때, 더구나 원어가 따로 있는 중역(重譯)의 경우에 원어의 음가를 되살려서 표기할 것인지를 선택하는 문제는 결코 용이한 일이 아니다. 게다가 대응하는 원전을 쉽게 찾을 수도 없으며, 아예 원전이 산실되고 한역본만 남아 있는 문헌의 경우에 특정한 음역어의 원어를 찾아내기란 참으로 어렵고 아예 포기해야 할 경우도 없지 않다. 그럼에도 불구하고 '가라'에 해당하는 음역어의 사례는 너무나 특이할 정도로 이례적인 용례들을 다각도로 보여 주고 있다고 평가해야 할 것이다. 그렇지만 그런 만큼 또 적나라하게 음역상의 문제점들도 도출해 낼 수 있었다. 요컨대 가라의 음역 사례를 통해서, 한역 불전을 우리말로 번역할 때에는 보다 적확하고 명료한 의미 전달을 위해서 면밀한 제고가 필요하다는 점을 강조하고 싶다.

끝으로, 동음이의 음역어의 문제점에 대한 해결 방안을 간단히 요약하여 제시해 보자면 다음과 같다.

첫째, 이중 번역으로 인해서 발생할 수밖에 없는 동음이의어의 경우에는 음역어를 최소한으로 줄이고자 하는 노력이 필요하다. 더구나 한자어를 병기하지도 않고 한글만 쓸 때에는 더욱더 지시하는 의미마저

혼동을 일으키기가 십상이기 때문이다.

둘째, 누역의 경우에는 다양한 판본들을 비교 분석한 뒤에 동일한 의미 용례일 때에는 가능한 한 동일하게 통일시키는 작업이 긴요하다.

셋째, 동음이의 음역어의 경우에 중첩적인 의미들을 구분하기 위해서는 해당 원전이라든가 한역본에는 없는 단어일지라도 문맥에 따라서 그 의미를 한정시키고 보충하는 말을 첨가할 필요가 있다.

넷째, 축역으로 인한 동음이의어의 경우에는 그 원음을 복원시켜서 번역한다면 의미의 혼동을 최소화시킬 수 있을 것이다. 특히 이러한 점은 원전을 반영하여 한역 불전의 용어를 간명하게 하고 동시에 의미의 명료성을 높이는 데에도 적잖은 역할을 할 것이다.

표 4 ▌ 의미 체계 분류

* 분류항의 기호
* 원칙: 세 글자의 조합으로 각각 대, 중, 소의 범주를 표시하며, 숫자 0은 하위 범주가 없음을 표시한다.

분류항			적용 범위
a 교법	{a00} 교법		일반 교설과 교리: 경·율·논 3장의 전반에 걸친 기본 교설, 소승·대승을 막론한 교학 관련 용어.
b 교단	{ba0} 승가		승가, 위계(位階) 관련 용어.
	{bb0} 계율		계율의 종류, 세목, 호계(護戒), 범계(犯戒) 관련 용어.
c 불보살	{c00} 불보살		부처, 보살의 명칭, 덕성, 신체 등 여러 존상(尊像) 관련 용어. 스님의 존칭으로서 보살은 제외.
d 신중(神衆)	da 천신	{da1} 남성	힌두교의 대신(大神) 또는 주요 남성 신격.
		{da2} 여성	힌두교의 대신(大神) 또는 주요 여성 신격.
	db 잡신, 귀신	{db1} 남성	야차, 아수라, 아귀, 나찰 등 잡신과 하위 남성 신격.
		{db2} 여성	야차, 아수라, 아귀, 나찰 등 잡신과 하위 여성 신격.
	{dc0} 용(龍)		용 또는 용왕의 이름.
e 인간	ea 남성	{ea1} 아라한/존자	부처 또는 보살로 호칭되기 전 단계의 남자 성자. 아라한을 일컫는 존자.
		{ea2} 성현	선인(仙人)이나 성인(聖人)으로 호칭되는 남성의 이름.
		{ea3} 비구	남성 출가자의 이름. 장로, 사미 등 포함.
		{ea4} 우바새	남성 재가 신도의 이름.
		{ea5} 일반	바라문, 왕, 장자, 외도 등을 포함한 일반인과 신화적 인물의 이름.
	eb 여성	{eb1} 아라한/존자	부처 또는 보살로 호칭되기 전 단계의 여자 성자. 아라한을 일컫는 존자.
		{eb2} 성현	선인(仙人)이나 성인(聖人)으로 호칭되는 여성의 이름.
		{eb3} 비구니	여성 출가자의 이름. 장로니, 사미니 등 포함.
		{eb4} 우바이	여성 재가 신도의 이름.
		{eb5} 일반	왕비, 왕녀 등을 포함한 일반인과 신화적 인물의 이름.

f 교파		{fa0} 불교	불교 내부의 학파와 종파 관련 용어.
		{fb0} 외도	불교 외부의 학파와 종파 관련 용어.
g 신행		{ga0} 신앙	특정 신앙의 행태 관련 용어.
	gb 수행	{gb1} 선관(禪觀)	선정, 삼매, 관법 등의 명상과 수행법 관련 용어.
		{gb2} 행위(行位)	수행상의 계위, 득과(得果) 관련 용어.
h 의궤		{ha0} 의례	불사(佛事), 승가의 일반 의식과 관련 용어.
		{hb0} 작법	호마, 관정, 주술 등 구체적 작법 관련 용어.
	hc 삼밀(三密)	{hc1} 만다라	명상 대상으로 형상화한 그림 또는 입체 관련 용어.
		{hc2} 인계(印契)	수인(手印, 무드라)의 이름 또는 이를 묘사하는 용어.
		{hc3} 다라니	다라니(만트라, 주문)의 이름 또는 다라니용 전문어.
I 장소		{ia0} 일반 거처	국토(국가, 왕국), 도시(성, 읍, 마을), 유원지(동산, 숲) 등을 포함한 특정 지점.
		{ib0} 특수 거처	종교적 신화적으로 상정된 가상의 세계.
		{ic0} 사원/성소(聖所)	사원, 정사(精舍), 수행처를 포함한 신행 장소.
		{id0} 산(山)	가상과 현실에서 산, 봉(峰) 등 산악의 고유명사.
		{ie0} 수(水)	가상과 현실에서 강, 호수, 하천, 계곡, 바다 등의 고유 명사.
j 자연물		{ja0} 동물	곤충, 어류, 조류를 포함하여 움직이는 생물.
		{jb0} 식물	풀, 꽃, 나무 등의 식물과 그 열매나 향(香).
		{jc0} 광물	금은, 보석 등 생활 문화에 유용한 자연 무생물.
		{jd0} 지형물	풍우, 산수, 전답, 모래, 바다, 바위, 기타 지형(地形) 지물(地物)처럼 지구상의 자연 환경을 구성하는 구체적 사물의 일반명사.
k 과학		{ka0} 물리/화학	5대(大), 5유(唯) 등의 물질 또는 자연과학적 물리 현상. 의약에 포함되지 않는 화학 물질.
		{kb0} 천문	일월성신(日月星辰) 등 천체와 우주의 운행 관련 용어, 월력 등의 역산(曆算)과 시간 관련 용어.
		{kc0} 수리	길이, 넓이, 분량 등 도량형 단위 또는 숫자나 크기 등 산수 관련 용어.
l 의학		{la0} 신체/생리	인간과 동물의 신체적 부위, 생리와 위생 관련 용어.
		{lb0} 의약/의술	의술과 약학 관련 용어.

<table>
<tr><td>m
철학
일반</td><td colspan="2">{m00}</td><td>형이상학, 논리, 심리, 윤리 등 관련 용어.</td></tr>
<tr><td rowspan="3">n
언어</td><td colspan="2">{na0} 문법</td><td>문법 관련 용어.</td></tr>
<tr><td colspan="2">{nb0} 문자/언어</td><td>문자 관련 용어, 언어 구분.</td></tr>
<tr><td colspan="2">{nc0} 자구 분석</td><td>주로 사휘부의 음역, 복합어 분석 제시 등, 일반 용례가 희소한 것들 중 다른 분류 선택이 애매한 용어.</td></tr>
<tr><td rowspan="5">o
사회</td><td colspan="2">{oa0} 민족/종족</td><td>민족, 종족 관련 용어.</td></tr>
<tr><td colspan="2">{ob0} 신분/계급</td><td>카스트, 지위, 직책 등 관습상 신분 관련 용어.</td></tr>
<tr><td colspan="2">{oc0} 가족</td><td>성씨, 부모, 형제 등 혈족 관계 용어.</td></tr>
<tr><td colspan="2">{od0} 정치/경제</td><td>정치, 법제, 군사, 경제 등 관련 용어.</td></tr>
<tr><td colspan="2">{oe0} 직업</td><td>신분, 계급, 특정 직업을 지칭하는 용어.</td></tr>
<tr><td rowspan="5">p
생활
문화</td><td colspan="2">{pa0} 음식</td><td>조미료, 음료를 포함한 음식 관련 용어.</td></tr>
<tr><td colspan="2">{pb0} 의복/옷감/신발</td><td>장신구 이외에 입거나 신는 필수 용품.</td></tr>
<tr><td colspan="2">{pc0} 장신구</td><td>목걸이, 귀고리, 팔찌, 모자 등, 몸을 치장하는 각종 용구.</td></tr>
<tr><td colspan="2">{pd0} 오락/유희</td><td>축제, 명절, 오락 등 통속적 유희 관련 용어.</td></tr>
<tr><td colspan="2">{pe0} 생활용품</td><td>일상 생활에 필요한 기타 용품.</td></tr>
<tr><td rowspan="6">q
예술</td><td colspan="2">{qa0} 문학</td><td>운율, 구문 형식(산문, 운문), 장르 등 문학 관련 용어.</td></tr>
<tr><td colspan="2">{qb0} 음악/무용</td><td>각종 악기와 무용을 포함한 음악 관련 용어.</td></tr>
<tr><td colspan="2">{qc0} 건축</td><td>탑, 사원 건축의 전문 용어.</td></tr>
<tr><td rowspan="2">qd
미술</td><td>{qd1} 도상</td><td>만다라 이외의 도상(圖像) 예술 관련 용어. 상징, 그림, 조상(造像) 등을 포함.</td></tr>
<tr><td>{qd2} 공예</td><td>그릇, 항아리 등 도예 관련 용어.</td></tr>
<tr><td colspan="2">{qe0} 기물/용품</td><td>주로 불구(佛具)를 포함한 종교 의례의 용구나 물품.</td></tr>
<tr><td rowspan="2">r
전적
(典籍)</td><td colspan="2">{ra0} 불교</td><td>불교 관련의 문헌과 장절의 이름.</td></tr>
<tr><td colspan="2">{rb0} 외도</td><td>외도 관련의 문헌과 장절의 이름, 베다의 지분.</td></tr>
<tr><td>s
잡어
(雜語)</td><td colspan="2">{s00} 잡어</td><td>이상의 분류에 배속되지 않은 기타 용어 또는 일반 명사의 음역.</td></tr>
</table>

제6장 불설장아함경의 니건자 분석

불전 문헌 속 외도

불교 경전에는 다양한 외도들이 열거 또는 분류되어 있고, 붓다와 그들 간에는 빈번한 대론이 이루어졌다는 것을 알 수 있다. 그 중에서도 특히 '니건자'라고 총칭되는 외도는 '사문, 바라문'과 같은 범칭(汎稱)을 제외하고, 다른 어떤 외도나 학파보다도 등장하는 빈도수가 많은 편이다. 그런데 구체적으로 니건자라는 음역어가 지칭하는 대상에 대해서는, 대체로 총괄하여 '자이나교에 속하는 외도'라고 설명하거나 '자이나교의 제24대 조사인 마하비라'를 지칭한다고 주석하고 있다.

이에 따라 필자는 음역어(音譯語) 니건자와 관련하여 불명료한 통칭, 즉 '외도'라는 이름으로 전승되어 왔던 점에 대한 의문에서 논의를 시작하고자 한다. 그래서 붓다 당대에 가장 위세 높던 교단 중 하나였던 자이나교의 사상이 불교 문헌 속에서 다른 외도들과 구분 없이 통칭됨으로써 빚어지는 모호한 지칭과 교파별 사상의 차이까지도 명확하게 밝힐 수 있기를 기대한다.

그와 같은 연구 목표를 위해서 먼저, 아함부 경전에 등장하는 니건자 내지 자이나교로 통칭되고 있는 외도의 사례를 면밀히 조사하고, 더 나아가 다른 문헌들에 나타난 외도의 음역어 분석으로 그 논의를 심화할 예정이다. 이 글에서는 그러한 연구 과정의 첫 단계로서 한역어(漢譯語) 니건자의 원어를 분석하고 나서, 『불설장아함경』에 등장하는 '니건자'라는 단어에만 국한하여 논의를 전개하였다.

이 같은 주제로 연구를 진행하는 데는 동일한 내용을 담고 있는 다른 경전이라든지 팔리 본을 비롯한 다른 판본의 문헌 등을 상호 비교하는 것은 필수적인 작업이다. 그러나 여기서는 본론의 논지 전개에 반드시 필요한 경우 외에는 언급하지 않았다.[1]

다른 아함부 경전과 비교해 볼 때, 『불설장아함경』에는 니건자를 비롯한 외도와 관련된 내용이 적은 편에 속한다. 그 이유는 무엇보다도 『중아함경』, 『잡아함경』, 『증일아함경』 등에 비해서 『불설장아함경』의 전체 분량이 현격하게 적다는 점을 들 수 있을 것이다. 총 30개의 소경(小經)들을 한데 묶은 『불설장아함경』은 다른 아함부 문헌 속 소경들보다 긴 내용으로 이루어져 있다고 하여 장아함이라 할 뿐 다른 아함부 경전과 내용 구성상 큰 차이는 없다.

니건자의 원어와 지칭

다음 표에서 보듯이, 『불설장아함경』에서 '니건'과 '니건자'라는 구체적인 음역어가 나오는 경은 모두 5종이고, 거기에 언급되는 횟수는 총 23회이다.

1) 팔리 본 경전 등과 비교하여 심층적으로 분석하는 작업은 차후의 연구 과제로 삼고자 한다.

표 5 ▌경전에 따른 음역 예

경 이름	음역 예(횟수)
유행경(遊行經)	尼揵子(1), 尼乾子(2)
중집경(衆集經)	尼乾子(1), 尼乾(1)
아누이경(阿㝹夷經)	尼乾子(11), 尼乾(1)
청정경(淸淨經)	尼乾子(2), 尼乾(2)
사문과경(沙門果經)	尼乾子(2)

위에서 보듯이 「유행경」에서 니건자의 음역어로 "尼揵子, 尼乾子"라고 한 글자를 달리 쓰고 있을 뿐, 『불설장아함경』에서는 그 외 모든 경우에 "尼乾"이라고 음역하고 있다.

CETC.에 나오는 각 한역 용례를 검색해 보면 '尼揵'보다는 '尼乾'이 훨씬 더 많은 빈도수를 차지하고 있다는 것을 알 수 있다. 그러나 각각 해당 경전이 한역된 시대를 고려하면 두 종류의 한역 용어 간에 특별한 차이가 없기 때문에 빈도수로 보아 후자가 보다 더 일반적이라고 할 수 있을 뿐, 음역 한자의 차이에 따라 시대적인 선후 관계가 성립된다고 판단하기는 어려울 것이다. 구체적으로 아함부 경전에 국한하여 분석하자면, 尼犍은 『잡아함경』과 『증일아함경』에서 주로 쓰였으며, 尼揵은 특별히 『중아함경』에서 가장 많이 쓰이고 있지만, 다른 아함부 경전에도 나오는 용례이다. 尼乾의 경우도 중아함경에서 가장 많이 쓰이고 있으나 다른 아함부에도 두루 나오고 있다.

'니건자'에 해당하는 원어에 대해서는 T.의 각주에서 팔리어로 "nigaṇṭha-nātha-putta" 또는 "nigaṇṭha-nāta-putta"라고 설명한다.[2)]

2) "尼乾子~Nigaṇṭha-Nātha-putta."(T. 1, p. 49, 각주 ; p. 72, 각주.) ; "~Nigaṇṭha-Nāta-putta."(T. 1, p. 107, 각주.)

경전의 판본에 따라서는 “niggantha nātaputta, nigganṭha nātaputta” 라고도 하며 범어로는 “nirgrantha jñātaputra”라고 한다.[3)]

이와 같이 니건자에 대칭되는 원어를 ‘니간타 나타풋타’라고 볼 때, 니건자는 합역어(合譯語)라고 분석할 수 있다. 즉 니건은 ‘니간타’를 축역(縮譯)한 것이고, 자(子)는 ‘풋타’의 의역이기 때문이다. 따라서 ‘니간타 나타풋타’란 말 그대로는 ‘니간타 나타의 아들, 또는 제자, 신도’라는 뜻이다. 다만 여기서 ‘자’는 한역할 때 붙이는 접미사적 용례 또는 남성의 경우에 붙여 쓰는 통칭 어미라고도 할 수 있다. 이러한 합역어에 대응되는 원어를 ‘니간타 나타풋타’라고 본다면, 그와 같은 이름을 가진 ‘단 한 사람’을 지칭한 것으로도 볼 수 있다. 과연 불전에 등장하는 다양한 니건자들이 단 한 사람을 특정하여 지칭된 것인가? 또는 ‘니간타’라는 교단의 한 교도를 뜻하는가? 이를 밝히기 위해서는 먼저 한역되기 전의 원어에 기초한 니간타의 지칭을 명백히 하는 것이 선결 과제이다.

먼저, 니간타는 묶임이나 속박이 없는 상태, 또는 그런 사람을 뜻하는 보통 명사이다. 여기서 니(ni-)는 무(無)를 뜻하는 접두어이고,

---

3) 이 글에서 인도 원어를 영문자로 표기할 때, 일관성을 고려하여 인용 출처, 예컨대 T.의 각주에는 대문자로 되어 있지만, 소문자로 옮겨 놓았다. 그 밖에 내용상의 차이는 전혀 없다. 또한 분철(-) 표시와 띄어쓰기 등을 포함한 원어의 표기는 참조한 해당 문헌의 표기 방식을 그대로 반영하고 있다는 점을 밝혀 둔다. 그리고 덧붙이자면, 이 글에서는 한정된 문헌을 중심으로 한역본에 나타난 “니건자”라는 용어의 지칭 분석에만 집중하고자 한다. 따라서 “nigaṇṭha-nāta-putta”에서의 “nāta-putta” 또는 “nātaputta”의 차이에 따른 엄밀한 지칭의 문제는 별도의 논의를 전개해야 하므로 차후의 연구로 미루었다. 팔리 본에서는 분철 없이 ‘nātaputta’로 쓰이고 있기 때문이다. 다만, 본론에서는 「아누이경」과 관련된 논의에서 약간 언급하였다.

간타(gaṇṭha)는 계(繫)라고 의역하여, '무계(無繫) 또는 이계(離繫)'라고 의역한다.

고대로부터 인도 전통에 따르면 집(āgāra)에서 사는 것, 즉 재가 생활을 한다는 것은 욕망이라는 속박에 묶여 있는 생활이라고 보았으며, 지붕 아래서 재가 생활을 영위하는 한 해탈은 없다고 믿었다.[4] 그래서 인도인들은 집을 나가서 수행 생활을 한다는 것은 곧 윤회 세계를 벗어나 해탈에 근접하는 지름길로 들어선 것이라고 여겼으며, 그것이 슈라마나의 이상적인 생활 방식으로 자리 잡게 되었다. 다시 말해 니간타로서의 수행 방법상 가장 큰 특징으로는 집을 포기하고 불소유(不所有)를 강조하는 것을 들 수 있는데, 그 이유는 '집=욕망=속박=윤회'라는 등식으로 이해하는 인도인들의 사고 방식이 그 배경이 되었다고 말할 수 있다. 이러한 의미를 반영하여 니간타란 출가하여 수행에만 전념하는 사람을 지칭하는 가장 일반적인 말로 쓰이게 되었다.

자이나교 문헌에서 니간타란 내적 외적인 일체의 집착과 속박에서 완전히 벗어난 절대적인 경지를 뜻하며, '집이 없는 상태'(anāgāra)인 '출가'와 동일하게 쓰이고 있다.

주갈 K. 바웃드는 붓다 당대에 그와 같이 '니간타'로서 수행하던 자들 중에서 가장 명망이 높던 이들은 "6종의 티르탕카라(tīrthaṃkara)"들이 가장 일반적이었다고 하면서 6사 외도를 열거한다. 그는 6사 외도들 중에서 막칼리 고살라(Makkhali Gosāla)는 운명론자로서 '신론(神論, daivavāda)'에 해당한다고 설명하고, 니간타 나타풋타는 '4금계

4) Sharma(2000), p. 52, 참조.

(禁戒, cāturyāma saṃvara)' 철학에 해당한다고 말한다. 그리고 그는 니간타 나타풋타의 네 가지 제어(制御, saṃvara) 항목은 다음과 같다고 열거한다.

> 첫째, 물속의 미생물도 죽이기 않기 위해서 물을 사용하는 것을 제어한다.
>
> 둘째, 모든 죄악들을 제어한다.
>
> 셋째, 모든 죄악들을 제어하여 청정하게 된다.
>
> 넷째, 모든 죄악들을 제어하기로 서약한다.[5)]

이러한 네 가지 제어를 갖춘 경우에 '니간타'라고 불렸다는 것이다. 그러나 주갈 K. 바웃드가 니간타의 기준으로 제시한 4종 제어는 통설적인 슈라마나의 4금계가 아니다.

슈라마나의 경우에는 "불살생, 불허언, 불투도, 불소유" 등의 네 가지를 지키는 것을 말하며, 이러한 4금계의 준수는 자이나 교단에서 제2대부터 제23대 조사까지 변함없이 지켜온 전통으로서 통용되고 있다.[6)]

Sk. 2. 7. 6.에도 나타나 있듯이, 제23대 조사인 파르슈와(Pārśva)의 교도는 '쿠마라풋타'라고 하는 데 반하여,[7)] '나타풋타'라고 할 때에

---

5) Bauddh(2005), pp. 63~64.

6) St. 4. 136.: "바라타와 아이라바타 지역에서는 초대와 마지막 조사를 제외하고 나머지 스물둘의 모든 아르한타 바가반타들은 4금계의 법, 즉 생명을 해치는 것, 거짓을 말하는 것, 훔치는 것, 외적인 것을 소유하는 것 등에 대해서 설교한다." St. 4. cāturyāma-pada 136: bharaheravaesu ṇaṃ vāsesu purima-pacchima-vajjjā majjhigā bāvīsaṃ arahaṃtā bhagavaṃto cāujjāmaṃ dhammaṃ paṇṇaveṃti, taṃ jahā-savvāo bahiddhādāṇāo veramaṇaṃ.(Maharaj(2004), Vol. 1, p. 386.)

마하비라 교도를 특칭하고 앞서 지켜오던 4금계에 '불음행'이라는 서(誓, vrata)를 더하여 5서를 지키는 자이나 교도를 가리킨다. 그러므로 니간타 쿠마라 풋타(nigaṇṭha kumāra-putta)는 4금계 수행자, 니간타 나타 풋타(nigaṇṭha nāta-putta)는 5서 수행자를 지칭하는 점에서 차이가 난다.

그림 25 ▎제1대 티르탕카라 리샤바의 아들, 바후발리(Bāhubalī) 성상
높이 17미터, 983년 건립, 인도, 카르나타카, 슈라바나벨라골라

---

7) Jacobi(1968), p. 412, 참조.

이 점을 비추어 볼 때, 필자는 불교 문헌 속 니건자의 음역을 '니간타 나타풋타'라고 보는 한, 마하비라 대의 자이나 교단과 연관하여 설명하는 것이 합당하다고 본다.

그 반면에 니건자에 해당하는 내용이 마하비라와 뚜렷하게 무관하거나, 파르슈와 식의 4금계를 실천하는 수행자를 특칭한다면, 그때의 니건자는 '니간타 나타풋타'가 아니라 '니간타 쿠마라 풋타'의 합역어라고 주석해야 할 것이다.

이상에서 고찰한 대로, 불교 경전에서 단순히 "니건자"라고 축역하여 한역해 놓았을 때, 여러 가지로 의미 분석이 가능하다는 것을 알 수 있다. 여기서 간략하게 니건자에 해당하는 지칭들을 열거하면 다음과 같다.

첫째, 자이나 교단의 제24대 조사로서 바르다마나(Vardhamāna)라는 이름의 마하비라이다. '니간타 나타풋타'이고, '나타족 출신의 니간타'라는 의미이다. 나타는 마하비라의 모계 성씨이다.

둘째, 자이나 교단에서 믿는 이상적인 인간, 즉 지나(jina)를 따르는 사람을 총칭한다. 자이나 교단에서 '니간타'라고만 할 때 지칭하는 가장 보편적인 용례로서 제1대부터 제24대 조사를 지나라고 믿고 추종하는 자이나 교도로서 흔히 '지나의 추종자'라고 해설한다. 여기에 해당하는 원어는 '니간타'만으로도 족하다.

셋째, 착의 수행법을 따랐던 파르슈와 교단과 구분하여, 나체 수행법을 따르는 마하비라 교단의 교도 또는 수행자를 가리킨다.

넷째, 자이나교의 제23대 조사인 파르슈와 교단의 교도 또는 수행자를 가리킨다.

다섯째, 자이나 교도를 제외한 일반적인 고행 수행자를 통칭하는 경우이다. 불교 문헌에서는 불교도가 아닌 일반적인 외도를 지칭하는데, 예컨대 푸라나 캇사파와 같이 출가 사문으로서 수행하는 자도 해당한다.[8)]

여섯째, 막칼리 고살라를 가리킨다.[9)]

일곱째, 아지비카 교도 또는 수행자를 가리킨다.

이와 같이 니건자라는 한역 용례는 어떤 한 사람을 특칭할 수 있는 경우도 있지만, 어떤 교단의 교도를 가리키는 경우도 있다. 따라서 한역된 '니건자'는 곧바로 마하비라와 동일시되어서도 안 되거니와, 마하비라와 다른 외도의 경우도 지칭할 때가 있고, 특히 막칼리 고살라라든지 푸라나 캇사파 등을 지칭하거나, 슈라마나 전통을 따라 고행하는 출가자이기는 하지만, 결코 자이나 교도라고 할 수 없는 경우에도

---

8) 「불설장자음열경」(佛說長者音悅經)에서는 6사(師) 외도 중 한 사람인 불란가섭이 '니건'이라고 한다. 불란가섭은 푸라나 캇사파(Pūraṇa Kassapa)를 음역한 말이다. "그때 나라 안에는 니건(尼揵) 외도가 있었는데, 이름이 불란가섭(不蘭迦葉)이었다. 그는 여래가 장자의 집에 가서 한 게송을 읊고서 장자에게 천만 냥의 금을 얻었다는 것을 들었다." "爾時國內有尼揵異道人, 名曰不蘭迦葉, 聽聞如來詣長者家, 歌頌一偈, 猥得長者千萬兩金."(T. 14, p. 808 하.)

9) 막칼리 고살라는 "고살라 망칼리풋타"(Gosāla Maṃkhaliputta)라고도 한다. 타밀 지역 문헌에서는 마르칼리(Mārkali)라는 이름으로 불렸던 막칼리 고살라는 한때 자신이 자이나 교단의 제24대 티르탕카라라는 자부심을 가졌다고 한다. 이 점은 함께 수행했던 마하비라와 결별하는 데 적잖은 영향을 미쳤다. 자이나교 문헌에서는 '마하비라의 제자였던' 막칼리 고살라는 매우 적대적인 배교자(背敎者)로 나온다.

불교 경전에서는 '니건자'로 지칭되는 예도 있다. 나체 수행을 하는 니건자라고 하여 전적으로 자이나 교단과 연관을 짓는 것은 일반화의 오류를 범할 수도 있다. 따라서 경전의 문맥에 따라 세밀하게 분별할 필요가 있다.

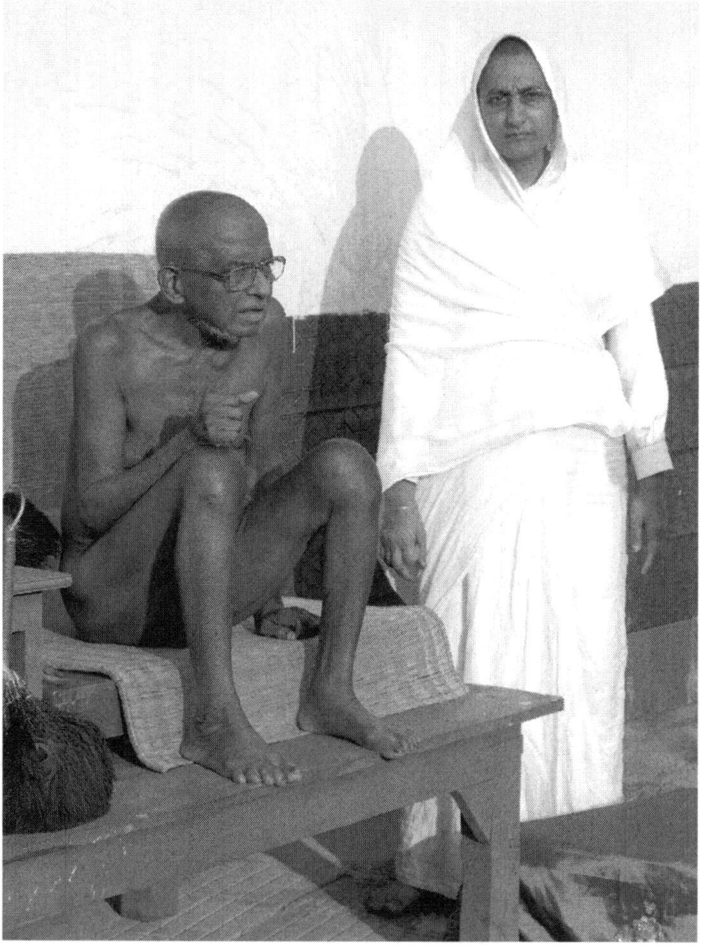

그림 26 ▌자이나교 공의파, 남녀 수행자 ⓒ 김미숙

유행경의 니건자

이 경은 제목과 같이 붓다가 입멸의 직전 시기에 이곳저곳을 유행하면서 겪은 일화들을 담고 있다.

유행경에서 붓다는 말한다. "나는 이미 늙었고 나이 또한 80이다."[10) 「유행경」에는 붓다의 나이 80세, 마지막 하안거를 보내는 동안 병이 났다는 사실이 들어 있고, 차파라 탑을 거쳐서 최후 입멸의 장소까지 이동한 곳들을 상세하게 언급하고 있는 것이 특징적이다.

이 경에 나오는 니건자에 대한 첫째 언급은 다음과 같다.

구시성에 살던 120살 된 수발(須跋)이라는 범지는 붓다가 세상을 떠난다는 소식을 듣고서 찾아와서 법을 물었다. 수발은 6사 외도를 거론하면서 붓다에게 다음과 같이 묻는다.

> 어떻습니까? 구담, 여러 다른 무리들이 있는데, 자칭 스승이라 합니다. 불란가섭, 말가리교사리, 아부타시사금피라, 파부가전, 살야비야리불, 니건자, 이런 여러 스승들에게는 서로 다른 법이 있습니다. 구담 사문은 다 아십니까, 모르십니까?[11)]

---

10) "吾已老矣. 年粗八十."(T. 1, p. 15 중.)

11) "云何? 瞿曇! 諸有別衆, 自稱爲師, 不蘭迦葉, 末伽梨憍舍利, 阿浮陀翅舍金披羅, 波浮迦旃, 薩若毘耶梨弗, 尼揵子, 此諸師等, 各有異法, 瞿曇沙門能盡知耶? 不盡知耶?"(T. 1, p. 25 상.) 여기서, 구담(瞿曇)은 고타마(Gotama), 말가리교사리는 막칼리 고살라(Makkhali Gosāla), 아부타시사금피라(阿浮陀翅舍金披羅)는 아지타 케사캄발라(Ajita Kesakambala), 파부가전(波浮迦旃)은 파쿠다 캇차야나(Pakudha Kaccāyana), 살야비야리불(薩若毘耶梨弗)는 산자야 벨랏티풋타(Sañjaya Velaṭṭhiputta)를 각각 음역한 말이다.

이 경의 이역본에 해당하는 「대반열반경」에서는 여기에 대응되는 부분에서 "부란나가섭, 말가리구사리자, 산사야비라시자, 아기다혈사흠파라, 가라구태가전연, 니건타야제자" 등을 거론한다.[12)]

「유행경」에서 '니건자'라고 압축되어 있는 단어는 「대반열반경」에서 '니건타야제자' 즉 니간타 나타풋타에 해당한다는 것을 간명하게 보여준다. 그러므로 수발 범지가 거론하는 '니건자'라는 한역어는 함께 언급하고 있는 다섯 명의 외도들과 마찬가지로 붓다 당대에 살아서 활동했던 제24대 마하비라를 구체적으로 지칭하고 있다는 것을 알 수 있다.

그리고 또 니건자가 나오는 부분은 다음과 같다.

> 그때 대가섭은 500명의 제자들을 데리고 파바국에서 오고 있었다. 길을 가다가 한 니건자를 만났는데 손에 문다라 꽃을 들고 있었다. 그러자 대가섭이 니건자를 멀리서 보고 가까이 다가가서 물었다.[13)]

이 구절에서 '尼乾子'가 2회 나온다.

「대반열반경」에서는 이 부분에 "한 외도"가 만다라(mandāra) 꽃을 들고 있었다고 표현한다.[14)]

---

12) 「大般涅槃經」: "今者世間沙門婆羅門外道六師, 富蘭那迦葉, 末伽利拘賒梨子, 刪闍夜毘羅眡子, 阿耆多翅舍欽婆羅, 迦羅鳩馱迦旃延, 尼犍陀若提子等."(T. 1, p. 203 하.) 부란나가섭은 푸라나 캇사파, 말가리구사리자는 막칼리 고살라, 산사야비라시자는 산자야 벨랏티풋타, 아기다혈사흠파라는 아지타 케사캄발라, 가라구태가전연은 카쿠다 캇차야나(Kakudha Kaccāyana)를 각각 음역한 말이다. 위의 각주에 나오는 '파쿠다 캇차야나'와 카쿠다 캇차야나는 동일한 인물을 가리킨다. 또한 여기서 翅 자는 시(翅) 자의 오기이다.

13) "爾時, 大迦葉將五百弟子從波婆國來, 在道而行, 遇一尼乾子手執文陀羅花. 時, 大迦葉遙見尼乾子, 就往問言."(T. 1, p. 28 하.)

또 다른 이역본인 「불반니원경」에서는 "우위"(優爲)라는 "이학자"(異學者)가 만다륵(曼陀勒)이라는 천화(天華)를 들고 있었다고 한다.[15] 지금까지는 '우위'에 대해서 이학자 또는 '외도의 이름'이라고 설명해 왔다. 하지만 필자는 여기 나오는 '우위'라는 단어는 음역어이고, 그에 상응하는 원어는 아지비카(ājīvika)와 관련이 있는 말로서 축역하여 번역된 것으로 보아도 틀림이 없을 것이라고 추정한다.[16] 그에 대한 근거로서 이역본 「반니원경」을 들 수 있다. 거기에는 같은 장면이 보다 더 구체적으로 나타나 있는데, "아이유(阿夷維)라는 이도사

---

14) "爾時, 摩訶迦葉在鐸叉那耆利國, 遙聞如來在鳩尸那城, 欲般涅槃, 心大悲戀, 與五百比丘緣路而來. 去城不遠, 身患疲極在於路邊, 與諸比丘坐於樹下. 見一外道, 手執曼陀羅華, 迦葉問言: 汝從何來? 答言: 我從鳩尸那城來."(T. 1, p. 206 하.)

15) "理家曰: 諾. 教待. 迦葉與四輩弟子各五百人俱來, 於道止息. 有異學者, 名優為, 從佛所來, 持天華, 華名曼陀勒, 見大迦葉與弟子二千人相隨, 優為進為大迦葉, 稽首揖讓畢. 迦葉問: 子從何來? 曰: 吾從那竭國來."(T. 1, p. 173 하.) 이 부분에 해당하는 한글대장경의 번역을 그대로 옮기면 다음과 같다. [이가들은 말하였다. "예, 그렇겠습니다. 기다리도록 하겠습니다." 마하아카샤파는 四부 제자 각기 五백 사람과 함께 오다가 길가에서 쉬고 있었다. 이학자(異學者)가 있었는데 이름은 우위(優爲)였다. 그는 부처님 처소에서 하늘 꽃 만타륵(曼陀勒)을 가지고 오다가 마하아카샤파가 제자 三천 사람과 함께 있는 것을 보고 우위는 마하아카샤파에게 나와서 머리를 조아리고 인사하였다. 마하아카샤파는 물었다. "그대는 어디에서 오는가?" "나는 쿠쉬나가라국에서 옵니다."](역경위원회(1993), pp. 88~89.) 그런데 한글대장경의 저본이라고 여겨지는 『고려대장경』에는 대가섭의 제자 수가 2천 명으로 되어 있다. "理家曰諾. 教待迦葉, 與四輩第子, 各五百人俱來於道止息. 有異學者, 名優爲, 從佛所來, 持天華, 華名曼陁勒, 見大迦葉與第子二千人相隨, 優爲進爲大迦葉."(동국대학교(1965), p. 201 하.) 한글대장경에서 "제자 三천 사람"이라고 한 것은 번역 저본의 차이이거나 오기일 터이나 확인할 길은 없다. T.에서도 『고려대장경』과 동일하게 2천 명으로 되어 있다.

16) 한역본에 상응하는 동일한 원전이 없는 한 추정에 불과하다. 일반적인 불교 원전에서는 ājīvaka와 ājīvika라는 용어 둘 다 범어, 팔리어로 두루 쓰인다. 하지만 현대에 이르러 '아지비카'라는 용어가 주로 쓰이는 이유로서, 브롱코스트는 바삼(Basham)의 저서 제목과 관련이 있을 것이라는 견해를 피력하기도 했다.(Bronkhorst(2000), p. 521.)

(異道士)가 만나라(曼那羅) 천화를 들고 있었다."라고 한다.[17] 여기서 '아이유'란 확실하게 아지비카의 축역어로 보고 있다.

그러므로 「유행경」에서 만다라 꽃을 들고 길을 가고 있던 '이학자이자 외도'인 "니건자"는 '자이나교 수행자'라고 볼 만한 단서가 충분하지도 않고, 오히려 「반니원경」의 음역 예를 비롯하여, 이와 관련된 팔리 본 경전들을 따르면 아지비카교의 수행자였을 가능성이 높다고 추정할 수 있다. 다만 아지비카교와 자이나교의 수행자가 동일하게 나체 수행을 했던 만큼 외면상으로는 둘을 분별할 만한 충분한 단서들이 적었다고 볼 수 있다.

요컨대 「유행경」에는 6사 외도로서 언급된 마하비라를 지칭하는 '니건자'가 1회, 아지비카 교도 또는 일반적인 나체 고행자를 지칭하는 '니건자'가 2회 나온다고 말할 수 있다. 그런데 여기서 주목할 만한 점은 전자의 경우에는 尼揵子라 하고, 후자는 尼乾子라는 식으로 한역 용어를 달리 쓰고 있다는 사실이다. 이러한 차이는 사소한 듯해도 시사하는 점이 없지 않다. 왜냐하면 마하비라인 니건자와 아지비카 교도인 니건자를 구별하는 단서를 제공하기 때문이다.[18] 물론 한역 경전

17) "見大迦葉, 將五百衆, 從波旬來, 已在半道, 欲面禮佛故, 使火不燃耳. 阿難言: 諾. 敬如天願. 是時, 有異道士, 名阿夷維, 見佛滅度, 得天曼那羅華."(T. 1, p. 189 중.)

18) 아지비카교 자체가 자이나 교단과 일련의 역사적 관련성을 갖는 점에 대해서는 별도의 논의가 필요하다. 이와 관련하여 주목할 만한 연구 사례로서는 브롱코스트의 주장을 들 수 있다. 브롱코스트는 일반적인 '니르그란타' 즉 '니건'의 경우에는 자이나교와 연결시키는 것을 주저하지 않는 듯하다. 그런데 그는 "불교 경전에서 언급된 자이나 교도들(nirgrantha)과 아지비카 교도들은, 역사적인 붓다 시대에는 명확하게 둘로 구분되어 있거나 명료하게 윤곽이 드러난 종교 운동들은 아니었던 것 같다."라고 결론을 내리고 있다.(Bronkhorst (2000), p. 521.) 브롱코스트는 자신의 연구 범위를 팔리 본 경전에 한정하고

상 동일한 단어이지만 같은 면, 앞뒤 행에서조차 음역 한자를 달리 쓰거나 혼재되어 있는 예가 적지 않다. 따라서 위에서와 같은 정도의 상이점을 지칭의 차이로 곧바로 연계시키는 것은 무리가 없지 않을 것이다. 다만, 필자는 「유행경」에 나오는 尼揵子와 尼乾子라는 두 용례의 지칭이 분명히 다르다는 사실을 강조하고자 한다.

중집경의 니건자

「중집경」(衆集經)은 붓다가 말라국을 유행하면서 파바성(波婆城)에 있던 사두(闍頭)의 암바원(菴婆園)에 이르렀을 때 일화를 담고 있다. 이 경의 서두에 니건자(尼乾子)가 1회, 니건(尼乾)이 1회 나온다.

> 사리불이 여러 비구들에게 말했다.
>
> "지금 이 파바성에는 니건자(尼乾子)가 있었는데, 죽은 지 오래되지 않았다. 그 뒤로 제자들이 두 부류로 나뉘어져 만날 서로 장단점을 따지며 다투고, 끊임없이 서로 비난하는 독설을 한다. …… 모든 비구들이여, 지금 니건(尼乾)을 신봉하는 이 나라 사람들은 이 무리들이 다투고 싸우는 소리를 듣기 싫어한다. 다 그 법이 진정(眞正)하지 못하기 때문이다. 법이 진정하지 못하여 출요(出要)가 없기 때문이다."[19]

는 있지만, 아지비카와 자이나교 또는 마하비라 교단 간의 관계에 대해서는 반론이 제기될 만한 주장이라고 본다.

19) "舍利弗告諸比丘: 今此波婆城有尼乾子命終未久, 其後弟子分為二部, 常共諍訟相求長短, 迭相罵詈, …… 諸比丘! 時, 國人民奉尼乾者, 厭患此輩鬪訟之聲, 皆由其法不真正故 ; 法不真正無由出要."(T. 1, p. 49 하.)

T.의 각주에서도 '니간타 나타 풋타(Nigaṇṭha-Nātha-putta)'라고 부연하고 있듯이, 파바성에 죽은 "니건자"(尼乾子)란 바로 마하비라를 지시할 것이다. 하지만 이어지는 "니건"(尼乾)을 신봉하는 사람들의 경우에는 '자이나교'를 총칭하는 용례라고 본다. 그리고 「중집경」에서는 붓다가 '등이 아프다[背痛]'라는 말을 하고서 사리불에게 자기 대신 설법을 하라고 시킨 뒤에 붓다는 자리에 눕고, 사리불이 설법하는 형식을 취하고 있다.[20] 그런데 경전 속에서 붓다가 등통[背痛]을 스스로 호소하는 경우에는 대체로 붓다의 입멸 직전의 일화와 관련이 있다는 사실을 상기시켜 준다.

「중집경」에 묘사된 정황, 즉 붓다는 등이 아파서 사리불에게 설법을 맡길 정도이고, 마하비라가 타계한 지 오래되지 않았으며, 마하비라의 제자들은 이미 두 파로 나누어져 대립하고 있다는 사실 등은, 특히 붓다와 마하비라의 생존 연대를 결정짓는 데에도 중요한 단서가 될 것이다. 왜냐하면 붓다의 생존 연대에 대해서는 아직도 논란이 적지 않고, 더구나 마하비라와 비교하여 그 선후를 결정하는 문제에서도 학설이 분분하기 때문이다. 특히 다수의 불교 학자들은 마하비라보다 붓다의 연대를 앞선 것으로 보고 있는 터에 이처럼 상세한 정황 묘사는 매우 가치 있는 판단 자료가 될 것이다.

---

20) 한글대장경에서는 "나는 등병[背痛]을 앓아 잠깐 쉬고 싶다."라고 번역하고 있다.(김월운(2006b), p. 332.) 하지만, 등병이라는 병명이 따로 있지도 않을 뿐만 아니라 표현도 올바르지 않다. 거의 대부분의 경우에 "배통(背痛)"이라 한역되어 있으며, 『별역잡아함경』에서는 각주를 달아서 "背痛=요척(腰脊)"라고도 한다. 요컨대 '등병'이라는 번역 용례는 적절하지 않다고 생각한다.(T. 2, p. 407, 참조.)

이 경에서는 니건 또는 니건자라는 용례가 단 두 차례 나오는 데에 불과하다. 하지만 그들의 교설이 바르지 않다고 직접적으로 비판하며, 자이나 교단의 분열을 전하고 있는 경인 동시에, 붓다를 비롯하여 불교 교단에서 마하비라와 자이나 교단을 경쟁적인 상대 교파로서 상당히 주시하고 있었다는 것을 반증하는 대표적인 예로 꼽기에 부족함이 없다고 본다.

아누이경의 니건자

「아누이경」(阿㝹夷經)에는 니건자(尼乾子)가 총 11회, 니건(尼乾)이 1회 나온다. 이 경은 선수(善宿) 비구가 방가바(房伽婆, Bhaggava) 범지에게 했던 말을 방가바가 붓다에게 다시 전하는 것으로 시작한다.[21)]

붓다와 방가바의 대화 중에 니건자가 등장한다. 붓다는 이렇게 말한다.

---

21) 선수(善宿)는 팔리 원어가 수낙캇타(sunakkhatta)이고, 선성(善星)이라는 별자리 이름이다. 따라서 한글대장경에서 "선숙"이라고 독음되어 있는 것은 착오이다. "세존께서 곧 그 자리에 앉으셨고, 그 범지는 한쪽에 앉아 세존께 여쭈었다. "어젯밤에 예차의 아들 **선숙** 비구가 제 처소로 찾아와 말했습니다." ……"(김월운(2006b), p. 2.) "世尊即就其坐. 時, 彼梵志於一面坐, 白世尊言: 先夜隸車子善宿比丘來至我所, 語我言."(T. 1, p. 66 상.) 그뿐만 아니라, 한글대장경에서 "隸車子 善宿"를 "예차의 아들 선숙"이라고 번역하고 있으나, 이 또한 적절하지 못하다. 이에 대응하는 팔리 본 경전의 표현은 "sunakkhatta licchaviputta"이다. 예차자(隸車子)란 licchavi를 축역한 '예차'와 putta를 의역한 자(子)를 합한 말로서, '릿차비족 출신'이라는 사실을 가리킬 따름이다. 따라서 예차라는 이름을 가진 특정인의 아들인 양 번역해서는 안 될 것이다.

"범지여, 언젠가 내가 미후못 가에 있는 법강당에 있을 때, 당시 가라루(伽羅樓)라는 니건자가 그곳에 머물고 있었다. 그는 사람들의 존경을 받았고 명성이 자자했으며, 많은 지식이 있고 또 이양(利養)도 구비한 자였다."[22]

가라루라는 이름의 니건자에 대해 T. 각주에서는 칸다라마수카(Kandaramasuka), 또는 칼라라맛타카(Kalāramaṭṭaka ; Kaḷāramaṭṭaka)라고 부연하고 있다.[23] 따라서 가라루는 칸다라마수카의 축역어라고 할 수 있다.

구체적으로 살펴보자면, 먼저 붓다는 가라루 니건자와 관련하여 그가 닦은 일곱 가지 고행들을 열거하면서 이미 신통을 보여 주었던 예를 들고 있다.[24]

---

22) 김월운(2006b), p. 6.

23) T. 1, p. 26 하. Kandaramasuka는 Kaṇḍaramasuka라고도 한다.

24) '일곱 가지 고행'과 관련하여 짚고 넘어갈 번역 예가 있다. 이 부분에 해당하는 『디가 니카야』에서는 "…… 그는 다음과 같은 일곱 가지 서계(誓戒)의 조목을 지니고 실천하고 있었다. ① 생명이 있는 한 나체 수행자가 된다. ② 옷을 입지 않는다. ③ 생명이 있는 한 청정 범행을 닦는다. ④ 음행을 하지 않는다. ⑤ 생명이 있는 한 술과 고기를 먹는다. ⑥ 쌀밥과 죽을 먹지 않는다. ⑦ 동쪽으로는 우데나 탑묘를 넘어 웨살리를 나가지 않고, 남쪽으로는 고따마까 탑묘를 넘어서 웨살리를 나가지 않고, 서쪽으로는 삿땀바까 탑묘를 넘어서 웨살리를 나가지 않고, 북쪽으로는 바훗뿟따 탑묘[多子塔]를 넘어서 웨살리를 나가지 않는다. 그는 이러한 일곱 가지 서계의 조목을 지니고 실천하고 있었기 때문에 왓지들의 마을에서 굉장한 이득과 굉장한 명성을 얻고 있었다."라고 번역하고 있다.(각묵 스님(2006), Vol. 3, pp. 49~50.) 이 『디가 니카야』의 경우, 어떤 판본을 저본으로 번역하였는지 모르지만, PTS. 팔리 본이든 그에 대한 PTS. 영역본이든지 간에 그처럼 7종 고행을 나누지는 않는다. 사방으로 정하는 공간서(空間誓)를 한 가지로 보고 나서, 총 일곱 가지를 맞추려다 보니 원본에 없는 숫자까지 삽입한 것으로 보인다.

> 첫째는 목숨이 다할 때까지 옷을 입지 않는 것이며, 둘째는 목숨이 다할 때까지 술을 마시거나 고기를 먹지 않고 밥이나 국수를 먹지 않는 것이며, 셋째는 목숨이 다할 때까지 범행(梵行)을 범하지 않는 것이며, 넷째는 평생 동안 비사리성에 있는 네 석탑 …… 네 탑을 떠나지 않는다는 것이 나머지 네 가지 고행이다. …… 그러나 그는 후에 이 일곱 가지 고행을 범하고는 비사리성 밖에서 목숨을 마칠 것이다. 마치 승냥이가 옴[疥癩]에 걸려 무덤 사이에서 죽는 것처럼 저 니건자도 그럴 것이다. 스스로 금하는 법을 만들었다가도 뒤에 그것을 모두 범한다. …… 저 사람은 스스로 이 일곱 가지 맹세를 어기고 비사리성을 떠나 무덤 사이에서 목숨을 마칠 것이다.[25]

이와 같이 붓다는 위에서 언급한 7종의 고행을 스스로 어긴 가라루 니건자가 결국 붓다 '자신의 말대로' 무덤 사이에서 죽었다는 것을 선수 비구에게 '예언했던 일화'를 말해 주고 있다.[26]

가라루 니건자가 닦았다는 7종의 고행은 다음 네 가지로 요약할 수 있다.

첫째 나체 수행, 둘째 술, 고기, 밥, 국수를 죽을 때까지 먹지 않는 단식 수행, 셋째 불음행, 즉 청정하게 범행(梵行)을 지키는 것, 넷째 공간서(空間誓, dig-vrata) 등이다. 공간의 경계를 동서남북으로 각각 정하기 때문에, 그 방위마다 따로 헤아리면 넷이 된다. 그래서 모두 7종 고행이라 한다.

---

25) 김월운(2006b), pp. 7~8.
26) 김월운(2006b), p. 8.

이 중에서 나체 수행법은 자이나 교단에서는 마하비라 대부터 일반화된 수행 방법으로 알려져 있다. 그 이전 제23대 파르슈와 교단에서는 옷을 입는 수행법이 오히려 더 보편적이었으나, 마하비라가 등장하여 완전한 나체 수행을 통한 절대적인 불소유와 철저한 불살생주의를 표방하면서부터 교단의 수행 원칙으로 수용되기 시작했다고 보고 있다.

단식 수행법은 자이나 교단을 비롯한 슈라마나 전통의 대표적인 고행이다. 다만 임종이 가까운 수행자가 특별하게 지키는 살레카나(sallekhanā) 즉 삼매사(三昧死)를 지시하고 있다고 본다.

살레카나는 고대부터 자이나 교단의 수행이 극단적인 고행이라고 비판을 받는 대표적인 수행법이기도 하다. 흔히 단식사라는 이름으로 번역하기도 하는데, 그저 굶어 죽는 것을 이상적인 수행으로 여기는 자이나교라는 오해를 불러일으키거나, 보다 더 극단적으로는 자살을 조장 또는 칭송하는 교단이라는 비난을 야기하는 요인이 되기도 한다. 그러나 실제로는 자이나 교단 내에 엄격한 규정에 따라 종교적 제의 형식으로 이루어지는 전통적인 자이나교의 수행법이라고 볼 수 있고 일반적인 자살과는 분명히 구별된다.

넷째 공간서란 수행자가 스스로 정한 장소적 제한으로서, 행동에 대한 공간적인 제약을 지키는 수행 방법이다. 단적인 예는 우기(雨期) 동안의 안거 수행 전통을 들 수 있다. 예컨대 동서남북의 4방에 특정 반경을 정한 뒤에 그 제한 안에서 행동하는 것이다.[27)]

---

27) 자이나교의 일반적인 수행 방법에 대해서는 다음 책에서 설명하고 있다. 김미숙(2007), pp. 208~266, 참조.

이러한 네 가지 수행법들은 붓다와 마하비라 당대부터 현대에 이르기까지 자이나 교단에서 지켜오고 있는 수행법들이다. 따라서 이와 같은 수행 방법을 토대로 하여 엄밀히 말하자면, "가라루 니건자"에서 니건자는 "니간타 나타풋타(nigaṇṭha nātaputta)"의 합역어라고 볼 수 있고, '니간타 교단의 수행자'라는 일반적인 지칭으로 쓰이고 있다는 것을 알 수 있다. 그리고 그의 고행 원칙들을 보면 자이나 교단의 수행자였다는 사실이 분명하다.

그런데 여기서 알 수 있는 또 하나는, 붓다가 선수 비구에게 신통력을 증명해 보이는 예로서, 가라루라는 니건자가 스스로 맹세한 고행 원칙들을 깨고서 결국 빈 무덤 사이에서 죽어 버린 것을 붓다가 미리 알았다는 것을 거론하고 있는 점이다.

사람들의 존경과 명성이 자자했다는 가라루 니건자를 '아라한'으로 믿고 있는 선수 비구에게, 성을 냈던 가라루 니건자는 아라한도 아닐뿐더러 자신이 맹세한 고행 원칙들도 결국은 어기고 죽고 말았다는 것을 붓다는 밝히고 있다. 이 또한 붓다가 니건자라는 외도를 예로 들어서 자신의 능력, 즉 '신통력'을 과시하는 사례라 할 수 있다. 그리고 붓다는 이어서 구라제(究羅帝)라는 니건자에 대해서도 말한다.[28]

"구라제 니건자가 똥 무더기 위에 엎드려 겨 찌꺼기를 핥고 있는 것을 본"[29] 선수 비구는 니건자의 도가 가장 훌륭하다고 생각하였다.

---

28) 구라제의 원어에 대해서 T.의 각주에는 korakkhattiya라고 한다.(T. 1, p. 67 상.) 또한 korakkhata라고도 하며, 나형(裸形) 외도이자 견계행자(犬戒行者)라고 한다.(赤沼智善(1967), p. 315.)

29) "見究羅帝尼乾子在糞堆上伏舐糠糟."(T. 1, p. 67 상.)

그런데 이 생각을 알아챈 붓다는 선수 비구에게 구라제의 죽음을 예언하여 그 어리석음을 깨우쳐 준다. 그러나 엄밀히 말하자면, 구라제의 고행은 마하비라 교단 또는 자이나 교단의 수행법이라고 결코 말할 수 없다. 경에서 구라제가 니건자라고는 하지만, 슈라마나 전통에 따라 출가하여 나체로 고행하는 자일 뿐 자이나 교도는 아니라고 본다.

또한 구라제의 이야기에 이어지는 파리자(波梨子, Pāṭikaputta)의 예는 한역 경전에서 "범지(梵志)"라고 설명하고 있지만, 팔리 본 『디가 니카야』에는 다음과 같이 나체 수행자로 나온다.

> 그때 나체 수행자인 파티카풋타는 베살리에 머물고 있었는데, 밧지족의 마을에서는 그의 명리(名利)가 매우 높았다.[30]

이 경에 해당하는 PTS.의 영역본에서는 파티카풋타를 굳이 '파티카의 아들'("Pāṭika's son")이라고 풀어서 번역하고 있다. 그리고 그에 덧붙인 각주에서는, 관련된 『자타카』 문헌에 나오는 "파티카의 숲"을 참조로 표기해 두고 있다.[31] 물론 여러 판본의 번역 예에서도, 전통적으로 "15. *Pāṭika-putto* ti Pāṭikassa putto."라는 주석에 따라 '파티카의 아들'이라고 설명해 왔던 것이 사실이다.[32]

---

30) "Tena kho pana samayena acelo pāṭhikaputto vesāliyaṃ paṭivasati lābhaggappatto ceva yasaggappatto ca vajjigāme."(Kashyap(1958), p. 11.) 이 판본의 본문에서는 "pāṭhikaputto"라고 하지만, 각주에서 "pāṭikaputto"라고도 한다고 밝히고 있다. PTS. 본은 다음과 같다. "Tena kho pana samayena acelo pāṭika-putto vesāliyaṃ paṭivasati lābhagga-ppatto c'eva yasagga-ppatto ca vajjigāme." (Carpenter(1976), p. 12.)

31) Davids(1977), p. 16.

그러나 필자는 '파티카풋타'란 모계의 성씨 또는 씨족의 이름을 따서 '누구의 아들, 출신'이라는 식으로 어떤 사람을 지칭하였던 고대 인도의 명명(命名)의 관례라고 본다. 따라서 굳이 '파티카의 아들'이라고 풀어서 번역하기보다는 '파티카풋타'라고 쓰는 것이 합당하다고 본다. 이 경우의 번역 예는 'sakyaputta'라는 표현과 큰 차이가 없다. 사키야풋타란, 때에 따라서 붓다를 지칭하기도 하지만 대체로, 붓다 교단의 출가 수행자를 지칭하는 말로 쓰인다. 그럴 경우에 사키야풋타를 굳이 '사키야의 아들'이라고 번역할 필요가 없는 것과 같다.

이상에서 살펴본 바와 같이, 「아누이경」의 전체적인 구조는 붓다와 방가바 범지의 대화로 이루어져 있지만, 그 안에 "가라루, 구라제, 파리자"라는 3인의 나체 수행자 이야기가 액자 구조를 이루고 있는 것이 특징적이다. 그 중에서도 가라루 니건자는 분명히 자이나교 수행자이지만, 구라제와 파리자는 자이나 교도로 볼 수 없고 '나체 수행을 하는 일반적인 출가자'라고 추정된다. 일반적인 출가자라 함은 소속된 교단을 특정할 수는 없지만 출가하여 걸식으로 영위하면서 수행에 전념하는 이를 가리킨다.

청정경의 니건자

32) Stede(1977), p. 823.

「청정경」(清淨經)에는 니건자(尼乾子)가 2회, 니건(尼乾)이 2회 나온다.

먼저 "파바성 안에 살던 니건자가 죽은 지 얼마 되지도 않아서, 그 제자들이 둘로 나뉘어서 서로 싸우고 얼굴을 맞대고 헐뜯으면서 욕하고, 상하가 따로 없이 끊임없이 서로 단점을 찾고 지견을 다툰다."[33]라는 부분에 나오는 니건자에 대해서 T.의 각주에서는 "니간타 나타 풋타"(nigaṇṭha-nātha-putta)[34]라고 밝히고 있다.

유사한 예화가 나왔던 「중집경」의 경우와 같이, 여기서도 파바성에서 죽은 니건자, 즉 니간타 나타풋타는 '마하비라'라고 보아야 할 것이다.

"니건(尼乾)을 섬기던 저 파파국 백성들은 이 다툼을 듣고 걱정을 하고 있습니다."[35]라고 주나 사미가 말하자 붓다는 "그렇다. 주나야, 저 그른 법에서는 들을 만한 것이 없다. …… 마치 썩은 탑에는 색칠하기가 어려운 것처럼, 저들에게 스승이 있다고는 하지만 그들은 다 삿된 소견을 품고 있고, 또 그들에게 법이 있다고는 하지만 그것은 다 참되고 바른 것이 아니다."라고 비판하고 있다.[36]

이 경에서 붓다는 마하비라의 사후에 둘로 분열된 자이나 교단을 썩은 탑에 비유하면서, 비구들에게 이렇게 당부한다.

---

33) "波波城內有尼乾子, 命終未久, 其諸第子分爲二分, 各共諍訟, 面相毀罵, 無復上下, 迭相求短, 競其知見."(T. 1, p. 72 하.)

34) T. 1, p. 72 하.

35) 김월운(2006b), p. 47. 여기서 보충하고 있는 '파파국'의 표기는 원어에 의거하여 파바(pāvā)국으로 읽어야 한다. "彼國人民事尼乾者, 聞諍訟已, 生厭患心."(T. 1, p. 72 하.)

36) 김월운(2006b), p. 47.

"너희들은 함께 화합하고, 싸우지 마라. 같은 스승에게 배웠으면 물과 젖처럼 같아야 한다."[37)]

물론 이러한 당부와는 달리, 후대의 불교 교단도 여러 부파들로 나누어지는 결과를 초래했다는 것은 주지의 사실이다. 다만 불교 문헌에서 마하비라 사후에 자이나 교단이 이분되었다고 하는데, 그것이 과연 공의파(空衣派)와 백의파(白衣派)의 분열을 말하는지는 분명치 않다.

그 뒤에 이어서는 "외도 범지(外道梵志)"와 "사문 석자(沙門釋子)"를 대비하여 설법하고 있는 것도 특징적이다.[38)] 팔리 본 해당 경에서 '외도 범지'는 "외도 유행승"으로, 사문 석자는 "사꺄의 후예인 사문들"이라고 표현되어 있듯이,[39)] 외도 범지가 자이나교 수행승들을 특칭하고 있다고 말할 수는 없다.

그리고 「청정경」에는 외도 범지의 이름으로 다양한 주장들이 열거되고 있지만, 여러 종류의 견해를 대조적으로 나열하기 위한 상투적인 도입구로 쓰이고 있을 뿐 각각 해당하는 교파를 찾아내기란 쉬운 작업도 아닐 것이다.[40)]

사문과경의 니건자

37) "汝等盡共和合, 勿生諍訟, 同一師受, 同一水乳."(T. 1, p. 74 상.) 여기서 '물과 젖처럼'이라는 표현은 인도 문헌에서 흔히 쓰이는 문구로서, '물과 우유가 잘 섞이듯이'라는 뜻이다.

38) T. 1, p. 74 하, 참조.

39) 각묵 스님(2006), Vol. 3, p. 237, 이하 참조.

40) 김월운(2006b), pp. 56~63, 참조.

「사문과경」(沙門果經)에는 니건자(尼乾子)가 두 번 나온다.

전체적인 내용은 아사세왕이 여섯 명의 외도들을 찾아가서 수행으로 얻는 과보가 무엇인지 문답했던 것을 다시 붓다에게 가서 모두 전언한 뒤에, 참된 수행의 과보가 무엇인지 붓다의 답을 듣는 구조로 이루어져 있다.

경에서 6사 외도가 차례로 열거되는 가운데, 아사세왕의 이복동생인 무외(無畏)는 니건자를 만나볼 것을 권한다. 6사 외도의 하나로 열거되는 니건자는 니간타 나타 풋타(nigaṇṭha-nāta-putta), 즉 마하비라를 가리킨다.

이 경에서 아사세왕은 니건자를 비롯한 대표적인 외도들에게 질문하고 답변을 들을 때마다 "오이를 물으면 자두로 답하고, 자두를 물으면 오이로 답하듯" 동문서답을 하는 데 분노를 느꼈다고 한다.

아사세왕과 니건자의 대화는 다음과 같다.

> "이제 이 무리들도 현재에 도를 닦아 현세에 과보를 얻습니까?"
>
> 그는 내게 대답했습니다.
>
> "대왕이여, 나는 일체지(一切智)와 일체견(一切見)을 가진 사람으로서 모든 것을 남김없이 압니다. 다니거나 머물거나 앉거나 눕거나 언제나 남김없이 깨달아 지혜가 항상 앞에 있습니다."[41]

여기서 니건자는 스스로가 일체지자인 것을 밝히고 있다. 그러나

41) 김월운(2006b), p. 256.

아사세왕은 자신의 질문에 대한 답이 아니라고 만족하지 못하였다. 그러고 나서 붓다를 만나서 얘기를 나눈 아사세왕은 부왕을 살해했던 것을 참회하고, 삼보에 귀의하고, 오계를 지킬 것을 맹세한다.

붓다가 아사세왕에게 응답해 준 현세에 받는 수행의 과보란, 재가자가 출가 수행자를 보고 나서 존경심을 내며, 일어나서 마중하고, 자리를 권하며, 공양을 바친다는 것 등이었다. 물론 그 근거는 지혜가 있기 때문이라고 설명하였다.

이와 같이 「사문과경」에서는 아사세왕이 불법에 귀의하게 된 계기를 설명해 주는 동시에 니건자, 즉 마하비라를 비롯한 여러 외도들의 주장을 엿볼 수 있는 경으로서 잘 알려져 있다.

니건자의 다양한 용례

이상에서 살펴본 바, 『불설장아함경』에 등장하는 외도 '니건자'는 다양한 지칭을 가지고 있다는 것을 알 수 있다. 요약하면 다음과 같다.

첫째, 자이나교의 24대 조사인 마하비라를 가리킨다.

둘째, 아지비카 교단에 속하는 나체 수행자를 가리킨다.

셋째, 마하비라 당대의 자이나 교단의 수행자를 가리킨다. 예컨대 '가라루 니건자'와 같이 잘 알려져 있는 자이나식 고행법을 실천하는 수행자들이다.

넷째, '구라제 니건자'의 경우와 같이, 자이나 교단의 수행법과 다른 고행을 하는 나체 수행자들을 가리킨다. 이들은 슈라마나식 고행법을 실천하는 나체 수행자일지언정, 결코 자이나 교단의 수행자라고는 볼 수 없다.

『불설장아함경』에서는 이들 가운데 첫째의 예, 즉 마하비라를 가리키는 경우가 가장 많았다. 니건자가 나오는 5종의 소경들 가운데, 『아누이경』을 제외하고는 모두 마하비라를 지칭하는 단어로 '니건자'를 언급하고 있다.

이로써 붓다 당대에 불교 교단 내에서는 자이나 교단의 24대 조사였던 '마하비라 바르다마나'를 가리켜서 '마하비라'(大雄)라고 부르지는 않았다고 추정해 볼 수 있다. 불교도들은 마하비라, 즉 대웅이라는 말을 '붓다 싯다르타'에게 쓸지언정 외도 교단의 교주에게 '위대한 영웅'이라는 칭호로 부르지는 않았다는 사실이다. 이는 그 당시 자이나 교단에서는 바르다마나를 '마하비라'로 불렀다는 사실과 대비해 볼 때 외도에 대한 붓다 또는 불교 교단의 관점까지도 짐작할 수 있는 단초를 제공하는 것은 아닐까 생각한다. 그리고 일반적인 고행 수행자 또는 나체 수행자를 가리키는 '니건자'의 경우에는, 그 지칭을 더욱 뚜렷이 할 필요가 있다는 점을 언급하고자 한다.

기존에는 자이나 교단식 고행법이 아님에도 불구하고 한역 경전에 '니건자'라는 이름으로 나오는 경우에는 거의 자이나교의 수행법에 해당한다고 보았고 그들의 극단적인 고행법들을 비난해 왔다.

예컨대 구라제 니건자의 경우가 그 한 예이다. 그는 '똥 무더기 위에 엎드려 겨 찌꺼기를 핥는 고행'을 하는데, 그러한 수행법은 자이나교와는 전혀 무관하다. 그러한 고행을 내세워서 자이나교의 고행법이든 교리 등을 비난할 수는 없을 것이다. 그와 같은 행위는 전형적인 자이나교의 수행법이 아니라는 것은 분명하기 때문이다.

누군가 자기의 주장을 내세우기 위해서는 상대방의 오류를 입증하는 방법은 예나 지금이나 가장 선호되는 논법 중 하나인 것은 분명하다. 더구나 불교 경전과 같이 한쪽의 주장을 선양하기 위해 편찬된 문헌인 경우에 그 속에 인용되는 반대편 또는 외도의 주장이 얼마나 공정하며 올바르게 차용되었는가 하는 점은 별개의 문제이다.

새로운 사상을 창안한 붓다의 입장에서는 여러 부류의 청중들 중에서도 붓다 자신의 사상과 비교할 수 있는 외도의 주장을 극명하게 대립시키는 형식이 가장 효과적이었을 것이다.

분명한 것은 붓다의 교설 또는 설법 내용 중에서도 외도를 상대로 전개하고 있는 내용은 붓다의 주장을 매우 명료하게 드러내고 있는 핵심적인 불교 사상이라는 점이다. 더구나 붓다가 등장하기 오래전부터 이미 기성 교단으로서 확고하게 자리를 잡고 있던 '니건자' 교단의 교리를 반박 또는 비판하는 것은, 이제 막 생겨난 신생 교단의 교주였던 붓다로서는 거의 필연적인 과정이었을 것이다. 또한 그러한 비판을 통해서 붓다 자신의 사상적 독창성과 차별성을 드러내기도 수월했을 것이다. 더구나 붓다 자신이 출가하여 수행하던 초기에 경험했던 나체 수행법을 비롯한 니건자의 고행들은 스스로 창안한 중도(中道) 수행법을 강조하는 데 더없이 좋은 비교 사례가 되었을 것이다.

필자는 본론에서 『불설장아함경』에 나오는 외도 니건자라는 하나의 용례에만 국한하여 고찰하였다. 하지만 붓다가 전 생애에 걸쳐서 외도 또는 이교도의 사상과 그들 교단의 추이에 대해 끊임없이 경계와 비판의 끈을 늦추지 않았다는 사실을 보여 주는 데 부족함이 없었다고 본다. 그리고 그러한 배경에는 붓다가 교단을 세웠던 당대의 사상적 교세 분포가 자리하고 있었다는 점도 부연하고자 한다.

끝으로, 『불설장아함경』 중 '니건자'라는 음역어로 등장하는 외도의 정체를 분명히 규정하는 작업은, 불경 속에 빈번히 등장하는 외도들 가운데 자이나 교파와 아지비카 교파 또는 일반 고행자의 구분을 명료하게 하는 동시에 불교의 사상적 정체성을 인도 사상사 속에서 자리 매김하는 데도 매우 긴요하다고 생각한다.

제7장 불교와 자이나교의 영혼설 논박

붓다와 마하비라

불교의 개조 싯다르타가 깨달음을 얻은 뒤에 '가우타마(Gautama)족 출신의 성인'이라는 뜻으로 '가우타마 붓다'(Gautama Buddha)라고 불렸듯이, 자이나교의 개조인 바르다마나(Vardhamāna)는 나타(Nāta)족 출신의 성인이라는 뜻에서 '나타 붓다'로 불렸다. 후대에 이르러 바르다마나는 나타 붓다라는 칭호보다는 '지나(Jina) 마하비라(Mahāvīra)'라는 이름으로 불렸고, 붓다는 가우타마를 가리키는 말로 통용되었다.

그렇지만 본래 '붓다, 지나, 마하비라, 아르하트(arhat, 아라한)' 등의 용어는 인도에서 깨달음이나 해탈을 성취한 이에게 존경을 표시하는 보통 명사에 지나지 않는다. 그러한 용어가 불교와 자이나교의 교세 확장과 더불어 각각의 인물을 지칭하는 대표적인 단어로 굳어진 것이다.

교조에 대한 이러한 호칭에서도 보듯이, 불교와 자이나교는 많은 점에서 공통점을 지니고 있다는 것은 주지의 사실이다. 특히 각각의 개조인 가우타마 붓다와 마하비라의 생존 연대와 활동 범위뿐만 아니라 그들의 일생에서도 유사한 점이 많으며, 그들의 사상 또한 흡사한 점이 매우 많았다. 그런 까닭에 힌두교의 문헌에서 두 교의를 혼동한다든지, 근세 서양의 학자들이 불교와 자이나교, 붓다와 마하비라를 서로 동일하다고 보았던 해프닝도 그다지 놀랄 만한 일이 아니었는지도 모른다. 이제 그와 같은 혼동은 힌두교 속에 불교와 자이나교가 포섭되어 있다고 보는 견해만큼 낮은 지식 수준을 드러내는 일이 될 것이다. 하지만 아직도 힌두교 쪽에서는 자이나교나 불교가 힌두교와 크게 다를 바 없는 별개의 힌두 교파쯤으로 여기는 태도 또한 상존하고 있는 것이 사실이다.

일반적으로 불교와 자이나교의 공통점으로서 꼽히는 것들은 다음과 같다.[1)]

① 해탈을 지고의 목표로 삼으며, 그 성취를 위한 수행을 중시한다.
② 욕망과 집착을 떨침으로써 업을 제거한다.
③ 이 세상을 창조한 신(神)을 부정한다.
④ 자기 의지를 강조한다. 붓다와 마하비라는 인간으로 태어나 자신만의 노력으로 완전한 해탈을 성취했듯이, 모두가 자신의 노력에 따라 해탈할 수 있다고 본다.
⑤ 이 세계가 환영(幻影, māyā)이라고 보지 않는다.
⑥ 베다의 권위와 구속력을 인정하지 않는다.
⑦ 카스트를 부정하며, 해탈 앞에 만민이 평등하다고 믿는다.
⑧ 브라만교의 인생의 4주기(āśrama)를 부정한다.
⑨ 화신(化身, avatāra) 사상을 부정한다.
⑩ 개인의 해탈을 위해서, 붓다와 마하비라는 안내자의 역할을 할 뿐 전혀 도움을 주지 않는다.
⑪ 의식, 제례 등은 해탈을 위한 내적 발전에 아무런 도움이 되지

1) Mehta, T. U.(1993), pp. 231~232, 참조.

않는다.

⑫ 브라만교의 동물 희생제를 반대한다.

⑬ 불살생(ahiṃsā)은 인생의 모든 방면에서 지침이 되는 근본 원리이다.

⑭ 남녀 수행자와 남녀 재가 신도로 이루어진 4부 대중으로 교단이 성립되어 있다.

이와 같이 불교와 자이나교의 공통점은 적지 않다. 하지만 이러한 공통점들에도 불구하고 두 종교는 각기 고유한 성전(聖典)을 가지고 있는 만큼 그 철학적 견지에서는 대립되는 점이 많은데, 그 중에서도 극명하게 대립되는 사항으로는 영혼 또는 자아(自我)에 대한 견해를 들 수 있다.

영혼에 대한 인도 철학의 논의는 매우 다양하지만, 크게 나누어 영혼의 실재를 인정하는 유아설(有我說)과 그에 대해서 부정하는 견해를 취하는 무아설(無我說)로 대별할 수 있다. 그런데 자이나교에서는 영혼의 실재를 인정하고 있는 반면에, 불교에서는 영혼의 실재성을 부인한다. 이러한 입장의 차이는 두 사상의 성립 초기부터 첨예한 대립으로 나타났다. 소위 '무아설'이 불교의 핵심 교리로서 인정받고 있듯이, 영혼이 실재한다는 것 또한 자이나교의 중심 교의로서 고금의 모든 자이나 학파에서 인정하고 있다. 그리고 붓다가 주장했던 무아설 또는 5온설은 영혼의 존재를 주장하는 입장에 대한 반박을 토대로 하여 성립된 설이라 하여도 과언이 아닐 것이다.

필자는 두 교파의 중심적 교의라 할 만한 영혼론에 대한 입장의 대립은 두 교설이 독자적으로 발전한 별개의 사상 체계라는 점을 입증하고도 남을 만큼 중요한 차이라고 본다. 따라서 이 장에서는 영혼에 대한 불교와 자이나교의 논박을 중심으로 하여, 불교 경전 속에 나타난 자이나교와 불교의 논쟁을 살펴본 뒤, 양자 대론의 특징과 그 쟁점에 대해서 재론해 보고자 한다.

불교 경전과 자이나교

인도 철학사의 특징 중의 하나로서, 논쟁을 통한 발전이란 점이 꼽힐 정도로 인도에서는 각 학파간의 대론과 논쟁이 매우 활발하게 전개되어 왔다. 불교 또한 성립 초기부터 그러한 논쟁은 피할 수 없었다. 도리어 그러한 논쟁 끝에 승리한 만큼 교단을 이루고 발전을 거듭했다고 말해야 옳을 것이다. 가우타마 붓다의 깨달음으로 시작된 불교 또한 후대에 '6사 외도'(六師 外道)로 불렸던 당대의 사상적 지도자들과 대론을 시작하면서 그 기반을 다지기 시작했다.

6사 외도, 그들 중 첫손에 꼽히는 외도가 흔히 '니간타'(nigaṇṭha)로 일컬어지는 자이나 교단이었다. 니간타들은 초기 불교 경전에 수도 없이 등장하여, 범지(梵志)로 불리는 브라마나(brāhmaṇa) 교단에 못지않은 대론을 펼치곤 한다. 특히 니간타를 지칭하는 불전의 용례들은 붓다 당시에 니간타를 바라보는 인도인의 시각을 짐작하게 해 주는 단서를 제공하기도 한다.

일반적으로 마하비라를 가리킬 때는 대웅(大雄, Mahāvīra) 야제자(若提子, Jñātiputra), 니건타(尼乾陀) 야제자, 니건련타야제불달라(泥健連他若提弗怛羅), 니건친자(尼乾親子), 친자(親子, Nātaputta), 노체친남(露體親男) 등으로 한역(漢譯)하여 불렀지만, 일반적인 자이나 수행자들은 노행(露行) 외도, 나형(裸形) 외도, 무참(無慚) 외도, 노형(露形) 외도, 무참자(無慙子) 등으로 불렸다. 이는 자이나 수행자들이 옷을 입지 않은 채로 돌아다니는 것을 직설적으로 표현한 말이다.

그리고 일설에 의하면, 가장 많이 등장하는 호칭인 니건자(尼楗子)는 백의파의 자이나 교도를 지칭하며, 공의파는 나형 외도라 구분했다고 한다. 그러나 두 파의 교의가 크게 다르지 않으며, 수행 방법상 옷의 착용 여부만 다를 뿐이기 때문에 그러한 구분은 큰 설득력을 가지기 어렵다고 본다. 따라서 두 경우 모두 자이나교를 지칭한 것으로서, 타 학파와의 교의 논쟁상 그러한 구분의 실익은 거의 없다고 본다.

불교도들은 통칭하여 말하기를, 자이나 교도들이 '두려움도 부끄러움도 없다. 신심도 없고 그릇되다. 다른 이들을 깔보고 탐욕스럽고 고집이 세다.'라는 등으로 폄하하기 일쑤였다. 물론 자이나교 쪽에서도 불교의 비구들이 '도둑과 같다'라는 식의 수식을 써서 비난하기도 한다. 특히 불교 수행자들의 생활이 화려하다고 비난한다든지, 금강승(金剛乘) 불교의 수행법이 그릇되었다고 비판하는 것 등은, 자이나교뿐만 아니라 다른 교파에서도 불교에 던졌던 비난이었다. 그러한 상호 비난 중에서도 특히 불교도가 집중적으로 비난을 가했던 사안은 자이나교의 나체 수행이었다. 나체행은 마하비라 이래의 기본적인 수행 방법으로서 자이나 교도에게 나체 수행은 곧 초탈을 상징한다. 또한 나체는 인간이 태어날 때 그대로의 상태로서 순수 그 자체를 의미한다.

그렇지만 자이나교에서도 마음의 순수가 중요하다고 역설하고 있으며, 수행자는 마음 내부로부터 진정한 알몸을 갖추어야 한다고 강조한다. 아무런 교리상의 뒷받침도 없이, 단순히 불교도가 비난하듯이, 수치를 몰라서 그저 알몸으로 거리를 활보하는 것이 결코 아니다.

자이나 교도의 나체 수행은 자이나 철학의 실재론, 업론 등과 긴밀한 관련성을 가지고 있다. 따라서 자이나교의 업론을 이해하지 못하고서 단순히 나체 수행 자체만을 비난하는 것은 독단적인 교조주의(教條主義)에서 기인된 것이라 비판받아 마땅할 것이다. 그러므로 바른 비판은 자이나교의 나체 수행 방법을 비난하기보다는, 업(業, karma)이 물질의 일종이라고 보는 자이나교의 교설을 논박하고, 업이 물질이 아니기 때문에 나체 고행으로써 업 물질이 몸에 쌓이게 된다는 사상이 그릇된 것이라는 점을 논박해야 옳을 것이다.

그런데 아함경류, 법구비유경 등의 초기 경전에서부터, 사분율(四分律), 백론(百論), 대장엄론경(大莊嚴論經), 대비바사론(大毘婆沙論), 마하지관(摩訶止觀) 등 후대의 논서류에 이르기까지 자이나교는 곳곳에 다양하게 언급되고 있으며, 다른 어느 학파보다도 활발한 논전(論戰)을 펼치고 있다는 것은 쉽게 알 수 있지만, 과연 올바르게 대론이 이루어졌는가 하는 점은 의문이 아닐 수 없다. 왜냐하면 니간타가 등장하여 펼쳐지는 불전 속의 논쟁들은, 니간타 즉 자이나교의 입장에서 보자면 공정성을 잃었다고 말할 만큼 불교의 일방적인 승리만을 전하고 있기 때문이다.

영혼설에 대한 논박

인도 철학파는 크게 유파(有派)와 무파(無派)로 나뉜다. 유무의 기준이 되는 것은 베다를 신봉하는가, 베다의 신들을 믿는가, 사후 세계의 존재를 믿는가 등이다. 사후 세계를 인정하는 파는 유파, 사후 세계의 존재를 믿지 않는 파는 무파로 분류된다.

불교와 자이나교는 무파에 속하는데, 브라만교에 대응하여 발전되었던 슈라마나(śramaṇa, 沙門)적 전통을 불교와 자이나교가 공유하고 있다는 데서도 양자의 무파적 공통점을 찾을 수 있다. 하지만 이처럼 동일한 기반에서 출발했지만, 양자는 영혼에 대한 견해에서는 그 간격이 적지 않다.

먼저, 불교에서는 무아설을 주장하여 인도 정통 학파에서 주장하는 유아설과 배치되는 입장을 취한다. 반면에 자이나교에서는 지바(jīva), 즉 영혼의 존재를 인정하며, 그 영혼이 영원히 존재하는 다수의 실재라고 한다.

표 6 ▌인도 종교와 영혼론

영혼론	브라만교	자이나교	불교
유무	인정	인정	부인
영원성	인정	인정	부인
유일성	브라만, 유일	다수성	부인

이러한 간단한 표에서도 명백히 드러나듯이, 유아론(ātmavāda)에 대한 붓다의 거부는 타 학파와의 논쟁이 거듭될수록 더욱 강화되었던 것으로 보인다.

『증일아함경』「육중품」(六重品)에서는 영혼의 문제에 대한 불교와 자이나교의 논박을 다음과 같이 전하고 있다.[2)]

그때 살차(薩遮, Saccaka) 니건자(Nigaṇṭhaputta)는 멀리서 마사(馬師, Assaji)가 오는 것을 보고 가서 그에게 말하였다.

"너의 스승은 어떤 이치를 말하고 어떤 교리와 어떤 계율로 제자들에게 설법하는가?"

마사가 대답하였다.

"범지(梵志)여, '물질[色, rūpa]은 덧없는 것이다. 덧없는 것은 곧 괴로운 것이요, 괴로운 것은 곧 무아(無我)이며, 무아인 것은 곧 공

2) "是時, 薩遮尼健子遙見馬師來, 卽往語馬師曰: 汝師說何等義? 有何教訓? 以何教誡向第子說法乎? 馬師報曰: 梵志! 色者無常, 無常者卽是苦, 苦者卽是無我, 無我者卽是空也, 空者彼不我有, 我非彼有. 如是者智人之所學也, 痛·想·行·識無常, 此五盛陰無常者卽是苦, 苦者卽是無我, 無我者卽是空, 空者彼非我有, 我非彼有, 卿欲知者, 我師教誡其義如是, 與諸第子說如是義. 是時, 尼健子以兩手掩耳, 而作是言: 止! 止! 馬師! 我不樂聞此語. 設瞿曇沙門有此教者, 我實不樂聞. 所以然者, 如我義者色者是常, 沙門義者無常. 何日當見沙門瞿曇與共論議, 當除沙門瞿曇顚倒之心." (T. 2, p. 715 중.)

(空)한 것이다. 공이라면 그것은 내 소유가 아니요, 나도 그것의 소유가 아니다.'라고 하는 것이 지혜로운 이의 앎이다. 느낌[痛]·생각[想]·형성력[行]·의식[識]은 덧없는 것이다. 이 다섯 가지 쌓임은 덧없기 때문에 그것은 괴로운 것이요, 괴로운 것은 무아이며, 무아이면 곧 공한 것이요, 공이라면 그것은 내 소유가 아니요, 나도 그의 소유가 아니다. 너는 알고 싶은가? 우리 스승께서 가르치시는 이치는 이와 같고, 제자들을 위해 이런 이치를 말씀하신다."

그때 니건자는 두 손으로 귀를 막으면서 말하였다.

"그만, 그만. 마사여, 나는 그런 말 듣고 싶지 않다. 아무리 구담 사문이 그렇게 가르쳐도 나는 조금도 듣고 싶지 않다. 왜 그러냐 하면 내 주장으로는 '물질[色]은 영원하다'고 하는데, 그 사문은 '물질은 영원하지 않다.'라고 하기 때문이다. 언제 한 번 사문 구담을 만나면 변론해서 그의 뒤바뀐 생각을 고쳐 주리라."

이와 동일한 내용을 담고 있는 팔리 본 중부 경전의 이 부분에는 "비구들이여, 색(色)은 무아이고, 수(受)가 무아이고, 상(想)이 무아이고, 행(行)이 무아이다. 식(識)이 무아이다."[3]라는 구절이 더 들어 있다.[4]

---

3) "rūpaṃ bhikkhave anattā, vedanā anattā, saññā anattā, saṅkhārā anattā. viññāṇaṃ anattā."

4) "Atha kho āyasmā Assaji pubbanhasamayaṃ nivāsetvā pattacīvaraṃ ādāya Vesāliṃ piṇḍāya pāvisi. Addasā kho Saccako Nigaṇṭhaputto Vesāliyaṃ jaṅghāvihāraṃ anucaṅkamamāno anuvicaramāno āyasmantaṃ Assajiṃ dūrato va āgacchantaṃ. disvāna yen' āyasmā Assaji ten' upasaṅkami. upasaṅkamitvā āyasmatā Assajinā saddhiṃ sammodi, sammodanīyaṃ kathaṃ sārāṇīyaṃ vītisāretvā ekamantaṃ aṭṭhāsi. Ekamantaṃ ṭhito kho Saccako Nigaṇṭhaputto āyasmantaṃ Assajiṃ etad—avoca: Kathaṃ pana bho Assaji samaṇo Gotamo sāvake vineti, kathaṃbhāgā ca pana samaṇassa Gotamassa sāvakesu anusāsanī bahulā pavattatîti.—Evaṃ kho Aggivessana Bhagavā sāvake vineti. evaṃbhāgā ca pana Bhagavato sāvakesu anusāsanī bahulā pavattati: Rūpaṃ

그러고 나서 살차 니건자는 바이샬리의 500명의 동자들과 함께 가우타마 붓다에게 가서 대론하였다.

살차 니건자는 말하기를, "마치 역사(力士)가 털이 긴 염소를 붙잡고 동서 어느 쪽으로나 마음대로 끌고 가되 아무 어려움이 없는 것처럼 나도 그와 같이 저 사문 구담과 논의하여 그를 잡고 놓기에 어려움이 없을 것이다."[5]라는 등의 호언을 늘어놓는다. 그리고 살차 니건자는 색(色), 즉 형상을 갖는 물질은 영원한 실재라는 자이나교의 기본 교리에 따라 붓다와 논박하기 시작한다.

니건자가 세존에게 물었다.

"어떤 교리와 어떤 계율로 제자들을 훈계하는가?"

부처님께서 니건자에게 말씀하셨다.

"내 주장은 '물질은 덧없는 것이다. 덧없는 것은 곧 괴로운 것이요, 괴로운 것은 무아이고, 무아는 곧 공이요, 공한 것 그것은 내 소유가 아니요, 나도 그의 소유가 아니다. 느낌·생각·형성력·의식도 그렇다. 이 다섯 가지 쌓임은 다 덧없는 것이다. 덧없는 것은 곧 괴로운 것이요, 괴로우면 무아이고, 무아는 공이요, 공이면 그것은 내 소유가 아니

---

bhikkhave aniccaṃ, vedanā aniccā, saññā aniccā, saṅkhārā aniccā, viññāṇaṃ aniccaṃ ; **rūpaṃ bhikkhave anattā, vedanā anattā, saññā anattā, saṅkhārā anattā. viññāṇaṃ anattā** ; sabbe saṅkhārā aniccā, sabbe dhammā anattā ti. Evaṃ kho Aggivessana Bhagavā sāvake vineti, evaṃbhāgā ca pana Bhagavato sāvakesu anisāsanī bahulā pavattatîti. —Dussutaṃ vata bho Assaji assumha ye mayaṃ evaṃvādiṃ samaṇaṃ Gotamaṃ assumha ; app—eva ca nāma mayaṃ kadāci karahaci tena bhotā Gotamena saddhiṃ samāgaccheyyāma, app-eva nāma siyā kocid-eva kathāsallāpo, app-eva nāma tasmā pāpakā diṭṭhigatā viveceyyāmâti."(PTS.(1979), pp. 227~228.)

5) "猶如力士手執長毛之羊, 隨意將東西, 亦無疑難. 我今亦復如是, 與彼沙門瞿曇論議, 隨我捉捨而無疑難."(T. 2, p. 715 중.)

요, 나도 그의 소유가 아니다.'라는 것이다. 나는 이와 같이 가르친다."

니건자가 대답했다.

"나는 그런 말은 듣고 싶지 않다. 왜냐하면 내 해석으로는 '물질은 영원한 것이다."

세존께서 말씀하셨다.

"너는 지금 온 마음으로 묘한 이치를 생각해 보라. 그 다음에 내가 설명하리라."[6]

물론 이들의 논박은 붓다의 승리로 끝을 맺는다. 논의하는 도중에 니건자는 대답을 못하고 온몸에서 땀이 흘러 옷을 적시고 앉은자리와 땅까지 적실 정도였으나, 세존은 자신의 법복까지 들춰 보여 주면서 겨드랑이의 땀조차 없다는 것을 자랑스레 내보이고 있다. 니건자와 붓다의 대론을 전하고 있는 대부분의 불교 경전에서는 니건자 쪽, 즉 자이나교 쪽의 완패로 끝난다.

니건자는 재차 묻는 붓다의 질문에 긍정으로 답한다.

"어떤가? 니건자여, 이 몸은 영원한 것인가, 덧없는 것인가?"

"몸은 영원하지 않습니다."

"만일 영원하지 않다면, 그것은 바뀌고 변하는 법이다. 너는 거기서 '이것은 <나>이다'라고 보는가? 또 '<나>는 저의 것이다'라고

6) "尼健子白世尊言: 云何, 瞿曇! 有何教誡, 以何教誡訓諸第子? 佛告尼健子: 我之所說, 色者無常, 無常卽是苦, 苦者卽是無我, 無我者卽是空, 空者彼非我有, 我非彼有 ; 痛·想·行·識及五盛陰皆悉無常, 無常卽是苦, 苦者無我, 無我者是空, 空者彼非我有, 我非彼有. 我之教誡其義如是. 尼健子報曰: 我不樂聞此義. 所以然者, 如我所解義, 色者是常. 世尊告曰: 汝今且專心意, 思惟妙理, 然後說之."(T. 2, p. 715 하.)

생각하는가?"

"아닙니다, 구담이여."[7]

이와 같은 대론은 불교와 자이나교가 각자의 교단을 형성하여 발전한 뒤에도 오래도록 논쟁의 주제로 남아 있었다.

『증일아함경』보다 후대에 성립한 것으로 알려져 있는 『니건자문무아의경』(尼乾子問無我義經)[8]에서는 보다 치밀하게 무아설에 대한 논박이 이루어지고 있다.

『니건자문무아의경』에서는 최상아(最上我, paramātman)는 육안으로는 볼 수 없어도 천안으로는 볼 수 있을 것이라는 니건자의 말에 지자(智者)는 대답한다.[9]

"천안으로도 그것은 능히 볼 수 없다. 그것은 비현색(非顯色)이며, 또 비형색(非形色)으로서 자성공(自性空)이기 때문이다."[10]

『니건자문무아의경』에서 재차 강조하듯이, 시대와 분파를 불문하고

---

7) "云何, 尼健子! 色者是常? 爲是無常? 尼健子報曰: 色者無常. 設復無常, 爲變易法, 汝復見此是我, 許我是彼有乎? 對曰: 不也. 瞿曇!"(T. 2, p. 716 중.)

8) 마명(馬鳴) 저, 송(宋) 시대(A. D. 1002~1034년) 때 일칭(日稱) 등이 한역하였다.(T. 32, pp. 172~173.) 이역본으로서 『외도문성대승법무아의경』(外道問聖大乘法無我義經)이 있다.(T. 17). 이는 송(宋) 시대(A. D. 980~985년) 때 법천(法天)이 번역하였다.

9) 자이나교에서는 최상아 또는 최고아를 말하지 않는다. 지바의 분류는 해탈한 지바와 윤회하는 지바, 2종으로 분류될 뿐이며, 최상의 지바, 또는 유일 최고의 지바를 전제하지 않는다. 지바 아트만(jivātman)과 파라아트만(paramātman)의 구별을 전제하고 양자의 일치를 주장하는 학파는 베단타(Vedānta)이다.

10) "天眼彼可得見. 智者曰. 亦非天眼之所能見. 彼非顯色亦非形色. 自性空故."(T. 16, p. 172 중.)

불교의 확고한 입장은 무아와 공(空) 사상 위에 서 있다고 할 수 있다. 그런데 정작 무아와 공에 대한 붓다의 주장은 세월이 흐름에 따라 다양한 해석을 낳게 되었고, 교단 내부뿐 아니라 타 학파의 논박을 받게 되는 쟁점이 되었다.

이러한 불교의 입장은, 자이나교의 전승 문헌인 『수트라크리탕가』(*Sūtrakṛtāṅga*)에서는 인중무과론자(因中無果論者, asatkāryavādin)라 하여 비판한다. 인과론적으로 볼 때, 존재하는 모든 것은 무아이며, 단지 5온(蘊, skandha)의 화합물로서 구성되어 있을 뿐이고, 일시적인 존재라고 보는 불교의 연기설(緣起說)은 인중무과론이라는 것이다. 그런데 자이나에서는 생성이 파괴의 원인이라는 불교의 연기설은 오류라고 본다. 자이나교에서는 특히 슌야바딘(śūnyavādin), 즉 중관 학파를 차르바카(cārvāka)와 동일하게 놓고 논박한다.

중관 학파는 모든 현상, 즉 일출과 일몰, 물이 흐르고 바람이 부는 것과 같은 우주에 존재하는 모든 것을 부정했다. 그들은 '존재하는 것이란 없다.'라고 주장하는데, 그 예로서 마치 맹인은 빛이 있어도 사물을 볼 수 없는 것과 같다고 한다. 그러나 자이나교에서는 마치 기름이 모래에서 나올 수 없듯이, 영혼이란 차르바카 등의 학파에서 주장하듯이, 5요소 즉 지, 수, 화, 풍, 공 등의 5대(大)에서 나올 수도 없고, 그렇다고 불교에서 말하듯 5온 화합물의 결과에서도 나오는 것이 아니라고 논박한다. 또한 감각 기관의 지식은 감각 기관을 통해서 얻어지는 것도 아니다. 왜냐하면 5대의 성질 등은 각기 다르기 때문이다. 예를 들면 단단함이란 땅의 성질이고, 빛은 불의 성질이고, 움직임은 공(空)의 성질인 것 등을 거론할 수 있다.

그리고 자이나교에서는 의식(意識)이란 각기 다른 성질을 지니고 있는 5대들 중의 어떤 것의 성질이 아니라고 한다. 5대 각각이 의식을 지니고 있지 않는데, 어떻게 언제 그것들이 결합하여 의식을 낳는가? 이러한 요소들은 의식 자체에 전혀 영향을 끼치지 않는다. 그러므로 의식은 지바(jīva), 즉 아트만(ātman)의 특성이며, 5대의 성질이 아니라는 입장에 근거하여 5요소설 등을 반박하고 있다.

그런데 불교에서는 5요소설과는 달리 5온설을 주장하고 있으며, 특히 식(識)이 5온 중의 하나를 구성하고 있다고 말한다. 모든 존재를 구성하고 있는 기본 요소인 색(色)·수(受)·상(想)·행(行)·식(識), 즉 5온은 무상(無常)하며, 5온이 무상하기 때문에 5온으로 이루어진 모든 존재는 결국 무상한 것이라 한다.

이와 같이 자이나교와 불교의 존재론적 기반이 전적으로 다르다는 것을 간과하고 논의를 전개한다면, 마치 소의 머리에 난 두 뿔처럼 영원히 화합할 수 없는 평행선만 그을 따름이다. 이러한 관점의 차이에 주목하여, 자이나교의 입장에서 불교의 주장을 해명해 보자.

오온설에 대한 자이나교의 반론

5온 중의 하나인 색이란, 물질이 지니고 있는 한 특성으로서 형체성을 지시할 뿐이다. 형체성이란 물질이 갖는 고정적인 특성이 아니며 변화하는 양상을 지시하는 것일 따름이라고 본다. 특히 '루파'(rūpa)라는 말은 '색'이라 한역되어 쓰이지만, 흔히 몸(body)이라고 번역한다. 이 점은 '루파'의 개념이 영혼과 대칭되는 의미, 즉 심신 이원론적인 견지에 그 뿌리를 두고 있다는 것을 상기시킨다. 하지만 자이나교에서의 '물질'은 실재체(實在體, astikāya)의 하나이며, 푸드갈라(pudgala)에 대응한다. 따라서 5온 중의 루파와 푸드갈라는 각각 의미의 지시 대상이 동일하다고 볼 수 없다. 양 교의상 물질에 대해 논의하는 중에 지칭하고 있는 내용이 각기 다르다는 것이다.

지, 수, 화, 풍, 4대로 이루어진 물질은 무상한 것이라는 취지로서 루파를 거론하고 있는 불교의 논지는, 실재체로서 영속성을 전제하고 성립된 푸드갈라의 특성 중 하나로서 인정되는 변화하는 루파성(rūpa性)이라는 점에서 동일한 입장을 가지고 있다. 결국 불교의 루파는 자이나교의 푸드갈라에 내포된 일부의 특성을 지시하는 루파와 대응된다. 그리고 5온 중의 수(受), 상(想), 식(識)이란, 영혼이 지닌 기능적 특징일 따름이다. 수, 상, 식 등은 영혼이 각각 외계의 상황 내지 변수와 작용하여 파생되는 결과일 뿐, 요소적 구성물이 아니라고 본다. 따라서 불교에서 5온 중의 하나로서 수, 상, 식을 꼽고 있는 것은 실재 또는 존재의 본질과 그 기능을 혼동한 것이라 말할 수 있다.

자이나교에서는 영혼의 실재성과 영혼의 기능성을 구분하고 있기 때문에, 수, 상, 식 등은 실재인 영혼에 따르는 기능의 일종일 뿐이다. 따라서 주체와 그 주체에 부수되는 기능을 혼동한 불교의 5온설은 존재를 해명하는 기본 관점에서 이미 자이나교의 입장과 어긋나 있다고 할 수 있다. 또한 5온 중의 행(行)이란 존재 현상의 특성을 표현하는 것일 뿐, 그 자체가 존재를 구성하는 요소적 성격을 띠는 것이 아니라고 본다. 자이나교에서는 5온의 하나로 거론하는 '행'이란 존재가 갖는 양상적 특징을 요약한 것일 뿐이다.

결국, 자이나교와 불교의 논쟁은 영혼 즉 아트만을 어떻게 보고 있는가에 따라 빚어진 결과라고 보아도 과언은 아니다. 영혼을 비롯하여 운동(dharma), 정지(adharma), 허공(ākāśa), 시간(kāla), 물질(pudgala) 등의 6종을 실재로서 인정하고 있는 자이나교에서는 영혼을 일시적이고 가변적인 것만으로 보는 입장을 용인하지 않는다.

자이나교에서는 영혼이란 영속적이며, 무한하고, 창조되지 않으며, 지각할 수 없으며, 파괴되지 않는 것으로 보고 있다. 다만 영혼이 지각되지 않는 까닭은 형체를 갖지 않기 때문이다. 또한 비물질적인 영혼은 공간에 절대적인 수로 가득 차 있는데, 영혼 각각은 공간점(空間點, pradeśa)을 차지하고 있다고 표현한다. 이러한 영혼은 업의 과보로 인해서, 지, 수, 화, 풍, 씨앗, 알 등의 형태 속으로 재생하게 된다는 것이 자이나의 기본 입장이다. 그런데 중부 경전 「제5 삿차카 소경(小經)」에서 붓다는 이렇게 묻는다.

"악기베사나, 너는 정말로 이렇게 말하는가? '물질은 내 자신이고, 감수(感受)는 내 자신이고, 상념(想念)은 내 자신이고, 형성력(形成力)은 내 자신이고, 의식(意識)은 내 자신이다.'라고."

"그대 고타마여, 나는 확실히 이와 같이 말합니다. '물질은 내 자신이고, 감수(感受)는 내 자신이고, 상념(想念)은 내 자신이고, 형성력(形成力)은 내 자신이고, 의식(意識)은 내 자신이다.'라고. 또한 수많은 사람들도 이렇다고 합니다."[11]

이러한 악기베사나의 답변은 자이나교 또는 마하비라의 가르침 그대로인가? 마하비라는 과연 '물질을 곧 나라고 또는 나의 것이라고 보는 것인가?' 그리하여 물질이 나일 수 없고 나의 것일 수 없기 때문에 무아설이 정당한 이론인가? 단적으로 말하자면, 불교 측에서 거론하고 있는 자이나교의 교설은 왜곡된 표현으로 보인다. 왜냐하면 마하비라는 결코 그렇게 말하지 않았기 때문이다. 그는 영혼에 대한 의문을 갖는 제자 인드라부티(indrabūti)에게 다음과 같이 말했다.

오, 인드라부티여! 너는 영혼의 존재에 대해 의문을 갖는데, 물 단지와 같이 지각을 통해서 직접적으로 인식할 수 없기 때문이라고 한다. 그리고 너는 지각할 수 없는 것은 무엇이든지 이 세상에 존재하지 않는다고 반박한다. 예를 들면 허공에 핀 꽃처럼.[12]

그러고 나서, 영혼의 인정 여부는 지각의 가능성과 무관한 것이라는 점을 말하고 있다. 영혼은 원자들이 모여서 물 단지 등을 이루어

---

11) "Nanu tvaṃ Aggivesana evaṃ vadesi: Rūpam−me attā, vedanā me attā, saññā me attā, saṅkhārā me attā, viññāṇam−me attā ti.—Ahaṃ hi bho Gotama evaṃ vadāmi: Rūpam−me attā, vedanā me attā, saññā me attā, saṅkhārā me attā, viññāṇam−me attā ti, ayañ−ca mahatī janatā ti."("Cūḷasaccakasuttaṃ pañcamaṃ", PTS.(1979), p. 230.)

12) *Viśeṣāvaśyaka−bhāṣya*, 1549.(Mehta, Mohan Lal(1971), p. 80, 재인용.)

지각할 수 있게 되는 것과는 달리, 쉽게 지각할 수 있는 존재 상태를 갖지 못한다. 영혼은 추론의 대상도 아니다. 왜냐하면 추론 또한 지각에 의해서 생겨나고, 보편적 주연(周延) 관계에 의한 기억의 결과이기 때문이다.

요컨대, 마하비라는 영혼이란 오직 전지자(全知者), 즉 순수하고 완전한 지(知)를 성취한 자의 경우에만, 마치 태양의 빛과 열이 동시에 생기는 것처럼 주체와 객체에 대한 모든 지식이 동시에, 순간적으로 일어난다고 보았다. 영혼이란 전지자에게는 의심할 수 없는 실재라는 것이다. 그렇지만 어느 문맥으로 보아도 자이나교에서 물질이 곧 '나 자신'이라거나 '영혼'이라고 말하지는 않는다. 그런데 대부분의 불교 경전에서 말하고 있듯이, 붓다는 5온의 화합체인 사람이 곧 아트만이라 할 수는 없다고 한다. 즉 무아라는 논리를 5온 각각이 아트만이라 할 수는 없지 않느냐고 되물으면서 매우 단순하게 논의를 전개하고 있다.

단적인 예를 들어 보자.

'바닷물의 주요 성분은 소금과 물로 이루어져 있다. 그런데 소금이 바닷물이라고 할 수 있는가? 물이 바닷물이라고 할 수 있는가? 그렇다고 말할 수 없지 않은가? 따라서 바닷물이란 없는 것이다.'

붓다의 논박은 이와 같은 식으로 전개되고 있다.

바닷물을 사람[존재]에, 소금과 물의 자리에 5온을 대입해 보자. 5온 그 각각이 곧 사람이라고 말할 수 없다는 것은 분명하다. 마찬가지로 자이나교뿐만 아니라 브라만교에서도 5온이 곧 존재라거나, 5온이 곧 영혼이라는 식으로 설명하지 않는다. 그럼에도 불구하고 붓다는 5온 각각에는 자아 내지 영혼이 없고, 5온 각각이 곧 영혼이라고 말할 수도 없다고 말하며, 따라서 영혼을 인정할 수 없다고 말한다.[13)]

그렇지만, 자이나교에서도 영혼이란, 화합의 결과물이나 화합물의 요소 각각을 지칭하는 말로서 설명하지 않는다. 단지 다음과 같은 비유를 들어서 설명할 따름이다. '마치 금광석 자체는 금이라 할 수 없지만, 일련의 가공 과정을 통해서 그 속의 금을 드러내는 것처럼 영혼은 존재 속에 그와 같이 내재한다.'라고. 요컨대 자이나교에서는 금광석 속의 금 성분이 영혼과 같다고 말하는 반면에, 불교에서는 자이나교 입장이 마치 금광석을 영혼이라고 말하는 것이라고 이해하거나 상정한 다음에 결코 영혼이 아니라는 식으로 반박하고 있는 격이다.

이와 같이 자이나교 입장에서 볼 때, 붓다 또는 불교 측의 추단(推斷)으로 인하여 그릇되고 부적절한 논의가 진행된 것으로 여겨지는 경우가 적지 않은데, 그 까닭은 양자의 대론상 불가피했던 몇 가지 이유 때문이라고 생각한다.

---

13) 서기 10세기경의 타밀 어 저작인 『닐라케치』(*Nīlakeci*)는 역시 타밀 어로 된 불교 문헌인 『쿤탈라케치』(*Kuṇṭalakēci*)에 대한 논박을 주된 내용으로 한다. 그 중 한 논박에 따르면, 불교도의 5온설은 매우 바보스러울 뿐이라고 하면서 예를 들어 말하고 있다. 붓다는 '나는 영혼이 아니다. 나는 단지 5온 화합물일 뿐이다.'라고 말한다. 이것은 마치 코코넛을 따러 나무에 올라간 사람에게 '나무에 올라간 것이 누구인가?'라고 묻자, '나는 열매껍질이다.'라고 답하는 것과 같다고 논박하고 있다. Saroja(1994), pp. 191~192, 참조.

양자 대론의 문제점

갖가지 논쟁에서, 불교와 자이나교 양측은 서로가 '잘못된 견해'(miccā diṭṭhi)라고 비난하고 있다. 그렇다면 마하비라와 붓다가 직접 대론한 적이 있었는가?

양 교파의 대론을 전하는 대부분의 경전 등 양 교파의 대론을 전하는 문헌들은 자이나교의 수행자 또는 신도, 즉 마하비라의 대리자가 붓다와 논박하는 형태로 전개되고 있다. 예컨대, 중부 경전 「제8 아바야 왕자 경」에서는 빔비사라 왕의 아들인 아바야(Abhaya)에게 마하비라가 매우 상세하게 붓다와 대론할 내용을 지시하고 있다는 것을 알 수 있다.[14] 또한 경전상에서 보이는 직접적인 대론이 아니어도, 각각의 문헌 곳곳에서는 다른 학파의 주장들을 열거 또는 예시한 뒤에, 그에 대한 자파의 소신과 입장을 밝히고 있다.

붓다와 마하비라 당시의 그러한 사상적 입장을 가장 많은 예를 들어서 정리하고 있는 문헌으로 유명한 자이나교의 『수트라크리탕가』에는 총 363종의 이견(異見)들이 담겨져 있다. 180종의 행위론자(kriyāvādin), 84종의 무행위론자(akriyavādin), 67종의 불가지론자(ajñānavādin), 32종의 율의론자(律儀論者, vinayāvadin) 등이다.[15]

---

14) "Abhayarājakumārasuttanaṃ Aṭṭhamaṃ"(PTS.(1979), pp. 392~396.)

15) 행위론자란 도덕적 정신적 행위의 인과 관계를 믿는 견해이며, 무행위론자란 도덕적 정신적 행위의 인과 관계를 부정하는 견해이다.

그 중에서 특히 행위론자들은 영혼이 행위의 결과에 대한 담지자(擔持者)로서 역할을 하지만, 무행위론자는 행위 주체로서의 영혼을 인정하지 않는 입장이다. 이러한 갖가지의 주장들은 마하비라와 가우타마 붓다의 생존 당시에 성행했던 사상적 조류를 그대로 반영하고 있는데, 주목할 점은 그러한 사상적 이견(異見)들이 업론과 업의 주체, 즉 영혼에 대한 견해의 차이에 따라 갈래가 나뉜다는 것이다.

불교와 자이나교의 대립과 논쟁 또한 그러한 기본적인 차이에서 벗어나지 않는다. 필자의 소견으로는, 양자가 존재론과 실재론을 달리하고 있으므로 그러한 관점에 대해 동일선상에서 논의를 하는 것이 우선되어야 한다고 본다. 그런데 원론에서 파생된 관점이나 외면적 실천 방식에만 집착하여 논쟁을 거듭하고 있기 때문에 누구에게도 실익이 없는 논쟁을 되풀이하고 있을 뿐이다. 그렇게 된 원인 중 하나는, 붓다와 마하비라가 직접 토론하지 않았기 때문에 빚어진 결과가 아닐까 생각한다. 두 사람의 생존 연대에 대해서 여러 가지 학설이 대립되어 있으나, 자이나 교단에서는 마하비라는 기원전 599~527년, 붓다는 기원전 557~477년이라고 본다. 따라서 마하비라가 샤키야무니 붓다보다 약 42년 정도 앞선다고 한다.[16] 생존 연대에 대한 어느 학설을 따르든지 간에, 후대의 전승 문헌에

16) 마하비라에 대한 생존 연대는 ① 기원전 599~527년, ② 기원전 549~477년, ③ 기원전 540~468년, ④ 기원전 539~468년, ⑤ 기원전 477~372년 등으로 설이 나뉜다. 붓다의 생존 연대에 대한 학설 중 대표적인 것은 다음과 같다. ① 기원전 563~483년, ② 기원전 560~480년, ③ 기원전 480~400년, ④ 기원전 466~386년, ⑤ 기원전 463~383년 등이다.

따르면 두 사람이 직접 대론한 사실은 없었던 것으로 보인다. 만약 마하비라와 붓다가 직접 대면해서 논쟁을 벌였다면 다른 내용의 논의가 전개되었을는지도 모른다.

그런데 붓다와 마하비라, 두 사람 모두 최상의 완전지를 성취한 것으로 자부하고 있었지만, 불교 경전상으로 보면 붓다가 보다 더 뛰어난 지력을 가졌었던 것으로 보인다. 왜냐하면 『증일아함경』「마왕품」(魔王品)에서 보듯이, 붓다에게 일체지(一切智)가 있어 삼세(三世)의 일을 안다면 큰 불구덩이와 독이 든 음식도 피할 수 있을 것이라면서 시험을 해 보지만, 모두 참패를 당하고 만다.[17] 붓다가 니건타 교도인 시리굴 장자의 집에 발을 내딛자마자 몰래 파 두었던 불구덩이는 욕지(浴池)로 바뀌고, 걸음마다 연꽃이 피어오르고, 독이 든 음식에서 독기를 제거해 버리는 신통을 발휘했기 때문이다.

더구나 중부 경전의 「제6 우팔리 경」에서는 마하비라의 죽음과 관련된 일화를 전하고 있다.

날란다(Nālanda)에 살던 자이나 교도 우팔리(Upāli) 장자가 붓다를 이기고자 논파하러 갔다가 붓다에게 설복당하고 만다. 불교도가 된 우팔리가 붓다에 대해서 찬탄을 늘어 놓자 마하비라는 입에서 뜨거운 피를 토했다.[18] 그 후 마하비라는 슬퍼하다가 마침내 죽고 말았다고

---

17) "만약 사문 구담이 일체지가 있어서, 삼세의 일을 안다면, 청을 받지 않을 것이다. 만일 일체지가 없다면 당연히 청을 받아서 여러 제자들과 모두 불에 태워질 것이다. 천인이라면 안전하게 불을 피할 수 있으리라". "若沙門瞿曇有一切智, 知三世事者, 則不受請 ; 設無一切智, 便當受請, 將諸第子, 盡爲火所燒, 天人得安, 無有火害."(T. 2, p. 774 상.)

18) "Upālisuttantaṃ Chaṭṭhaṃ."(PTS.(1979), pp. 371~387.)

한다.

자이나 교단의 전승에 따르면 마하비라는 30년 동안의 교화 활동 끝에, 기원전 527년, 즉 출가 후 42년째 되던 72세에 파탈리푸트라 근교의 맛지마 파바 마을에서 열반에 들었다.[19] 그때 마하비라는 그 지역의 통치자였던 하스티팔라(Hastipāla)의 집에 머물고 있었는데, 그는 끝이 가까워졌다고 느끼자 가부좌를 하고 손을 모으고 조용히 앉아서 아침이 밝아오기를 기다렸다가 마침내 열반에 들었다고 전한다.

그런데 이러한 전승 내용 어디에도 불교도와의 논쟁 끝에 병세가 악화되었다거나 어떤 관련이 있다는 식의 언급은 전하지 않는다. 그렇다면, 불교측에서는 왜 이와 같은 모함과 험담, 편협한 독단으로 경전을 써야만 했는가? 덧붙여 언급하자면, 중부 경전 「사마가마 경」에서는 '마하비라가 최근에 파바(Pāvā) 마을에서 죽었는데, 그가 죽자마자 교단이 둘로 분열되었다.'라고 전한다.[20] 그러나 자이나 교단의 2분열, 즉 백의파(白衣派)와 공의파(空衣派)의 분열은 마하비라의 타계 직후가 아니라 그보다 훨씬 후대의 일로서 인도 역사가에 의해 공인된 바 있다.[21] 이와 같이 자파의 교의를 공고히 하기 위해서 타

---

19) 맛지마 파바의 현재 지명은 파바푸리(Pāvāpuri)로서 비하르 샤리프(Bihar Sharif: 파트나에서 79km 떨어진 곳)에서 13km 떨어진 곳에 위치한다. 파바푸리는 마하비라가 깨달음을 얻은 후 처음으로 설법한 자리이기도 하며, 입멸하기 직전까지 48시간 동안에 걸친 마지막 설법을 했다는 곳에 세워진 사마바사람(Samavasaram) 사원도 열반지에서 1km 정도 떨어진 곳에 있다.

20) "Sāmagāmasutta."(PTS.(1977), p. 243.)

21) 기원전 4세기 말경 찬드라굽타 왕이 재위에 있던 당시 마가다 지역에 대기근이 일어났다. 그때 제6대 교단장이었던 바드라바후(Bhadrabāhu)는 1만 2천

학파를 폄훼하는 것은 논쟁을 위한 한 기술은 될지언정, 정당한 포교의 방법은 될 수 없을 것이다.

불교 대 자이나교

경전의 표현대로 논의(論議)라고 하거나 논쟁이라고 하거나 간에 대론을 통해서 자파의 주장을 발전시켰던 것은 불교나 자이나교 모두 예외가 아니었다.

『증일아함경』「육중품」에서는 말문이 막힌 니건자가 거듭된 세존의 질문에도 대답하지 않고 잠자코 있게 되자, 허공에서 밀적 금강 역사가 금강저를 들고 소리친다.

"네가 여래의 말에 대답하지 않으면 마땅히 네 머리를 부수어 일곱 조각을 낼 것이다."라고.[22)]

명에 이르는 수행승들과 함께 기근이 발생하지 않았던 남쪽 카르나타카 지방으로 피난을 떠났다. 12년에 걸친 기근이 끝난 후, 바드라바후 일행이 다시 돌아왔을 때, 잔류해 있던 교도들은 경전을 편찬하는 등 수행 관습상 서로 다른 점들이 발생했다는 것을 알았다. 그 중에서 가장 큰 차이점은 스툴라바드라(Sthūlabhadra)의 지도 아래 마가다 지역에 그대로 남아 있었던 이들이, 마하비라 이래로 옷을 몸에 걸치지 않았던 원칙을 버리고 흰옷을 입고 있었던 것이다. 이에 바드라바후는 옷을 입는 것은 불소유(不所有)의 계율에 어긋난 것이므로 나체 수행을 따르기를 요구했다. 이를 계기로 하여 교단의 첫 분열이 일어났다. 교단은 옷을 입고 수행하는 이들과 나체 수행의 전통을 고수하는 이들, 두 파로 갈리기 시작했던 것이다. 이러한 분열은 서기 1세기경에 거의 완료되었다. 그 결과 백의파(白衣派, Śvetāmbara)와 공의파(空衣派, Digambara), 두 파가 성립되었다.

22) "密跡金剛力士手執金剛之杵, 在虛空中而告之曰: 汝今不報論者, 於如來前破汝頭作七分."(T. 2, p. 716 상.)

그러자 온몸의 털이 곤추설 만큼 놀란 니건자는 살려 달라고 하면서 대답하기 시작한다. 그러고 나서 다시 또 답변하지 못하는 상황에 직면한 니건자가 입을 다물고 잠자코 있자 두마(頭摩, Dumukha) 동자가 나서서 말한다.

'연못에 사는 다리 많은 생물의 다리를 기왓장 돌로 잘라내 버리면 다시는 연못으로 돌아가지 못하는 것처럼 니건자도 이와 같다. 시샘과 교만이 가득하여 여래에게 왔지만, 이제 다시는 논의하지 못할 것이다.'라고.[23)]

경고 또는 저주의 말을 듣고 나서 굴복하는 논쟁 형식은 불전에서 자주 볼 수 있는데, 마치 상대를 제압하기 시작하는 신호처럼 보이기도 한다. 반면에 그 시점을 계기로 하여, 동등한 대론자로서의 균형을 잃고 협박과도 같은 경고에 겁먹고 마는 일방을 상대로 한 붓다의 설교를 듣는 교도의 입장으로 전락하고 만다.

이 장에서 다뤘던 영혼의 실재성 문제를 비롯하여, 실체론자와 비실체론자, 실재론과 반실재론의 논쟁은 자이나교와 불교의 대론에 그치지 않고, 불교 내부에서도 부파 시대를 거치면서 극명한 논쟁을 야기시켰던 해묵은 철학적 주제이다.

교단을 성장 발전시키기 위해서 타 학파와 논쟁하는 것은 불가피한 일이다. 하지만 각자 자신의 전승 문헌에서 보이듯이, 도그마에 가까

23) 然彼浴池有虫饒脚. 然村落人民, 男女大小往至浴池所, 而出此虫, 各各以瓦石取此虫, 打之傷破手脚, 彼虫意欲還入水者, 終無此事. 此尼健子亦復如是, 初意猛盛, 與如來共論, 心懷姤意, 兼抱憍慢. 如來盡以除之, 永無有餘. 此尼健子更終不能重至如來所而共論議.(T. 2, p. 716 중.) 본문에서는 이 내용을 요약하여 서술하였다.

운 주장으로 자신의 승리만을 내세우는 것과 실제 현실은 어느 정도 합치했던가? 이 또한 인도 종교의 교단사에서 간과해서는 안 될 것이다.

각 교파의 사상이 얼마나 논리 정합성을 갖고 있는지, 교리의 합리성이 어떠한지 등은 신앙의 실제와 반드시 일치하지는 않는다. 더 나아가 어느 교설이 보다 더 진리성을 띤 것인지, 누가 판단할 것인가?

현재 인도에서는 힌두교의 절대적 점유 아래, 불교와 자이나교는 소수 종교로서 그 명맥을 이어가고 있다. 하지만 무엇보다도, 교도수의 다소(多少) 여부는 각 교의 내용의 보편적 진리성 여부와는 무관하다는 점을 간과해서는 안 될 것이다. 종교와 신앙에는 문화적 특수성이 큰 변수로 작용하기 때문이다.

이 장에서는 불교와 자이나교가 '슈라마나 상가'(śramaṇa saṁgha)의 전통을 잇고 있다는 공동 기반에서 출발했지만, 결국 서로 다른 교단으로 발전하게 된 주요 원인 중의 하나로서, 유아론(ātmavāda)을 주장하는 자이나교와 무아론(anātmavāda)을 주장하는 불교 간의 대립이 깔려 있다는 점을 부각시키고자 하였다.

끝으로 붓다와 마하비라라는 인물의 전기적(傳記的) 관점에서 볼 때, 불교 경전의 일방적 진술만을 전거로 하여, 자이나교와 마하비라의 사상을 올바르게 알고 이해하는 데는 큰 난점이 있다는 점 또한 재언하고자 한다.

제8장 불교와 자이나교의 고행 논쟁

슈라마나의 고행 수행법

불교와 자이나교가 똑같이 슈라마나(śramaṇa, 沙門)의 일원으로서 출발하였다는 것은 의심할 나위가 없다. 하지만 마하비라의 자이나교가 파르슈와 교단이라는 기성 종교를 동일한 교단 차원에서 재구성한 것이었던 반면에, 가우타마 붓다의 불교는 분명히 새롭고 혁신적인 종교 교단이었다.

그 첫째 이유는 고행(苦行, tapas)을 부정했다는 데 있다. 고래로부터 전해져 내려오는 수행 방법들 중 최고라고 공인된 고행을 닦지 않아도 해탈할 수 있다고 주창했던 붓다는 가히 혁명가라는 칭호도 전혀 어색하지 않을 정도이다. 자이나교와 불교는 동시에 반(反)브라만교 운동에 앞장섰지만, 서로 화합할 수 없었던 가장 큰 요인은 고행에 대한 시각의 차이에 있었다.

자이나교는 해탈로 이르는 최상의 수단이 고행이라는 데서 출발하여 고행 자체가 목적이 될 만큼 중요시하는 결과를 초래했다. 그 반면에 불교는 자이나교의 고행을 헛된 수고일 따름이라고 비난하는 데서 출발하여 고행 없이도 해탈을 얻을 수 있다고 주장했다. 고행에 대한 견해의 차이는 브라만교의 희생 제의에 대한 반대라는 동일한 선상에서 출발하여, 자기 정화(淨化)를 강조하는 구체적인 방식에서 큰 차이가 나게 되었다. 베다를 기조로 하여 신(神)에게 바치는 희생 제의가 갈수록 잔인해지는 추세에서, 죄 없는 동물을 희생하여 천상에 나기를 기원하기보다는 인간이 자신을 정화하는 것이 훨씬 더 중요하다는 관념이 널리 퍼져 나갔다. 그러한 배경 위에서 스스로 고행하는 것을 강조했던 이들이 슈라마나였다. 그들의 실천 방법론은 다양한 관점에서 변천하였고, 그 과정에서 자이나교와 불교의 양립 구도로 나뉘게 되었다.

자이나교에서는 고행을 첫째로 꼽았던 반면에 불교에서는 고행은 육신만을 괴롭힐 뿐, 아무런 이득이 없다고 하였다. 탐욕, 분노, 어리석음, 즉 3독(毒)이라는 내면의 불은 오로지 마음의 수련을 통해서 정화시킬 수 있다는 것이 붓다의 교설이었다. 그러나 자이나교에서도 윤회를 초래하는 주요 원인으로서 네 가지의 오염된 감정, 즉 분노, 교만, 기만(欺瞞), 탐욕 등을 꼽고 있다. 이러한 감정은 업 물질을 영혼과 부착시키는 결과를 낳으며 업 물질을 떨쳐 내는 길은 고행을 하는 것이 최선책이라고 보았다. 따라서 이 장에서는 자이나교와 불교 사이에 벌어졌던 논쟁 중에서 고행과 그 목적에 초점을 두고 논의해 보고자 한다.

고행을 포기한 붓다

가우타마 붓다의 수행 이력은 널리 알려져 있듯이, 스물아홉 살에 출가하여 6년 동안 갖가지 고행을 다했다고 전한다. 하지만 극한적인 고행 끝에 무용(無用)하다는 것을 터득하고 포기를 결심한 그는 수자타의 우유죽 공양을 받아먹고 보리수 아래 앉아서 고요히 명상한 끝에 최상의 지혜를 얻었다고 전한다. 그의 나이 서른다섯 살 때였다.

그 후로 붓다, 즉 깨달아 해탈한 이로서 전법을 펼쳤던 그의 중요한 교설은 양 극단을 피하라는 것이었다.

"쾌락도 고행도 결코 깨달음을 주지는 못한다. 중도(中道)의 수행을 하라."

붓다는 거듭 되풀이하여 이렇게 강조했다.

과연 붓다가 부정했던 대로 고행은 깨달음을 얻는 데 아무런 도움을 주지 못하는가? 그렇다면, 오로지 고행만이 해탈로 이르는 지름길이라고 역설하는 마하비라의 교설, 즉 자이나교의 가르침은 붓다의 말처럼 허망하고 그릇된 외도의 설일 뿐인가?

흔히 자이나교를 지칭할 때, 극단적인 고행을 일삼는다는 수식으로 많이 묘사되곤 한다. 특히 그들의 고행이 어리석은 일에 불과하다고 비난했던 붓다를 비롯한 불교도들은 나행(裸行)의 자이나 수행자들을 '무참'(無慙) 외도라거나 벌거숭이 무리라고 부르기를 주저치 않았다. 그런데 불교에서 폄하해서 말하듯이, 부끄러움도 없이 벌거벗고 다니는 고행자들을 자이나 교단에서는 비할 데 없이 위대한 스승들이라 칭송한다.

무슨 이유로 이와 같이 극단적인 견해의 차이를 보이는 것인가? 더구나 현대의 일부 학자들은 붓다가 포기했다는 고행은 말 그대로 최상의 극단적인 고행일 뿐이고, 출가자에게 요구했던 그의 지침들은 또 다른 고행일 뿐이라고 한다. 출가 수행 자체가 재가자로서는 도저히 따라하기 힘든 고행의 길이기 때문이다.

예컨대 '4의(依)'라고 말해지는 초기 불교의 수행 원칙은 다음과 같다.

첫째, 분소의(糞掃衣)를 입는다. 이는 의생활의 기본 원칙을 정한 것으로서 옷은 남들이 버린 천 조각을 모아서 만든 옷만을 입어야 한다는 것이다.

둘째, 항상 밥을 빌어먹는다. 이는 탁발 걸식을 식생활의 기본으로 한다는 것이다.

셋째, 나무 아래서 정좌(靜坐)한다. 이는 주생활로서 지붕이 없는 노천의 나무 아래서 지낸다는 것이다.

넷째, 부란약(腐爛藥)을 쓴다. 이는 갖가지 약을 쓰지 않도록 제한하고 최소한의 약만을 쓰도록 하는 규정이다.

이상의 원칙들은 평범한 재가자의 생활과 비견해 볼 때, 말 그대로 극심한 고행이다. 그런데도 우리는 가우타마 붓다가 고행이 쓸모없다고 강조하였고, 중도(中道)의 수행을 불교의 핵으로 삼았다고 알고 있다. 따라서 가우타마 붓다가 부정하고 비난했던 고행의 수위와 그러한 비판의 진의는 어디에 있었는지를, 자이나교와의 대론을 중심으로 알아보자.

거룩한 고행과 무용한 고행

가우타마 붓다가 출가할 당시 인도 사회는 브라만교의 폐해에 대한 일반 민심의 반발과 슈라마나로 일컬어지는 일단의 사상가들의 세력이 증대하는 변혁기를 맞이하고 있었다.

'노력하다, 고행하다'라는 뜻의 동사 '슈람'(śram)에서 비롯된 슈라마나는 광의로는 수행자를 가리키는 말로서 선한 일을 실천하여 악한 일을 제어하고자 노력하는 사람을 뜻한다. 일반적으로는 출가하여 수행에만 전념하는 이를 말하며, 불교 교단에서도 출가자를 가리키는 말로 널리 쓰였다. 가우타마 붓다 스스로도 슈라마나라는 말로서 자칭하였고, '슈라마나 가우타마' 즉 '사문 구담(瞿曇)'이라고 경전에서 소개되고 있다. 그의 제자들이 붓다를 가리켜서 '대사문'(mahāśramaṇa)이라고 존칭하여 부른 예도 있지만, 의미상으로는 크게 다를 바 없다.

슈라마나에 대한 일반적인 묘사나 호칭에도 그들의 생활 양식이 그대로 배어나 있기 때문에 그들이 일상 생활을 어떻게 영위했는지 짐작할 수 있다. 예를 들면 슈라마나는 탁발로 생활하며, 한 곳에 머물러 살지 않고 여기저기 쉼 없이 떠돌아다니고, 혼자서 지내거나 스승이나 제자들과 함께 집단을 이루어 지내기도 하며, 털투성이의 몸을 드러내 놓고 다니며, 손톱을 길게 기르거나, 옷 한 벌 또는 국부 가리개만으로 지탱한다.

사람들은 그들을 자틸라(jaṭila: 헝클어진 머리), 니간타(nigaṇṭha: 지나의 추종자), 아첼라카(acelaka: 나체 수행자), 에카사타카(ekasāṭaka: 한 벌의 옷만 입은 자), 파릿바자카(paribbājaka: 탁발 수도자) 등으로 불렀는데,[1] 이러한 이름들 중에서 니간타를 제외하고는 대체로 그들의 외양에 따라 지어진 것으로 보인다. 요컨대 슈라마나는 그들의 외모만으로도 기존의 수행자 또는 브라만교의 수행자들과는 확연히

1) Narain(2000), p. 73, 참조.

구분되었다는 것을 알 수 있다.

히라카와 아키라(平川 彰)는 불교 경전에서의 슈라마나란, 일반 사상계의 출가 수행자를 의미하며 브라마나(brāhmaṇa, 婆羅門)는 포함하지 않는다고 하면서, “사문은, 중인도에 아리야 인이 진출해서 구래(舊來)의 바라문 종교와 다른 새로운 종교를 설하는 종교자가 나왔기 때문에 이 신흥 종교자에게 부여된 명칭이었다.”[2]라고 말한다. 하지만 엄밀하게 말하자면, 기원전 6, 5세기경의 신흥 종교가들을 지칭하는 ‘새로운 단어’가 사문, 즉 슈라마나였던 것은 아니다. 슈라마나의 전통은 훨씬 더 오래전으로 거슬러 올라간다.

슈라마나란, 고행 수행의 원류에 서 있는 단어이다. 슈라마나는 아리안족 또는 브라만교적 전통과는 무관하게 인도 대륙에서 고래로부터 이어져 오던 고행 전통을 따르는 수행자를 지칭하는 말이었다.

자이나교에 따르면, 제23대 조사인 파르슈와가 이끄는 교단이 대표적인 슈라마나 교단으로서 정립되어 있었으며, 제24대 마하비라대에 이르러서 마하비라를 추종하는 ‘지나(jina) 교단’과 가우타마를 추종하는 ‘붓다 교단’으로 나뉘게 되었다.

일설에서는, 두 종교 모두 5계(戒)를 내세우는데, 그 중 공통적인 4계는 파르슈와 교단이 따르던 계였다고 한다. 여기에 마하비라 대에 이르러 ‘불소유’를 더하고, 붓다 대에 이르러 불소유 대신에 ‘불음주’를 더하게 된 것이라고 주장한다. 불교 경전에서 자이나 교도들을 ‘네 가지 금계를 준수하는 사람들’(cātuyāma-susaṃvuto)이라 부르고

---

2) 平川 彰(2002), p. 196.

있는 것도 파르슈와 교단의 4금계를 따르는 이라는 뜻이기도 하다.

그리고 마하비라의 부모는 파르슈와의 추종자로서 교단의 가르침을 따라서 단식사(斷食死)로 생을 마감했다고 전하는데, 이러한 단식사는 최상의 수행법 중 하나로서 현재까지도 자이나 교단 내에서 실행되고 있는 살레카나(sallekhanā)[3]를 가리킨다.

또한 파르슈와는 역사적으로 기원전 872~772년에 생존했던 인물로 알려져 있으므로, 최소한 슈라마나의 전통은 기원전 9세기경까지 거슬러 올라간다. 그런데 자이나교 전통에 따르면, 제1대 조사인 리샤바(Ṛṣabha)부터 불살생(不殺生, ahiṃsā)의 교의를 지키기 위해서 고행을 했다고 한다. 불살생의 원칙을 지키기 위한 독특한 자이나교의 행법들은 이루 헤아릴 수 없을 정도이지만, 그 대부분은 불교도들이 지나치게 극단적인 고행이라고 비난했던 것들이다.

그 대표적인 예가 입 안으로 미세한 벌레들이 들어가서 생명을 잃을까 봐 항상 천으로 입 가리개(muh-patti)를 하고 다닌다든지, 걷거나 앉을 때에도 행여나 생물체를 죽일까 봐서 털채로 쓸고 다니거나 깨끗이 쓸어 낸 다음에 자리에 앉는 것 등이다. 이렇게 불살생의 교의를 지키기 위한 구체적인 행법이 정립된 것은 마하비라 때였다고 한다.

3) 살레카나란 음식을 점차적으로 끊어 가면서 죽음에 이르는 의식의 일종으로서, 일반적인 자살과 동격으로 취급될 수 없는 제의적(祭儀的)인 죽음이라 할 수 있다. 전적으로 자발적인 선택에 의해 평온하게 이루어지는 살레카나는 삼매사(三昧死, samādhi-maraṇa)라고 한다.

그림 27 ▌ 제1대 티르탕카라, 리샤바 부조, 인도 바다미 석굴

마하비라의 고행은 기존의 슈라마나적 전통에 따른 것이기는 했지만 주로 불살생과 불소유를 실천하기 위한 것이었다. 욕망에 이끌려

사는 삶은 쾌락이기보다는 고통이라는 것을, 그리고 그 고통, 정확히 말하자면 욕망의 결과로써 받게 되는 고통이, 차라리 옷을 벌거벗고 다니는 것보다 더한 고통이라는 것을 철저히 인식한 결과로 시작한 고행이었다.

수행자들, 그들이 고행의 길을 선택하는 동기는 결코 염세적인 이유 때문이 아니다. 그들이 감행하는 위대한 포기의 동기는 세간에서 영위하는 삶의 무의미성을 자각했기 때문이다. 세상에서의 실패나 절망 때문이 아니라 새로운 모색으로서 삶의 방향을 전환하여 출가의 길을 선택하는 것이다. 그러므로 출가 후의 어떤 고행도 이미 고통은 아니다. 재가자의 삶도 고통으로 가득하다는 것을 알고 난 뒤의 고행이기 때문이다. 따라서 그들의 출가는 염세가 아니라 세상에 대한 멸시이자, 경시에 가깝다. 염세는 소극적이지만, 출가와 고행은 매우 적극적인 실천 의지와 행동을 필요로 한다.

물론 마하비라에 대한 첫째가는 비난의 대상인 나행에 대해서 말하자면, 그가 처음부터 옷을 벗고 수행했던 것은 아니었다. 붓다가 그랬듯이, 마하비라도 기존의 수행자들이 행하던 갖가지 고행을 다 해 보는 과정을 겪었다. 그리고 어느 날 문득 옷조차 거추장스러운 소유물이라는 결론을 내린다. 옷 한 조각조차도 업 물질을 더할 뿐이라는 자각 아래 걸치고 있던 단 한 조각의 천 조각마저도 떨쳐 버리기로 결심한 마하비라는 벌거벗은 알몸으로 곧게 선 채로 아무런 미동도 없이 꼼짝도 하지 않았다. 그리고 나서 곧바로 마하비라는 완전지(完全知)를 얻었고 해탈에 이르렀다.

그 후로 마하비라가 해탈을 성취할 때 취했던 자세는 카욧사르가(kāyotsarga)라고 하여 자이나교의 성상(聖像)을 표현하는 기본 자세가 되었다.[4] 카욧사르가 자세는 자이나교의 고행을 상징하는 표상이 되었고, 그 자세만으로도 고행자로서 최상의 경지에 도달한 이를 가리키며, 그러한 이상을 위해서 취하는 고행 방법으로 자리 잡았다. 자이나 교도와 수행자는 카욧사르가 자세를 취한 채로 명상을 하여 업 물질을 제거하는 단계를 차츰차츰 올라간다.

그러나 붓다는 고통을 감수하여 업을 없앤다는 것은 망상이라고 비난한다. 특히 앉지 않고 선 채로 지낸다고 하여, 결코 선업을 쌓게 되는 것은 아니라고 하면서 그러한 고통 자체를 끊고 그만두는 것 자체가 악업을 멸하고 선업을 쌓게 되는 계기가 되리라고 한다. 붓다는 경전 곳곳에서 말하고 있다. 이미 과거에 지은 악업 때문에 현재의 고통을 당하는 자들이 바로 자이나교 고행자들이라고.

불교의 입장에서는 도저히 수용할 수 없었지만, 자이나교 수행자들의 고행은 수천 년 동안 너무나 성스럽고 거룩한 표징으로서 추앙을 받아 왔던 것도 사실이다. 이러한 고행에 대해서 불교 경전에서는 어떻게 비난하고 있는지 살펴보기로 하자.

---

4) 카욧사르가의 지나 상, 즉 나체의 입상(立像)은 완벽한 자기 제어와 완전한 포기, 불소유와 고행 등 자이나교의 이상을 상징하는 대표적인 상이다. 특히 카욧사르가 자세는 영혼이 육신, 즉 업 물질과 완전히 분리된 상태를 의미하며, 이러한 자세의 지나는 아무런 감각도 느끼지 못한다.

불경 속의 대론

불교 경전에는 자이나 교도들이 유독 많이 등장하여 붓다 또는 불교도의 대론자로서 논전을 펼치고 있다. 그뿐만 아니라 대표적인 율장의 하나인 『마하승기율』(摩訶僧祇律)에서도 니건자(尼揵子)가 등장하는데 그 정황이 매우 독특하다.[5)]

부처님이 왕사성에 머물 때였다. 아사세왕이 마니(Ⓢ maṇi), 즉 보석을 얻어서 친척이었던 리차(離車, Ⓢ licchavī)족에게 주었다. 리차족 사람들은 그것으로 보배 발우를 만들고 갖가지 보물을 가득 담아서 세존께 바쳤다.

부처님께서 리차들에게 말씀하셨다.

"이 마니 발우는 받을 수 없으며, 이 속에 있는 작은 보물들과 보배 그릇도 또한 받을 수 없다. 청정한 것은 당연히 받지만, 청정하지 않은 것은 받을 수 없다."

리차들이 보배 발우를 가지고 돌아가서 다시 의논하였다. 누군가 니건자에게 주자고 하자 또 누군가 말하였다.

"그는 술 마시고 남은 찌꺼기나 먹는 나귀이니, 이 보배 그릇과 작은 보물들은 줄 수 없다. 마땅히 끈으로 주머니를 얽어서 빈 발우를 담아서 주어야 한다."

그들 중에서 니건자를 존경하는 이가 먼저 가서 이러한 사정을 말해 주고서 빈 발우는 받지 말라고 하였다. 리차가 발우를 들고 오자

5) 이영무(1995), pp. 333~335, 참조 요약.

니건자가 말하였다.

“이것은 빈 발우이니 받을 수 없다. 그리고 먼저 구담 사문에게 준 뒤에 나에게 주었으니 마땅히 받을 수 없다. 내가 이제 받는 것은 오직 한 가지 경우뿐이다. 만일 나이 젊은 리차들의 혀[舌]를 끊어서 소금을 발라 기름에 튀겨 발우 가득히 담아 가지고 오면 내가 마땅히 받겠다.”

그리하여 보내 주면 받지 않고 돌려주기를 세 번이나 되풀이 하였다. 그러자 리차들이 말하였다.

“이는 기이한 일이다. 우리가 후의로 그에게 주는데 그가 도리어 원독(怨毒)을 내는구나.”

그들은 즉시 사람을 보내어 니건자를 몽둥이로 쳐서 죽였다.

여러 비구들이 이 인연을 세존께 갖추어 아뢰었다.

“어찌하여 니건자가 혀를 잘못 놀려 몸을 해쳤습니까?”

부처님께서 말씀하시길, “단지 오늘에만 혀를 잘못 놀리다가 몸을 망친 것이 아니다.”라고 하였다.

위와 같이 발우 하나로 인해서 목숨을 잃고 마는 니건자의 사례는 붓다가 청정한 발우란 무엇인지 예를 들어 설명할 때 나오는 이야기이다. 하지만 이 내용은 니건자의 입장에서 볼 때는 도저히 용납할 수 없을 만큼 왜곡되었다고 본다. 왜냐하면 기본적인 불살생의 교의를 지키기 위해서 극한적인 자제심으로 기괴하리만큼 세심하게 모든 주의를 다하여 생활할 것을 권장하는 니건자 또는 자이나교의 교의와는 천양지차를 보여 주고 있기 때문이다.[6] 하지만 이러한 예는 극단적인 경우이고 대체로

6) 붓다 시대의 니건자는 불소유 원칙을 지키고자 발우도 소지하지 않았고, 음식을

니건자가 등장하는 경전상의 대론은 교리적 대립을 주제로 하고 있다. 다만, 붓다가 깨달은 후에 제일성(第一聲)으로 강변했던 내용이 고행의 무용성(無用性)이었듯이, 경전 속의 대론도 그와 관련된 내용이 많다.

그 중 대표적인 것으로서 「우팔리 경」을 들어 보자. 이 경에는 업론을 중심으로 하여 고행에 대한 논박뿐 아니라 자이나교와 불교의 상호 교섭 관계와 그 항력(抗力)까지도 짐작하게 해 주는 내용이 들어 있는 것으로도 유명하다. 아래의 경문은 그 대강을 간추려 요약한 것이다.[7)]

세존이 날란다에 있는 팝팔리카 망고 숲에 머물고 계셨다. 그때 자이나교의 지도자인 나타풋타가 많은 신자들과 함께 날란다에 머물고 있었다. 그런데 자이나 교단의 한 사람으로서 오랫동안 고행을 했던 수행자가 날란다에서 탁발하다가 망고 숲에 있는 세존이 계신 곳으로 가게 되었다. 세존과 인사를 나누고 나서 한쪽으로 물러서자, 세존이 자리를 권하였다. 세존이 고행자에게 물었다.

"고행자여, 자이나 교단의 지도자인 나타풋타는 몇 가지 행위에 의해서 악한 업이 이루어지고 악한 업이 진행된다고 가르치고 있는가?"

"고타마여, 나타풋타는 세 가지 업, 즉 몸, 입, 뜻의 업을 가르치고 있습니다."

"고행자여, 그 세 가지 업은 각각 별개의 것인가?"

"그것은 각기 별개의 것입니다."

"그렇다면 나타풋타는 그 중에서 어느 것이 가장 무겁다고 가르치

먹을 때 손만을 사용했기 때문에 그들을 가리켜서 '손 발우'를 쓴다고 하였다. 손 발우의 전통은 현재까지 이어져 오고 있다. 진정한 니건자 또는 자이나교 수행자라면 발우는 전혀 필요치 않았을 것이다. 설령 보배 발우일지라도.

7) 돈연(1994), pp. 39~63, 참조 요약.

는가?"

"몸의 죄가 가장 무겁다고 가르치고 있습니다. 입이나 뜻의 업은 그만큼 무겁지 않습니다."

"고행자여, 나는 뜻의 업이 가장 무겁다고 가르친다. 악한 행위를 하는 데 있어서 뜻의 업이 가장 무겁고 비난받을 만한 것이다."

고행자가 이 말을 세존에게 세 번이나 되풀이하여 확인한 뒤, 나타풋타가 머물고 있는 곳으로 갔다. 그 고행자가 나타풋타에게 세존과 나누었던 대화를 그대로 전하자, 나타풋타가 대답했다.

"잘 말하였다. 대단치 않은 뜻의 업이 어찌 몸의 업을 능가할 수 있단 말인가? 악한 행위에 있어서 몸의 업이 가장 무거운 것이다."

이 말을 듣고 있던 재가 신자 우팔리가 말하였다.

"이에 대해 사문 고타마를 논파하러 가겠습니다. 존귀하신 스승이시여! 저는 그 곳으로 가서 이 논제에 대해 사문 고타마를 논파해 버리겠습니다."

우팔리는 세존에게 가서 절을 하고 말하였다.

"세존이시여, 자이나 교도인 고행자가 이곳에 왔었습니까?"

그렇다고 하면서 고행자와 나누었던 이야기를 다시 들려주고 물었다.

"우팔리여, 지금 어떤 자이나 교도가 움직이면서 수많은 작은 생물들의 목숨을 빼앗았다고 하자. 그에 대해 나타풋타는 어떻게 말하는가?"

"나타풋타는 의식하지 못한 채 저질러진 일은 큰 죄악이 아니라고 합니다."

"만약 의식했다면?"

"커다란 죄악이 됩니다."

"우팔리여, 그 의식은 무엇에 의거한 것인가?"

"뜻의 업에 의한 것입니다."

결국 ……, 우팔리는 세존께 승복하고 만다.

"세존이시여, 저는 제일 첫 비유만으로도 이미 흡족하였습니다. 지금까지 계속 맞서서 논쟁한 까닭은 오직 세존으로부터 갖가지 질문과 답을 듣고 싶었기 때문입니다. 이제 저는 세존께 귀의합니다. 그 가르침과 비구 승단에게 귀의합니다. 세존께서는 부디 저를 오늘부터 목숨 있는 날까지 우바새로 거두어 주소서."

집으로 돌아온 우팔리는 문지기에게 말하였다.

"오늘부터 나는 자이나 교도의 남녀에게는 문을 열어 주지 않을 것이다. 그러나 세존의 비구, 비구니, 우바새, 우바이들에게만 문을 열어 줄 것이다. 만약 자이나 교도가 온다면 이렇게 말해야 한다. '멈추시오. 주인이신 우팔리는 이제 사문 고타마의 제자가 되셨소. 자이나 교도의 남녀에 대해서는 문을 열지 못하게 하셨소. 만약 당신이 먹을 것을 구하러 오셨다면 그 곳에서 기다리도록 하시오. 그러면 먹을 것을 가져다주겠소.' 이렇게 말해야 한다."

우팔리가 사문 고타마의 제자가 되었다는 말을 들은 그 고행자는 나타풋타에게 달려갔다.

"존귀하신 이여, 우팔리가 정말로 사문 고타마의 제자가 되었다고 들었습니다."

"고행자여, 그럴 리가 없다. 당치도 않다. 오히려 사문 고타마가 우팔리의 제자가 되었다면 모르지만 ……."

결국 이를 믿지 못하는 나타풋타에게 고행자는 직접 확인하고 오겠노라고 한다. 우팔리 집으로 갔을 때, 고행자는 문지기로부터 우팔리가 지시했던 대로의 말을 듣는다.

"아니, 나는 먹을 것이 필요해서 온 것이 아니다."

그렇게 대답하고 황급히 되돌아와서 나타풋타에게 그대로 전하자

도저히 믿지 못하며 말했다.

"내가 가서 직접 확인해 보리라."

그리하여 나타풋타는 무리를 이끌고 우팔리의 집으로 갔다. 문지기는 똑같은 말을 하면서 제지했다. 나타풋타가 말했다.

"주인에게 가서 이렇게 전하라. '자이나 교단의 지도자인 나타풋타가 교도들과 함께 문 밖에 서 있는데, 주인님을 만나고 싶어합니다.' 라고 말이다."

문지기의 전언을 들은 우팔리는 말하였다.

"응접실에 자리를 마련하라."

나타풋타가 무리들과 함께 응접실로 가자, 예전에 나타풋타를 앉혔던 가장 높은 좌석에 자신이 앉아서 자리를 권하였다. 이를 본 나타풋타가 말하였다.

"우팔리여, 제정신인가? 사문 고타마를 논파하고 오겠다고 하더니 제정신을 잃고 돌아온 것이 아닌가? 마치 고환을 뽑으러 갔던 사람이 도리어 고환이 뽑혀서 돌아온 것처럼, 또 눈알을 도려내러 갔던 사람이 눈알이 뽑혀져 돌아온 것처럼, 그대는 사람을 유혹하는 사문 고타마의 주술에 걸린 것이 아닌가?"

"존귀하신 이여, 사람을 유혹하는 마술은 참으로 훌륭한 것입니다.

존귀하신 이여, 어리석은 자이나 교도의 말은 어리석은 사람들을 물들일 수 있을지는 모르지만 현명한 사람들까지 물들일 수 없습니다. 또한 단련시킬 수도 없습니다. 하지만 완전한 깨달음에 도달한 존귀한 분이신 세존의 말씀은 현명한 사람을 물들일 수 있습니다. 또한 단련시킬 수도 있고 가르칠 수도 있습니다. 그러나 어리석은 사람들을 물들일 수는 없습니다."

"우팔리여, 이제 그대는 누구의 제자라고 인정해야 하는가?"

우팔리는 자리에서 일어나 세존이 계신 곳을 향해 합장하면서 말했다.

"확고하고 미혹됨이 없는 분, 마음의 걸림을 부수고 승리를 쟁취하시며 마음이 어지럽지 않고 평정하며 그 성품은 존경을 받으시고, 으뜸가는 지혜를 갖추시고 모든 중생 가운데 존재하시어도 더러움에 물들지 않는 분이신 세존, 제가 바로 그 세존의 제자입니다. ……"

"우팔리여, 말해 보아라. 도대체 어디서 그렇게 많은 사문 고타마의 찬미를 긁어모았느냐?"

"존귀하신 이여, 찬미를 받기에 더없이 어울리는 사람을 도대체 어느 누가 찬미하지 않을 수 있겠습니까?"

그러자 나타풋타는 우팔리의 세존 숭배에 더 이상 견디지 못하고, 그 자리에서 시뻘건 피를 토해 내고 말았다.

이상의 인용 경문에서 보듯이, 논쟁의 정황은 매우 실감나게 전개되고 있다. 이것만으로는 불교, 즉 붓다 쪽에서 자이나교, 즉 마하비라를 간단히 제압한 것으로 보인다. 그런데 우팔리의 회심이라 할 수 있는 불교로의 전향 동기는 너무나 간단한 말 몇 마디로 이루어지고 있다. 그 이유는 붓다야말로 완전한 깨달음을 성취했기 때문이며 마하비라를 포함한 자이나교는 어리석기 때문이라고 한다.

여기서 의문시되는 몇 가지를 언급해 보자.

첫째로, 몸으로 짓는 업, 즉 신업(身業)을 중시하는 자이나교와 그보다는 의업(意業)이 중요하다고 보는 불교의 입장으로 이분해 놓고 논박을 펼치고 있는데, 자이나교의 업론은 그러한 관점에서 전개되는 것은 아니다. 더구나 의식하지 않고 살생을 저지른 경우와 의식한 채로 살생을 저지른 경우를 예로 든 다음에, 의식하고서 살생한 경우, 즉 의업을 지었을 때 커다란 죄악을 낳는다는 답을 유도하고 나서 의업의 중요성을 강조하는 논법을 펼치고 있다.

그러나 자이나교에서 신(身)·구(口)·의(意), 3업을 논의할지라도 3업 중에서 어느 한 가지를 더 무겁게 보고 있는 것은 아니며, 특히 고행의 근거가 신업이 중요시되는 데 있다는 등의 논지를 위한 것은 결코 아니다. 이러한 논의를 위해서는 자이나교의 업론을 먼저 바르게 이해할 필요가 있다.

자이나교에서는 업이란 물질성을 지니고 영혼과 결합한 결과로서 현생의 존재 상태가 결정된다고 본다. 따라서 수행의 목적은 물질적인 업을 순수한 영혼과 분리시키는 데 있으며, 자이나교 수행자들은 고행을 통해서 각자의 업을 줄일 수 있다는 대전제에 대한 믿음을 실천할 따름이다.

둘째로, 불교와 자이나교 간의 대론을 접할 때마다 드는 의문점으로서 붓다와 마하비라가 직접적으로 대면하여 논박을 펼친 예가 거의 없다는 것이다. 「우팔리 경」에서와 같이, 두 사람이 동일한 도시의 권역에 머물러 있었다는 것을 언급하면서도 서로 대면하여 논쟁하거나 직접 부딪혔다는 사실은 거의 찾아보기 힘들다. 만약 양자의 대론이 펼쳐졌다 할지라도 양 경전에서 전하는 내용은 상호 일방적일 수밖에 없었으리라. 논파 당한 쪽에서 스스로 그것을 자인하여, 기록으로 남길 일은 없을 테니까. 그러므로 논쟁에서의 핵심은 상호간에 먼저 상대방의 주장이 무엇인지 그 교의를 올바르게 이해하는 데 있다고 본다.

고행에 대한 논쟁과 논힐

자이나교에서, 완벽하게 감관을 제어할 수 있는 자는 지나, 즉 승리자가 된다. 고행은 오로지 감관을 제어하기 위한 수단일 따름이며, 감관을 제어해야 하는 까닭은 업 물질이 유입되는 통로가 되기 때문이다. 따라서 고행을 실천하는 것은 신업을 짓거나 닦는 것이 아니다. 오로지 업 물질이라는 해탈의 장해 요소를 제거하기 위함이다. 굳이 불살생을 범해서는 안 되는 이유도 살생으로써 업 물질이 늘어나기 때문이다.

마하비라의 통찰에 따르면, 업 물질을 없애는 유일한 방도가 바로 고행이라 한다. 따라서 고행은 어디까지나 수단적 차원에서 행해지는 것이다. 이러한 관점은 불교의 수행 목적이 지혜를 얻어서 해탈에 이르는 것이라는 점과 사뭇 다르다.

지혜를 얻기 위해서 닦아야 할 것은 마음 또는 의식이지 몸을 고통스럽게 하는 것이 아니라는 붓다의 통찰은 몸과 마음을 이분해서 보는 견지 위에 서 있다고 할 수 있다. 몸의 고통은 몸의 고통일 뿐 마음의 지혜와 무관하다는 것이다.

이와 같은 차이를 전제로 한 불교와 자이나교 사이의 대론을 전하는 불교 경전의 내용은 논쟁의 차원을 넘어서서, 논힐(論詰)에 가깝고, 공정성이 결여된 경우도 허다하다.

'몸을 불로써 지지는 고행을 하거나, 강가 강물을 떠다가 숭배하는 것 등의 그릇된 수행법을 따르는 외도의 법은 모두 질그릇과 같고, 여래의 법은 보배 그릇과 같다.'라는 식의 불경 구절들은 자파의 교설만을 옳다고 주장하는 지나친 편견이라는 비난을 면하기 어려울 것이다. 그리고 붓다 당시에 행해졌던 갖가지 고행들 중에서 자이나교에서 채용했던 나체 수행은 그 중 매우 소극적인 행법이라 할 수 있다. 더구나 나체 수행의 본의는 옷을 벗고 추위와 더위를 감내한다는 고통 감수의 측면보다는 옷 한 조각에도 집착하지 않고 완벽한 불소유를 실천한다는 데 있었다. 상대의 교설을 완전히 이해하고 수용하기란 불가능할지라도 겉모습만 보고서 비난하는 것은 분명히 논쟁이 아니라 논힐이다.

일찍이 붓다가 갈파하였듯이, 옷을 벗었다는 것만으로는 아라한이 아니며, 고행 또한 진실한 행이라 할 수 없을지도 모른다. 하지만 유구하고 거대한 인도 철학사의 흐름 속에서 마음을 잘 거두면 천상에 나거나 해탈을 얻는다는 붓다의 주장도, 나체 수행을 통해서 해탈을 얻는다는 마하비라의 주장도 하나의 견해일 따름이다. 따라서 서로 간에 논쟁은 가능하되, 논힐을 해서는 안 될 것이다. 논쟁의 끝에서 도출된 합의는 새로운 길로 이끌어 주겠지만, 논힐은 영원한 평행선을 그을 뿐이며 서로에게 이익이 되는 것이 전혀 없기 때문이다. 더구나 자파의 교설을 위해서 상대의 주장을 왜곡해서 전달하는 것은 궁극적으로 볼 때 쇠멸을 자초할 따름이다. 상호 대론 속에서 각기 성장의 길을 밟아 온 인도 철학의 유구한 역사에서 논쟁 끝에 살해당하거나, 몰매를 맞고 목숨을 잃는 경우 또한 허다했다는 것을 잊지 말아야 한다. 그리고 그러한 논쟁사에서 불교와 자이나교도 예외가 아니었다는 것을.

제9장 불교와 자이나교의 불살생론 비교

불교와 외도, 자이나교

언젠가 무심코 채널을 돌리다가 보게 된 불교 텔레비전에서는 법회 장면을 녹화 방영하고 있었다. 그런데 그 법사는 한참 동안을 강한 어조로 "이교도"[異學, 外道]를 비판하고 있었다. 앞뒤 없이 시청하게 되어 저간의 사정을 정확히 알 수는 없지만 그 설법의 분명한 요지는 "불교만이 최상의 진리"라는 것이었다. 가우타마 붓다(Gautama Buddha)의 당대에도 그러하였고 지금도 그러하다는 것이었고, 외도 역시 붓다 당대에도 그랬듯이 현 시점에서도 그릇되고 사악한 길이니 결코 빠져들어서는 안 된다고 강변하고 있었다.

그 설법을 듣고 나서 필자는 텔레비전의 화면 속에 간간이 비춰지던 청중들의 내심이 자못 궁금하지 않을 수 없었다.

'불교만이 진리의 길이요, 이교도는 삿된 길이라 …….'

그러한 이분법적인 자로 필자의 글을 재단하여 말하자면, 붓다의 당대부터 불교 교단 내에서 가장 대표적인 외도로 여겨졌던 자이나교의 불살생론을 불교의 그것과 비교하는 것이 이 장의 주제가 될 것이다.

불교의 입장에서는 삿된 외도, 즉 자이나교의 불살생론은 거론할 여지도 없이 그릇된 것이라고 치부되어야 마땅할지도 모른다. 그러나 불살생 원리의 기원 문제라든지 그 철학적인 배경에서도 불교와 자이나교는 적지 않은 교집합 부분을 갖고 있다. 그런 점을 고려할 때 양자의 비교를 통해서 자이나교의 사상뿐 아니라 불교의 불살생계에 대한 이해를 조금 더 심화시킬 수 있을 것이라고 생각한다.

불살생 원리의 기원

불살생 원리는 고래로부터 인도 사회를 지배하는 대표적인 윤리 원칙이며 어느 특정 종교만의 규율이 아니다. 특히 채식주의로 대변되는 현대 인도인의 식생활 문화에 이르기까지 정치 사회의 전 영역에 걸쳐서 광범위하게 영향을 미친 중요한 실천 규범이다.

그런데 지금까지 불교 교단에서는 불살생이라는 계가 불교에서 최초로 정립시킨 원칙이며, 아쇼카 왕의 불법 선양과 더불어서 인도 전역에 그 영향을 미치게 되었다고 설명하는 것이 일반적이었다. 그리고 이러한 견해는 가우타마 붓다로부터 시작된 불교의 역사가 자이나교의 역사보다 선행한다고 보는 입장과 그 궤를 같이하기도 한다. 그러나 이러한 견해를 정설로서 인정하기에는 적지 않은 의문이 따른다.

먼저 붓다의 교설이 상당 부분에서 독창적인 것은 부인할 수 없지만, 수행 방법이나 교단의 운영 측면, 특히 교단의 규범을 위한 계율들은 불교만의 것, 또는 불교에서 최초로 정립한 것이었다기보다는 기존의 슈라마나 전통 내지 자이나 교단에서 먼저 행해지고 있었다는 사실을 간과해서는 안 될 것이다.

붓다의 정각을 시점으로 하여 형성된 불교 교단은 고대로부터 전통을 이루고 전승되어 오던 슈라마나 교단의 일파였다고도 말할 수 있다. 그리고 불살생 원리는 슈라마나 교단의 기본적인 규범이었던 것이다. 다만 불살생 원리의 기원을 언제로 볼 것인가에 대해서는 다음과 같이 여러 학설로 나뉘고 있다.

표 7 ❙ 불살생 원리의 기원

- 브라마나 기원설
  - 베다 기원설
  - 우파니샤드 기원설
- 슈라마나 기원설
  - 자이나교 기원설
    - 리샤바 기원설
    - 아리슈타네미 기원설
    - 파르슈와 기원설
    - 마하비라 기원설
  - 불교 기원설

이처럼 다양한 학설들이 있지만, 불살생 원리가 브라나마 전통과 슈라마나 전통 중 어느 쪽에서 기원했다고 볼 것인가, 또는 자이나교와 불교 중 어느 쪽이 먼저일 것인가, 그러한 두 논점으로 요약할 수 있다.

먼저 브라마나 전통에서 불살생 원리가 기원했다고 보는 입장은 자이나교와 불교를 포함하여 인도의 모든 전통의 시발점이 베다에 있다고 보는 데 그 뿌리를 두고 있다. 그러한 견해는 현대에 이르러서 더욱 세력을 확장하고 있는 힌두 민족주의 또는 힌두 근본주의적 입장과 동일선상에 놓여 있다고 볼 수 있다. 그러나 불살생 원리가 슈라마나 전통에서 기인한 것으로 보는 입장에서는 브라마나 전통에서 중시하던 희생 제의에서 행해졌던 유혈(流血)의 공희(供犧)에 대한 반대로서 불살생주의를 강조했던 것이라고 주장한다. 그리고 슈라마나 교단의 영향을 받아서 브라마나 교단에서도 유혈의 공희가 점차로 무혈(無血)

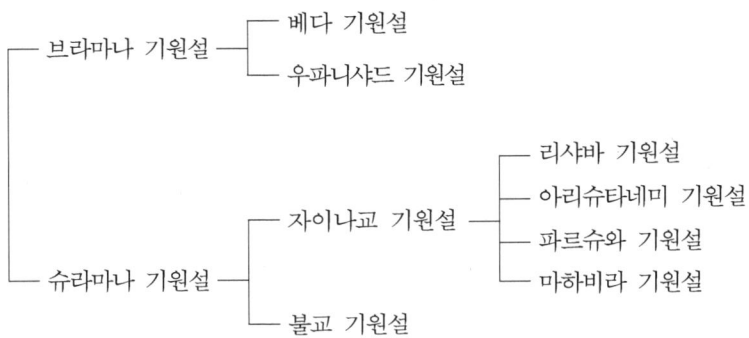

의 공희로 대체되어 갔다고 보고 있다.

슈라마나 전통에서 그 기원을 찾는 입장은 크게 자이나교 기원설과 불교 기원설, 둘로 나뉜다. 이러한 학설상의 대립은 불교의 개조인 붓다의 생존 연대와 자이나교의 제24대 조사인 마하비라의 생존 연대를 어떻게 정할 것인지가 관건이다.

마하비라와 붓다, 두 인물의 생존 연대에 대해서는 학설이 매우 다기(多岐)하기 때문에 단정을 지어 말하기란 쉬운 일이 아니다. 그러나 분명한 것은, 불교 기원설을 주장하는 입장에서 마하비라가 자이나교의 개조이고 그의 연대가 붓다보다 후대라고 간주하고 있지만 그 근거는 매우 희박하다는 사실이다.

가장 단적인 이유로는 초기 불교 경전 속에서 붓다의 생존 중에 이미 마하비라가 열반에 들었다는 전언(傳言)을 거론하고 있다는 것을 들 수 있을 것이다. 그뿐 아니라 자이나교와 불교 문헌의 비교 연구에 따르면 자이나 교단 특히 마하비라가 붓다보다 먼저 활동했던 것을 부인하기란 쉽지 않다. 불교 경전에서는 마하비라를 포함한 6사 외도와 붓다 간에 나이 차이가 상당히 났으며, 붓다가 6사 외도보다 훨씬 젊었다는 사실적 표현이 여러 곳에 나온다. 하지만 반대로 붓다는 기성 교단을 대표하는 6사 외도보다 더 연장자였다거나 더 늙었다는 내용은 찾아보기 힘들다.

그리고 자이나 교단에서는 마하비라가 불살생을 처음으로 주창했다고 보지도 않는다. 그는 명백히 제23대 파르슈와 조사의 교단을 이어받은 제24대 조사이며, 그러한 사실은 자이나교의 어떤 분파에서도 부인하지 않는 명백한 역사로서 인정받고 있다.

리샤바를 제1대 조사로 신봉하고 있는 자이나 교단에서는 불살생 교의를 비롯한 모든 교리의 시초가 리샤바로부터 비롯되었다고 한다. 이러한 입장은 교단 내의 신앙으로서는 의문의 여지가 없을 것이다. 그러나 보다 엄밀한 논거를 요구하는 학문적 논의의 장에서는 문헌적인 근거까지 뒷받침되고 있는 제22대 아리슈타네미 조사로부터 불살생 원리가 시작된 것이라고 보아야 한다는 설도 있다.

아리슈타네미 조사의 일생을 전하고 있는 『후독경』(後讀經)을 비롯한 자이나교의 초기 경전에서는 그의 출가 동기가 살생에 대한 혐오감에서 비롯되었다고 전하고 있기 때문이다. 그런데 불살생 원리가 브라마나 교단의 희생 제의에 대한 슈라마나 교단의 반감에서 비롯되었다고 보는 입장이 가장 일반적인 학설이라고 할 수 있으나, 아리슈타네미 기원설에 따르면 그와 다른 동기도 읽어 낼 수 있다. 즉 아리슈타네미가 자신의 결혼식 때 음식 재료로 쓰일 동물들이 감금되어 있는 것을 보고서 "만약에 날 위해서 수많은 생명들이 살해된다면, 나는 다음 세상에서 행복을 얻을 수 없을 것이다."(『후독경』 22. 19)라고 말한 뒤 출가 수행의 길을 떠났다고 한다. 따라서 아리슈타네미의 설화에도 나타나 있듯이, 불살생주의가 오로지 브라마나 교단에서 행하던 유혈 공희를 반대하고자 강조되었던 것만은 아니라는 점을 놓쳐서는 안 된다.

그리고 초기 경전의 문구들로 보건대, 재생 후에 살해된 동물들의 보복이 두려워서 살생을 금지하게 된 것이라는 일부의 주장은 긍정하기 어렵다. 물론 윤회와 전생(轉生)을 전제하는 슈라마나 전통에 따라 불교와 자이나교 모두 살생을 범한 경우에 그 주체는 재생할 때 좋지 않은 영향을 받을 것이라는 점을 강조하고 있다. 그러나 그 이유는 악한 업(karma)을 쌓았기에 그에 따른 결과를 받게 된다는 것이며, 희생된 동물의 보복을 전제하는 것이 아니다.

『담마파다』에서도 생명을 해친 경우에 "그는 사후에 행복을 얻지 못한다."[1]라고 하듯이, 불교 문헌에서는 이러한 정도의 내용에서 크게 벗어나지 않는다.

불살생 원리의 기원이 언제라고 단정하는 것은 고대 문헌이 희소한 까닭에 쉬운 작업이 아니다. 그러나 분명한 것은 브라마나 전통에서 희생 제의에 쓰였던 동물들과 그 살생을 담당한 집행자에 대해서 신의 이름으로 정화를 시켰으니 살생이 아니라고 부인한다고 하여도, 슈라마나의 이상과는 괴리되었던 논리를 폈던 것은 분명하다. 다만, 동일한 슈라마나 전통을 따르면서도 불교 문헌에서는 유혈의 희생 제의에 대한 반감을 강조하는 경향이 강하지만, 자이나교에서는 존재의 평등성을 강조하는 경향이 두드러진다는 데서 서로 차이가 난다. 그러한 차이점은 존재론이 서로 다르기 때문이다.

불살생의 서와 계

불교와 자이나교 모두 슈라마나 전통을 이어받아서 불살생을 서

1) "pecca so no labhate sukhaṃ."(Pathak(2004), p. 45.)

(誓)와 계(戒)의 제1 원칙으로 규정하고 있다. 불교는 5계 중의 제1 계로, 자이나교에서는 5서 중의 제1서로 정해 두고 수행자와 재가자 모두에게 지켜야 한다고 권유하고 있다는 점에서 두 종교는 전혀 다를 바 없다.

5계와 5서는 각각의 교단에 입문하는 경우에 가장 먼저 받게 되는 기본 규범이며 그것을 준수하는 것이 곧 해당 교단의 교도라는 정체성을 획득하는 길(mārga)이 된다. 거꾸로, 5계와 5서를 지키지 못한다면 해당 교도로서의 자격을 상실하는 것은 당연하다.

그런데 5계와 5서 중 네 조목은 서로 일치하지만 다른 한 조목은 서로 다르다. 이것은 두 종교의 상이점으로 지적되거나 불교만의 특이점으로 거론되기도 하였다. 양자의 차이를 중심으로 정리해 보자면 다음과 같다.

표 8 ▌5서와 5계

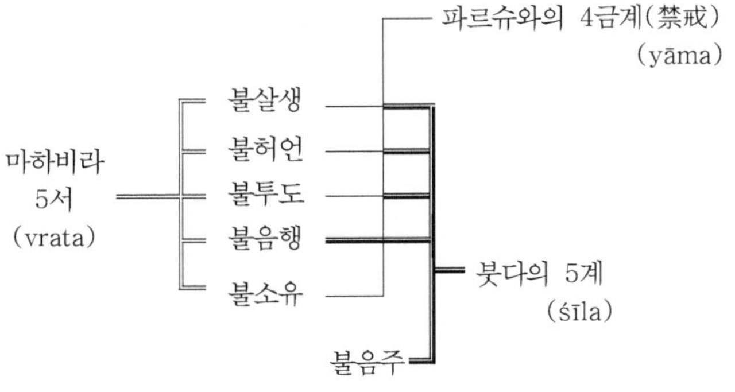

위의 표에서 보듯이 5서와 5계의 차이는 각각 한 조목, 즉 불소유

(不所有)와 불음주(不飮酒)의 유무에서 비롯된다. 그런데 불소유는 파르슈와 조사의 교단에서 따르던 4금계 중의 하나로서, 슈라마나 전통에서는 당연시되었던 규범적 원리였다. 이 점은 불교 교단에서 불소유를 5계 중의 하나로 인정하지 않았음에도 불구하고, 붓다 당대로부터 현대 교단에 이르기까지 변함없이 강조되고 있다는 것만 보아도 쉽게 짐작할 수 있다.[2)]

5서와 5계는 자이나교와 불교의 근본 규범이며 재가자와 출가자 모두에게 적용되는 것이지만, 자이나교에서는 두 경우를 구분하여 그 정도에서 차등을 두고 있다. 즉 출가자의 경우에는 5대서(大誓)라 하고, 재가자의 경우에는 5소서(小誓)라고 구별하되, 조목상의 차이는 두지 않는다. 다만 그 엄격성 정도에서 보다 완화시키고 있다.

또한 불교의 5계 중 불살생계와 다른 조목의 관계는 상호 독립적인 내용으로 진술되고 있는 것이 상례이다. 그러나 자이나교의 5서는 불살생서를 제외한 나머지 네 조목들도 모두 불살생서와 밀접한 관련을 갖고 있으며, 그 각각이 모두 불살생서의 세부 조목으로 여겨지고 있다. 그것은 자이나교에서 불살생서를 준수해야 하는 이유가 단순히 생물학적 존재를 보호하는 데에 한정되지 않기 때문이다.

흔히 자이나교에서 살생을 금하는 이유가 만물에 영혼(jīva)이 있

---

2) 한역 경전에서는 '불소유'라는 용례는 찾기 힘들고 '무소유'라는 단어가 많이 쓰이고 있다. 하지만 계와 서의 조목들은 각각의 행위를 전제한 것이며 '~을 하지 않는다, 금한다, 자제한다'라는 용례에 어울리는 '불'이라는 단어가 '무(~이 없다)'라는 단어보다 적절하다고 생각한다. 물론 '무'를 '~을 하지 말라'라는 금지 용법으로 해석해야 한다고 볼 수도 있겠으나 이것은 보편적인 용례가 아니라고 본다.

다고 보기 때문이며, 그로 인해서 엄격한 수행 방식이 도출되었다고 설명하고 있다. 그러나 보다 엄밀하게 말하자면, 살생의 객체는 영혼이라기보다는 생기(生氣)라고 번역되는 프라나(prāṇa)이다. 이는 다음과 같이 열 가지로 세분된다.

표 9 ▌10종의 생기

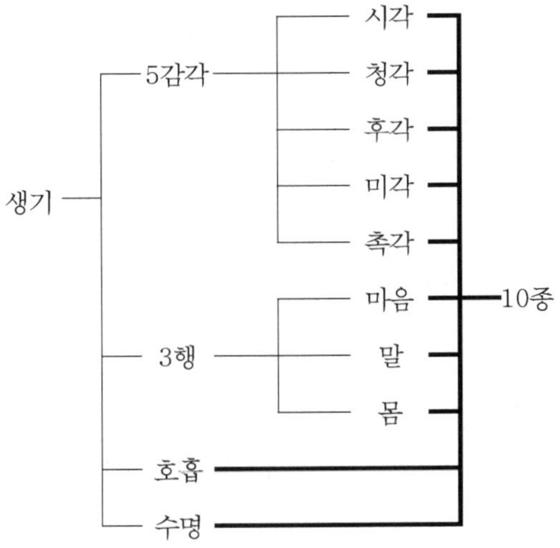

위와 같은 10종의 생기들이 모여서 영혼의 생명력을 이루고 있다고 하며, 그 중 어느 하나만이라도 침해당하는 경우에 '살상'(殺傷)이 성립한다는 것이 자이나교의 입장이다. 또한 10종 생기의 다양한 조합에 따라 수많은 존재의 층위가 생겨난다고 말한다. 예컨대 인간은 5감각을 비롯하여 10종의 생기를 모두 갖춘 존재인 반면에, 개미는 3종의 감각을 비롯하여 7종의 생기를 갖추고 있고, 지·수·화·풍도 각각 촉

각이라는 1감각을 비롯하여 4종의 생기를 지닌 살아 있는 존재라고 분석하고 있다.

이와 같이 생기의 개념에 대한 자이나교의 독특한 정의는 불교를 비롯한 다른 인도 종교와는 사뭇 다른 양상을 낳게 되었다. 생기의 침해와 손상의 여부를 살상의 기준으로 삼고 있는 자이나교의 수행법이 불교와 다를 수밖에 없었던 것은 당연한 귀결로 여겨진다.

불살생의 수행법 비교

불교에서는 불살생계를 준수하기 위해서는 말 그대로 살생하지 않으면 될 것이다. 살생의 객체로 인정되는 범위는 자이나교의 그것보다 훨씬 좁기 때문에 불살생의 대상도 그만큼 줄어든다.

불교 문헌에서는 불살생의 대상에 대해서 "살아 있는 존재"(bhūta)라고 총칭하여 말하거나 존재의 "생명"(jīva)을 거론하지만, 그 의미와 범위는 자이나교와 다르다.[3] 또한 불교에서는 지바(jīva)라는 말을 어떤 존재의 생명력에 한정하여 사용하고 있으나, 자이나교에서는 영원불변성을 지닌 실재의 하나인 영혼에 대응하는 개념으로 쓰고 있다. 불교에서는 영원 불변의 실재를 인정하지 않으며, 존재란 여러 요소들이 일시적으로 화합하여 생명이 유지되는 것일 뿐이라고 정의한다. 존재

3) 한역 불전에서는 부타(bhūta)를 유정(有情)이라고 번역하며, 철학적으로는 '존재하는 것', 즉 '존재자'라고도 한다.

에 대한 이러한 정의의 차이는 양 교단의 수행법이 확연히 달라지는 계기가 되었다.

먼저, 불교와 달리 자이나교에서는 3행(行), 즉 마음, 말, 몸으로 짓는 행이 각각 생기로 인정된다는 점이 매우 특이하다. 다수의 불교 학자들은 불교에서는 행위자의 의도 또는 동기를 중시하고, 자이나교에서는 행위 또는 결과를 중시하는 것이 두 교의상의 차이점이라고 설명하기도 한다. 물론 이러한 해석은 불교 경전에서 의업을 중시하는 불교와 달리 자이나교에서는 신업을 중시한다고 설명하는 데에서 비롯된 것으로 보인다.

그러나 자이나교에서는 심행, 구행, 신행, 즉 3행을 10종 생기에 포함시키고, 영혼의 생명성과 불가분의 관계를 갖고 있다고 본다. 따라서 마음, 말, 몸 등으로 짓게 되는 어떠한 악행도 모두 살상(殺傷)과 관련되기 때문에 주의해야 한다고 역설하였다. 결코 몸으로 짓는 것, 즉 신행으로 인한 결과에만 치중하였던 것이 아니다. 도리어 마음이나 말로 짓는 악행이 얼마나 중한 결과를 가져오게 되는지에 대해서 세밀하게 분석하여 설명하고 있다. 그만큼 행위의 동기라고 여기는 마음도 중시하고 있는 것이다.

자이나교에서는 몸으로만 살생 또는 살상을 야기할 수 있다고 보지도 않을 뿐만 아니라 오히려 몸보다는 심행과 구행으로 짓는 살상이 영혼의 청정과 해탈에 훨씬 더 나쁜 영향을 끼친다는 것을 여러 각도로 설명하고 있다. 그 중 한 예가 영혼의 정화에 대한 14단계 이론이다.

영혼을 완전히 정화시킨 최종 단계는 전지(全知)를 성취한 해탈 단계이지만, 그 단계에 이르기까지 출가자와 재가자는 여러 가지 수행법을 실천해야 한다.

그 중 대표적인 예로 우기(雨期) 동안의 안거 수행을 들 수 있다. 우기 안거는 인도 종교들 중 자이나 교단에서 가장 먼저 정립시킨 것이며, 오로지 불살생서를 온전히 지키기 위해서 우기 동안만 예외적으로 정주 생활을 하는 것이다. 안거했던 이유는 우기 동안 생명체의 성장과 번식이 매우 활발해져서 수행자들이 편력하는 동안 살생을 범할 우려가 높기 때문이었다.

우기 안거는 슈라마나 전통의 수행 원칙인 편력행(遍歷行)의 예외이며, 인도 특유의 기후와 풍토적 조건을 반영한 것이다. 불교에서도 붓다 당대부터 우기 안거가 수용되었으며, 현재 우리나라에서도 엄수되고 있는 유서 깊은 수행 전통이다. 하지만 우리나라의 안거 전통이 그렇듯이, 자이나교와 비교하자면 불교에서는 불살생계와의 관련성을 그다지 강조하는 편은 아니다.

의생활과 관련된 수행법으로는 의복과 침구 등의 소재는 살생을 최소화시킨 것을 선택해야 하며, 손질과 세탁 등은 반드시 일몰 전 태양이 떠 있는 시간에만 하도록 제한되어 있다. 세탁을 할 때에도 특히 주의를 기울여서 생물체를 손상하거나 살상하는 일이 없도록 해야 한다.

그리고 불살생 원리와 관련된 자이나교의 수행법으로 널리 알려져 있는 것 중 하나가 단식행이다. 존재의 생명을 유지하기 위해서 음식을 섭취하는 것은 불가피하지만, 자이나 교도들은 살생이 수반될 수밖에 없는 음식의 섭취를 최대한 절제하는 것을 미덕으로 여긴다.

이와 관련하여, '죽을 때까지 단식하는 것' 또는 '단식 끝에 죽는 고행' 등으로 잘못 알려져 있는 정사서(正死誓, sallekhanā vrata)는 제6의 서(誓)로 꼽힐 만큼 중시되는 것이지만, 그 실상은 이상적인 죽음의 방식일 뿐이며, 매우 엄격한 요건이 갖추어진 다음에야 실행할 수 있는 임종 방식이라고 이해하는 것이 옳다. 그럼에도 불구하고 정사서가 자이나교의 극단적인 고행을 대변하는 단식사(斷食死)라고 여긴다거나 비난의 대상으로 삼는 것은 바른 이해가 아니라고 본다.

그 밖에도 자이나교의 수행 세칙들은 거의 전부가 불살생주의와 관련되어 있다고 보아도 전혀 지나치지 않을 것이다. 예컨대 일몰 후의 식사 금지, 목욕 금지, 양치 금지, 삭발과 온몸의 털 뽑기, 입 가리개의 착용, 털채의 지참 등이 모두 불살생서를 지키기 위한 것이며, 수면을 억제해야 하는 이유도 무의식 상태에서 살생을 범할 우려가 있기 때문이다.

불교에서도 자이나교와 유사한 내용의 계와 율을 정하고 있더라도 그 논거로서 불살생 원리를 강조하는 정도는 자이나교보다 상당히 완화되어 있고 평이한 편이다. 그리고 그와 같은 맥락에서 불교도들은 자이나 교도들의 수행법은 "지나치게 극단적이며 비현실적이다."라고 비난하기를 서슴지 않는다. 물론 옷을 벗고 다니는 공의파 수행자를 가리켜서 '무참'(無慙) 외도라고 폄하했던 불교도들이었다는 것을 고려한다면, 입 가리개를 하고 털채를 들고 다니면서 불살생주의를 고수하는 자이나 수행자들은 두말할 나위도 없이 지나치게 극단적이며, 불교식의 중도적 수행과는 너무나 거리가 먼 것은 분명하다.

그림 28 ▌ 자이나 공의파 수행자의 공작 꼬리털로 만든 털채

더 나아가서, 불살생주의에 천착하는 자이나교의 수행법은 매우 기괴할 뿐만 아니라 강박 신경증 환자의 병증(病症)과 다를 바 없다는 평가를 내리는 학자를 접하는 것도 어렵지는 않다. 그러나 불살생주의라는 이념 위에 쌓아 올린 자이나 교단의 역사는 인도 불교의 역사와 달리 너무도 굳건하게 그 혈맥을 전승해 오고 있다는 점 또한 간과해서는 안 될 것이다. 만약 그들의 수행법이 그렇게 비난받을 만큼 극단적이고 기괴하며 불합리한 고행주의에 그쳤다면 수천 년 동안 교단을 지탱해 올 수는 없었을 것이다.

자이나 교단이 그 성립 초기부터 현대에 이르기까지 어떠한 수정이나 개변(改變)도 없이 불살생의 이상을 고수해 오고 있는 까닭은 불살생 원리가 다르마, 즉 최상의 진리이기 때문이라고 믿고 있다.

불살생의 길

불살생주의에 대해서 인도의 3대 종교, 즉 힌두교·불교·자이나교의 입장을 간명하게 요약하여 말하자면 다음과 같다.

> 힌두교에서는 죽이기도 하고 먹기도 한다.
> 불교에서는 죽이지는 않으나 먹기는 한다.
> 자이나교에서는 죽이지도 않고 먹지도 않는다.

물론 이와 같은 단언에는 반론이 따를 것이 분명하다. 그럼에도 불구하고 이렇게 일반화시켜서 말하는 이면에는 자이나교의 수행법이 매우 엄격하고 지나치게 극단적이라는 점을 강조하고자 하는 뜻도 가미되어 있다.

위와 같이 세 종교의 비교에서도 드러나듯이, 자이나교의 불살생주의가 가장 엄격해 보이는 것은 부인할 수 없는 사실이다. 그런데 자이나교의 입장에서는 극단적이라는 비판에 대해서 도리어 의아해 한다.

과연, 자기 몸의 보존을 위해서 다른 목숨을 죽이는 경우와 다른 목숨을 죽이지 않고자 애써 노력하는 경우, 둘 중 어느 쪽이 더 극단적인가? 이러한 의문과 반론은 단순히 자이나 교도들의 실천행(實踐行)을 합리화하기 위한 것은 결코 아니다.

불살생 원리가 인도 종교에 보편적으로 수용되었다고는 하지만, 힌두교의 쉬바파 등에서는 현재까지도 유혈 공희가 당연시되고 있으며, 불교의 실상을 볼 때에도 불살생의 입지는 거의 소실된 것이나 다름없다고 자이나 학자들은 비판을 가한다.

불교에서는 불살생의 논거로서 생명의 가치를 중시하면서 자비와 연민의 미덕을 강조해 왔다. 그러나 자이나교에서는 자비와 연민은 감정일 따름이라는 것을 지적한다. 예컨대 사랑은 사랑을 낳을 수 있다. 감정은 감정으로 다시 갚을 수 있고, 감정은 또 다른 감정을 재생산하는 법이기 때문이다. 하지만 자이나교에 따르면 불살생서를 지켜야 하는 이유는 궁극적으로 그 행위 주체의 해탈이 저해되기 때문이다. 단순히 다른 생명을 보호해야 한다는 자비심이 필요하다는 데 그치지 않고, 최종적인 자신의 해탈을 얻기 위해서 기필코 살생을 자제해야 하며, 그 결과로써 업의 제어와 지멸을 성취하고 마침내 궁극적인 해탈에 이르러야 한다는 데 그 목적이 있다.

그런 까닭에 불교에서 "자비는 자비를 낳는다."라고 말하는 데 대하여, 자이나교에서는 "불살생은 불살생을 낳지 않는다."라고 말한다. 살생이든 불살생이든 오로지 그 행위 주체에게 그에 상당한 결과가 귀속될 뿐이며, 감정적인 어떠한 보답과도 무관하다는 입장이다. 물론 자이나교에서도 존재의 가치적 평등성에 의거해서 불살생을 강조하고 ‘모든 존재의 공존 공영’을 표어로 삼고 있기도 하지만, 불살생주의의 초점은 오로지 해탈을 위한 업의 소멸이라는 한 점으로 응집되어 있다는 것이, 불교의 불살생론과 다른 점이라고 요약할 수 있다. 요컨대 불교와 자이나교는 존재론뿐 아니라 업론에 대한 관점이 서로 달랐기 때문에 불살생의 계와 서(誓)라는 동일한 조목에 대한 실천 방법이 달라질 수박에 없었다.

제10장 금강저의 기원과 상징성

금강역사와 금강저

금강저(金剛杵)는 금강역사(金剛力士, vajrapāṇi)의 무기나 지물(持物)로서 잘 알려져 있고, 그 둘은 불가분의 연결 관계로 설명하는 것이 가장 일반적인 서술이다. 하지만 금강역사의 기원에 대해서는 견해가 일치하지 않는다. 예컨대, 인드라 신에서 기원한 것이라는 설과 야크샤(yakṣa)에서 비롯되었다는 설, 그리스 신에서 유래한 것이라는 설까지 매우 다양한 가설이 제기되었다.

그 중에서도 특히 간다라(gandhāra) 불전(佛傳) 미술에 등장하는 금강역사의 도상적 원류를 그리스 신상에서 찾는 견해는 이미 오래전부터 제기된 것으로 새로운 주장은 아니다. 오히려 간다라 불교 미술이 그리스 미술의 영향을 받아서 이루어졌다고 보는 관점에서는 거의 당연시하던 입장이었다. 그러한 설명의 실례는 쉽게 찾아볼 수 있다.

간다라의 금강역사를 연구한 뒤, 임영애는 "금강역사는 출신이 야차이지만, 그의 얼굴 모습은 서양 고전 미술의 신들을 연상시킨다. 이는 야차 출신인 그가 제석천에게 금강저를 넘겨받고 힘을 얻었지만, 그에게 더욱 강력한 힘을 실어 주기 위해서 새로운 모델이 필요했을 것이며, 그 대상이 바로 용맹함의 표상인 헤라클레스나 제우스 등과 같은 신의 모습이었던 것이다."[1]라고 결론을 내리고 있다.

유근자는 "집금강신은 바즈라를 들었다는 점에서는 제석천과 같지

1) 임영애(2004), p. 181.

만 간다라 불전도에서는 제석천과 구별된다."라고 하면서 의상이나 외모가 제석천, 즉 인드라와 구별되는 집금강신에 초점을 두고 있다.[2)]

그런데 근년에 금강역사의 정체성에 대해서 주목을 끄는 논의가 제기되었다.[3)] 심재관은 "Herakles, Indra, 그리고 Vajrapāṇi"라는 글을 발표하면서, 다음과 같이 말하였다.

> 간다라 조각에 나타나는 헤라클레스 모습의 바즈라파니는 불교의 바즈라파니가 그리스 미술의 영향으로 헤라클레스의 모습을 띠게 된 것이 아니라, 헤라클레스가 그대로 불교 속에 수용되어 바즈라파니라는 새로운 신격을 형성하는 과정의 일단을 보여 주는 것이다. 조각을 통해 표현된 새로운 신장 바즈라파니는 불전에 삽입되어 차후 독립된 신장이나 보살로 묘사된다.[4)]

그는 특히 "헤라클레스-바즈라파니"라는 용어를 구사하면서, 기존의 학자들은 바즈라파니의 바즈라를 "인드라의 소유물이라는 일반화된 통념을 쉽게 떨치지 못했기 때문"에 "인드라를 매개로 불교로 편입되는 과정을 설정한다."고 지적하였다.[5)] 또한 왓킨스(Watkins)와 웨스

---

2) 유근자는 그의 논문에서 vajrapāṇi에 대해서 주로 "집금강신(執金剛神)"이라는 용어를 쓰고, 그 지물로서는 "금강저"와 함께 음역어인 "바즈라"를 사용하고 있다. 그리고 집금강신이 "간다라 불전도를 특징짓는" 중요한 요소라는 것을 강조하고 있다.(유근자(2005), pp. 51, 398~412.)

3) 이재형(2009), 참조.

4) 심재관(2009), p. 1. 2009년에 발표된 이 글은 논지에는 큰 변화가 없이 2012년에 「금강역사는 어디에서 왔을까?」라는 제목으로 다시 발표되었다.(심재관(2012), 참조.)

5) 심재관(2009), p. 7.

트(M. West)의 분석을 채용하여 "인드라의 바즈라나 헤라클레스의 몽둥이는 동일한 것이다."라고 하면서, "고대 인도의 바즈라는 도상적으로 그리스식 '뿡'이 보이지 않을 뿐이고 '개뼈다귀' 형태의 바즈라로 바뀐 것"이라고 하였다.[6] 이와 같이 금강역사와 바즈라에 대한 여러 분야의 학자들의 해명이 제기될수록 그에 대하여 정리가 되어가기보다는 더욱더 혼돈의 양상을 보이고 있는 듯하다.

종합하여 말하면, 대부분의 학자들은 금강역사의 정체에 대한 뚜렷한 결론을 내리기는 힘들다고 보고 있다. 그런데 필자는 지금까지의 주요 논의가 "바즈라를 든 금강역사"에만 초점이 놓여 있다는 데 주목하고, 먼저 바즈라의 해명에 주력하고자 한다.

일반적으로 설명하기를, 금강역사의 기본적인 뜻은 '금강(vajra)이라는 무기를 손에 든 역사(力士)'라고 한다.[7] 그렇다면 '금강역사'라는 이름을 얻게 된 원인, 즉 '금강'을 해명하는 것이 금강역사의 정체를 알기 위해 가장 먼저 착수할 작업이라고 보았다. 그래서 먼저 금강저의 유래와 도상학적 형태를 분석한 뒤, 그것을 토대로 하여 금강저의 상징소적(象徵素的) 변천을 논하고자 한다.

---

6) 심재관(2009), p. 7.

7) 금강역사가 한 쌍으로 이루어진 수문신(守門神)으로서, 각각 금강과 역사, 둘로 이루어져 있다는 관점도 있으나 여기서는 논외로 한다. 다만 그러한 견해에 따르면, '금강은 무기를 들고 있는 신'이고, '역사는 무기나 어떠한 도구도 손에 들지 않은 채 맨손으로 권법(拳法) 모양을 하고 있는 경우'라고 나누어서 설명한다.

금강저의 유래

금강역사에 대한 지금까지의 연구사를 살펴보면, 그의 지물인 금강저에 대해서는 매우 도식적인 설명에 그친다는 것을 알 수 있다.

먼저, 금강저의 유래는 인드라의 무기인 벼락에서 비롯된 것이라고 설명하는 다수설과 그리스 신과 연결하여 설명할 때 그 신상의 무기와의 연결성을 인정한 몽둥이 종류라고 언급하는 설, 이 두 입장으로 크게 나누어져 있다. 그러나 금강저의 형태적 기원은 그렇게 단순하지도 간단하지도 않다.

벼락 유래설

고금을 불문하고 인도에서 금강저에 대한 가장 첫째가는 설명은 인드라(indra)의 무기라는 것이다.

인드라는 누구인가? 사전적으로는 신 이름이나 신격(神格)보다 앞서는 뜻이 있다. 즉 인드라는 "뛰어난 사람"을 지칭하는 보통 명사이기도 하다.[8] 신으로서 인드라는 베다 시대의 최고 신격이자 주요 3신 가운데 하나로 꼽히며, 브라만 전통을 대표하는 천신이다.[9]

---

8) Maharaj(1988), Vol. 2, "iṃda" 항목, p. 128.

9) 베다 시대의 주요 8신은, indra, agni, sūrya 등의 3신과 vāyu, varuṇa, yama, soma, kubera 등을 합해서 헤아린다. 그 중에서 으뜸 신으로서 인드라를 꼽는다.

그림 29 ▎번개

흔히 인드라는 천둥 번개의 신으로 알려져 있고, 그가 번개를 무기로 삼아서 악신(惡神) 또는 적들을 처단하는 내용이 신화의 줄거리를 이룬다. 따라서 인드라의 무기가 금강저라고 설명하는 한, 그 원형을 벼락에서 찾는 것은 당연한 귀결일 것이다.[10] 이러한 벼락 기원설을 이름에 반영한 예로서, 스기야마 지로(杉山 二郎)의 번역 예를 들 수

10) "금강저는 고대 인도의 신인 인드라(Indra) 즉 제석천의 번개에서 유래된 것이다. 그러다가 점차 여러 신과 역사(力士)가 지니는 무기를 일컫게 되었다."(유근자(2011b), p. 196.)

있다. 그는 바즈라에 "전격저"(電擊杵)라는 이름을 지어 불렀다.[11)]

고대 인도에서는 갖가지 자연 현상들을 신격화하였는데, 벼락 유래설은 그러한 역사적 과정에서 천둥(thunder)과 번개(bolt), 즉 벼락(thunderbolt)을 '바즈라'라고 불렀다는 데서 그 유래를 찾는 입장이다.

바즈라라는 자연 현상이 신격화되면서 '인드라'라는 이름을 얻고, 인드라와 바즈라는 동일시되는 단계를 지나서 다시 개념적으로 분리되었다. 인드라는 주체적인 신격으로, 바즈라는 그 주체의 소유물 또는 도구 개념으로 정착되는 과정을 겪은 것이다. 그 결과 바즈라는 인드라가 지배력을 행사하는 도구, 즉 무기가 되었다.

예나 지금이나 자연 현상들 가운데서도 번개는 비할 데 없이 강력한 빛과 열과 힘을 지닌 현상이고, 무엇이든지 박살을 내거나 부셔 없애며, 그 현상과 함께 수반되는 천둥소리는 누구든지 공포심을 가질 만큼 두렵다는 점은 변함이 없다. 인드라의 바즈라 또한 그러한 벼락과 동일한 힘과 기능을 지닌 것으로 묘사되고 있으며, 세상에서 대적할 것이 없는 최고의 무기로 여겨졌다. 이와 같이 바즈라와 결합된 인드라 신은, '바즈라를 가진' 인드라라는 별칭으로 불렸다. 예컨대, "바즈라파니(vajra-pāṇi), 바즈라다라(vajra-dhara), 바즈라브리트(vajra-bhṛt), 바즈라드리크(vajra-dhṛk), 바즈라하스타(vajra-hasta), 바즈라무슈티(vajra-muṣṭi)" 등의 다양한 별칭들은 1차적으로 인드라를 가리킨다.[12)] 이러한 단어들을 인드라의 별칭으로 간주하는 것은, 바즈라를

---

11) 杉山二郎(1970), p. 15.

12) 林光明, 林怡馨(2005), pp. 1378~1379, 참조. 그러나 구체적인 문헌 내용에 따라서 이러한 별칭으로 함축되거나 수식하는 대상이 인드라가 아닌 다른

인드라의 무기 또는 지물로서 귀속시키는 한 무리가 없을 것이다. 그리고 이러한 별칭들은 다음과 같이 한역(漢譯)되어 쓰이고 있다. '금강수(金剛手), 수집금강저(手執金剛杵), 지금강저(持金剛杵), 집금강(執金剛), 집금강저(執金剛杵), 집지금강(執持金剛)' 등이다.[13] 물론 이러한 한역어는 불전(佛典)의 내용 중에서 반드시 인드라와 결합하거나, 인드라의 별칭으로만 쓰이지는 않는다. 그러나 바즈라가 인드라 즉 제석천의 지물로 등장하는 예는 쉽게 찾아볼 수 있다.[14]

그리고 자이나교에서는 24명의 티르탕카라(tīrthaṃkara)들을 각기 다른 상징 문장(紋章)으로 구분하고, 도상학적으로도 매우 중요시하고 있는데, 그 중에서 제15대 티르탕카라인 다르마(dharma)의 문장이 바즈라이다.[15] 그런데 이 경우에도 대체로 영어로 번역하여 설명할 때 벼락(thunderbolt)이라고 한다.[16]

인드라는 자이나교 문헌에도 흔히 나오는 신격으로서 그의 손에는 바즈라를 갖고 있다고 묘사되고 있다.[17] 다만 베다적인 신격과는 달리

어떤 것일 수 있다는 세세한 용법은 별도의 논의가 필요하다.

13) 林光明, 林怡馨(2005), pp. 1378~1379, 참조. 물론 실제 경전에서는 훨씬 더 다양한 의역어가 쓰이고 있으나, 여기에 열거한 것은 바즈라에 해당하는 '금강'을 포함한 용어들이다.

14) "帝釋天主持金剛杵來入會中, 諸魔外道慴然而視十方世界."(T. 13, p. 986 하.)

15) 자이나교의 24조사에 대한 성상이나 도상은 모두 비슷한 외양의 나체로 조성되기 때문에 각각을 구별할 수 있는 특유의 문장이 발달하였다. 각 문장(lāñchana)의 상징성은 해당 조사의 일생이나 어떤 특징과 불가분의 관계를 맺기도 하는데, 대체로 기원전 3세기경부터 발달하여 서력 기원 초엽에는 이미 정립된 것으로 알려져 있다.

16) Wiley(2004), p. 247, 참조.

17) Mohadikar(2011), p. 59.

인드라는 최고 신격이 아니고, 유일한 신격도 아니라는 점이 베다 전통과 차이가 있다. 물론 문헌에 따라서는 베다 전통과 유사하게 주신(主神) 개념으로 등장하거나, '인드라 야크샤(indra yakṣa)'라고 하여 '야크샤 중에서 우두머리' 신이라는 개념으로 등장하기도 한다. 하지만 이러한 표현은 자이나교에서의 인드라 신격이 여러 부류의 신 존재들 가운데, 한 부류 중 최고 신격을 인드라라고 부르는 용법에 의거한 것이다. 따라서 자이나교에서 인드라란 최고 신격이라는 의미는 있지만, 유일 최고가 아니라 어떤 특정 부류, 집단 가운데서 최고라는 뜻이다. 그러므로 자이나교에서 인드라는 고유 명사라기보다 보통 명사적 용법이 더 많다고 할 수 있다. 그 중에서 한 예를 들자면, 제24대 조사 마하비라가 출가할 때에 손으로 뽑아 낸 머리카락을 인드라가 손으로 받았다는 일화가 있다. <그림 30>에서도 보듯이, 그 장면을 묘사하는 경우에 인드라는 네 개의 손 중에서 한 손에 금강저를 세워서 들고 있다.

이처럼 힌두교와 자이나교에서 인드라 신의 속성을 금강저로 표현하고 있다는 점에서는 차이가 없다. 따라서 두 종교에 이어서 나중에 성립한 불교에서도 인드라의 속성을 금강저로 나타내거나, 인드라의 지물을 금강저로 표현하는 것은 힌두교와 자이나교를 비롯한 인도 전래의 관념을 그대로 이어받은 것으로 보아야 하며 그다지 특기할 만한 사항이 아니라고 본다.

그림 30 ▌머리털을 뽑는 마하비라와 그 머리털을 받아든 인드라[18)]

강골 유래설

금강저가 인드라의 무기인 것은 부정하지 않지만, 그 무기의 배경을 달리 설명하는 입장이 강골(强骨) 유래설이다. 즉 인드라의 무기로서 바즈라는 트와슈트리(tvaṣṭṛ)[19)]가 그를 위해서 만들어 준 것이라는 설이다.

18) 1417년 제작, 뉴델리 국립 박물관 소장(Nagarajaiah(2002), 도판 K, p. xv, 참조).

19) Choudhuri(1981), p. 3에서 tvaṣṭā라고 하거나, p. 169에서는 tvṣṭṛ라고 쓰여 있다. 그러나 이 글에서는 tvaṣṭṛ로 통일하였다.

『리그베다』 이래로 신화적 전승에 따르면, 트와슈트리는 다디치(dadhīci)의 뼈로 인드라에게 최상의 무기를 만들어 주었고, 그 무기가 바로 인드라의 벼락(thunderbolt)이라고 한다.[20]

다디치는 베다 시대 이래로 가장 위대한 성현(聖賢, ṛṣi) 중의 한 사람으로 알려져 있다. 그 이유 중 대표적인 것은 고행과 단식을 잘 닦은 까닭에 매우 강인해져서 신성한 몸을 가지게 되었는데, 악신(惡神)을 처단하기 위해 싸우는 인드라 신을 위해서 기꺼이 자기 몸을 희생했다는 점 때문이었다.

그런데 다디치의 뼈로 바즈라를 만들어 주었다는 점은 동일하지만, 『바가바타 푸라나』에서처럼, 바즈라를 만든 것은 비슈와카르마(viśvakarma)였다는 설도 있다.[21] 예컨대 "『바가바타 푸라나』에 따르면, 크리슈나가 브리트라(vṛtra)와 싸우는 데 도와주려고 온 신들에게 충고하기를, 다디치라는 성현에게 가서, 그가 자신의 몸을 포기하도록 요구하라고 했다. 왜냐하면 다디치는 엄격한 고행과 신성한 지혜를 가지고 있어서 아주 강하고 단단한 몸을 가지고 있었기 때문이다. 다디치가 그 신들에게 자기 몸을 주었고, 그들은 비슈와카르마가 만든 최고의 무기를 얻게 되었다."라고 한다.[22]

---

20) "1. 32. 1. indrasya nu vīryāṇi pra vocaṃ yāni cakāra prathamāni vajrī. ahannahimanvapastatarda pra vakṣaṇā abhinat parvatānām. 1. 32. 2. ahannahiṃ parvate śiśriyāṇaṃ tvaṣṭāsmai vajraṃ svaryāṃ tatakṣa. vāśrā iva dhenavaḥ syandamānā añjaḥ samudramava jagmurāpaḥ."(Sātavalekara ed.(1997), pp. 18~19.) ; 『리그베다』(1. 32. 2.), 참조.(Nooten & Holland ed.(1994), p. 20.)

21) Tagare(2002), pp. 824~837, 참조.

22) Choudhuri(1981), p. 169.

간단히 말하자면, 비슈와카르마가 다디치의 뼈로 바즈라를 만들었고, 그 바즈라로 인해서 인드라는 강력한 힘을 갖게 되었다는 것이다.

이 두 설 간에 차이가 없는 것은 바즈라의 재료가 다디치의 뼈라는 점이다. 본래 다디치는 아타르반(atharvan)의 아들이었다. 베다 신화상으로는 아타르반이 브라마 신의 장남이므로, 다디치는 브라마 신의 손자인 셈이다.

『리그베다』에 따르면, 인드라는 다디치의 뼈로 브리트라를 죽이게 되고, 또한 후대 서사시 시대에 이르러서, "다디치는 인드라와 신들을 위해서 자신의 몸을 바쳐 뼈를 제공함으로써, 브리트라와 아수라를 파멸시키는 데 벼락보다 더 효과적인 무기였던 그의 뼈로 무장시켰다."[23] 라는 식으로 전개되어, 다디치의 뼈가 가장 강력한 최고의 무기로서 자리 잡게 된다.[24]

여기서 인드라의 무기는 벼락에서 바즈라로 교체되는 것을 알 수 있다. 다시 말해서 벼락은 인드라가 가지고 있던 기존의 무기이고, 다디치의 뼈로 만든 바즈라는 최상의 신무기가 된 셈이다. 인드라의 무기가 된 다디치의 뼈라는 원형은, 결국 번개가 칠

---

23) Dowson(2000), pp. 31, 75~76. 여기서는 dadhyanch, dadhīcha 등으로 서술되고 있으나, 동일한 인물이다. 이 글에서는 다디치로 통일하였다. 이 내용과 대동소이하지만 dadhyañch라고 하는 문헌도 적잖이 나온다.(Rengarajan(2004), pp. 73~74.)

24) 이러한 내용의 신화에 등장하는 여러 이름들은 베다 시대 이래로 푸라나와 『마하바라타』 등의 다양한 서사적 구조 속에서 주인공으로 등장하는 신화적인 인물들이다.

때 퍼져 나가는 모양이 바로 다디치 성현의 늑골 형태이고 빛나는 백색도 그 뼈에서 비롯된 것이라고 귀착되기에 이른다.

이 설을 따라 신화를 구성한다면, 다디치가 가장 앞서서 등장하고, 그 다음에 인드라가 있고, 그 다음으로 번개라는 자연 현상 내지 아수라와 인드라의 싸움, 즉 악신과 선신의 투쟁과 갈등이 생겨난다는 여러 신화소(神話素)들이 유기적으로 이어지게 된다.

그림 31 ▌아이라바나(airāvaṇa)를 타고 앉은 인드라[25]

---

25) Majupuria(2000), p. 97. 현대의 삽화이지만 이를 통해서 알 수 있는 것은 인도와 네팔에 이르기까지 그 지역 사람들에게 바즈라의 형태가 얼마나 자연스럽고 당연하게 뼈 모양과 연결될 수 있는지, 또 그 배경에는 다디치의 신화

그리고 "인드라가 좋아하는 무기는 수백 수천 마디 또는 날을 지닌 금속 바즈라이며, 그것으로 적들과 주술을 쳐부순다."[26]라는 설명에서도 다디치의 뼈가 신화적으로 어떻게 반영되었는지를 짐작하게 해 준다. 이처럼 다디치의 강골 유래설에 의거하여, 인드라가 들고 있는 바즈라의 모양이 다디치의 뼈 형태로 그려진 예도 적잖이 찾아볼 수 있다.

<그림 31>에서는 인드라가 비구름을 배경으로 하여 코끼리를 타고 앉아 있다. 여기서 인드라의 오른쪽 윗손에는 바즈라가, 왼쪽 윗손에는 트리슐라(triśūla), 즉 삼차극(三叉戟)이 들려 있는데, 바즈라의 형태는 다디치의 뼈 모양을 고스란히 반영하고 있다.

이러한 도상은 초기 자이나 경전의 일화 속에서도 흔히 발견된다. 일반적인 인드라 신을 묘사하는 다음 삽화의 예에서도 보듯이, 자이나교에서도 인드라의 지물인 바즈라는 당연히 다디치의 뼈로 만들었다는 신화적 배경 아래, 신체의 중앙 골조인 갈비뼈 모양에 빛을 내고 있는 형태로 묘사하는 것은 예나 지금이나 매우 자연스러운 일이다.

또한 다음과 같이 자이나 경문의 내용을 직접적으로 묘사한 삽화에서는 자이나교에서의 바즈라의 기능까지 매우 구체적으로 표현하고 있다는 것을 알 수 있다.

가 있었다는 사실 등이다.

26) 『리그베다』(1. 80. 6. ; 8. 66., 등)와 『아타르바베다』(8. 5. 15.)를 참조하여 정리한 설명이다.(Stutley(2001), p. 74.)

그림 32 ▌ 뼈 모양의 바즈라를 세워서 들고 있는 인드라[27)]

---

27) Maharaj(2004), Vol. 2, 삽화 p. 7, 그림의 일부. *Śrī Sthānāṃgasūtra*는 초기 자이나 경전으로서 불교의 초기 경전보다 앞선다. 경전의 내용을 그대로 묘사하고 있는 현대의 삽화이기는 하지만, 고대에서 현대에 이르기까지 불교의 도상에서 보여 주는 바즈라의 형태 묘사와는 확연한 차이가 난다는 것을 알 수 있다. 이 글은 어느 특정 시대의 도상들을 비교하는 데 초점이 있는 것이 아니라 인도 고래의 바즈라에 대한 신화적 원형과 상징성을 분석하는 것이 목적이다.

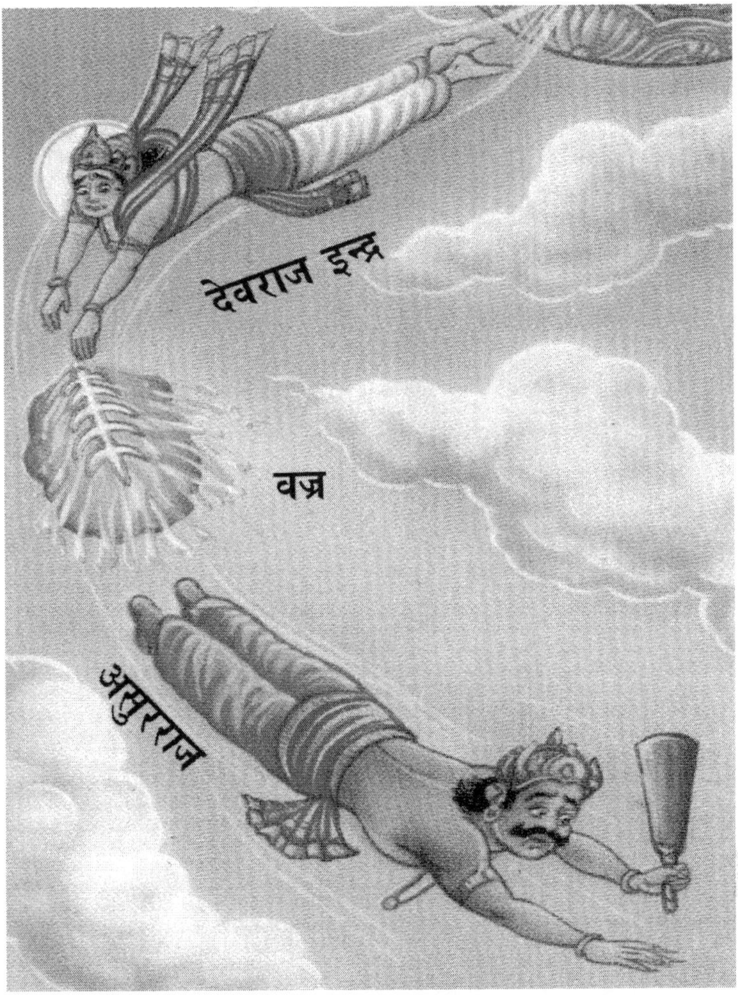

그림 33 ▍데비의 왕 인드라, 바즈라, 아수라 왕[28)]

이와 같이 인드라의 무기인 바즈라가 다디치의 뼈와 관련되어 있다는 신화는 자이나교에서도 매우 일반적이라는 사실은 의문시되지 않

28) Maharaj(2005), Vol. 1, 삽화 p. 11.

는다. 하지만 다디치 성현의 존재가 베다 전통과 직접적인 관련을 갖는지에 대한 문제는 별도의 논의가 필요할 것이다. 왜냐하면 다디치의 고행력은 인도 고래의 토착 전통, 예컨대 고행의 공덕을 강조하는 슈라마나적인 배경에서 그 유래를 찾는 것이 다수 학자들의 입장이기 때문이다. 다만 분명한 점 하나는 불교나 힌두교와 달리 자이나교에서는 뼈와 관련된 바즈라의 일반 용례가 쉽게 발견된다는 것이다.

자이나교에서는 신체의 힘을 결정하는 것은 뼈의 힘에 달려 있다고 하며, 뼈의 힘은 뼈의 구조에 달려 있다고 보았다. 그리고 뼈의 구조를 여섯 종류로 나눈 뒤에 그 중에서 가장 강력한 뼈 구조를 "바즈라 구조"라고 부른다.

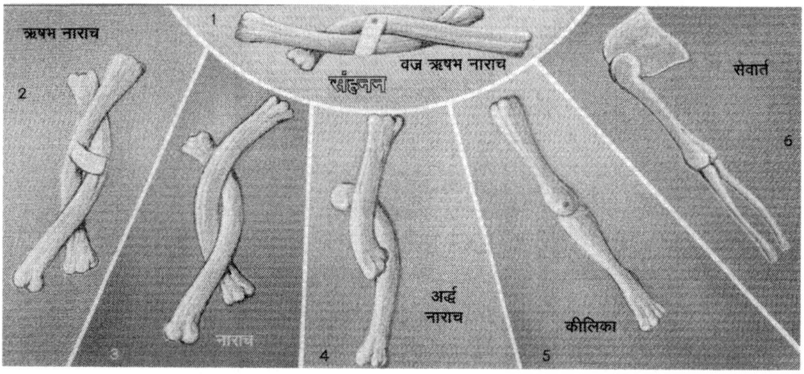

그림 34 ▌6종의 뼈 구조[29)]

『스타낭가수트라』(*Sthānāṃgasūtra*)에서는 이렇게 말한다.

---

29) Maharaj(2004), Vol. 2, p. 234 다음 삽화 No. 10 그림의 일부.

"뼈 구조에는 여섯 종류가 있다. 1) 바즈라 구조, 2) 리샤바 구조, 3) 나라차 구조, 4) 반(半)나라차 구조, 5) 킬리카 구조, 6) 세바르타 구조 등이다."[30)]

여기서 말하는 바즈라 구조란 둘 이상의 뼈들이 마치 쐐기가 박힌 듯 단단하게 조여 있는 형태로서 가장 강력한 힘을 발휘하는 경우이다.

자이나교에서는 이 분류에 따라 존재들도 구분하는데, 바즈라 뼈를 가진 부류에는 티르탕카라, 차크라바르틴(cakravartin), 발라데바(baladeva), 바수데바(vāsudeva) 등이 있다. 이들은 바즈라 뼈를 가졌기에 매우 강력한 힘을 지닌 존재가 되는 것이다. 보통 사람들이 이 뼈를 갖기 위해서는 매우 오랫동안 고행을 해야 한다. 자이나교에 따르면 고행 수행에 따라 뼈의 구조도 달라지는 것이다.

그 밖에도 『라야파세니야 수트라』(*Rāyapaseṇiya Sūtra*)에서는 천신들의 탈것을 만들 때, 부품 간의 이음매에 쓰이는 강력한 촉(鏃)도 바즈라라고 한다. 마치 일반적인 뼈의 구조를 말할 때, 가장 강력한 힘을 가진 경우를 '바즈라형 뼈 구조'라고 불렀듯이, 동일한 용법으로 '가장 강하게 이어주는 기능성을 띤 부품'을 지시하는 말로도 바즈라를 쓰고 있다.[31)]

이처럼 자이나교의 경전에서 뼈와 관련하여 다양하게 나타나는 바

---

30) "St. 30. saṃhanana-pada: chavvihe saṃghayaṇe paṇṇatte, taṃ jahā-vairosabhaṇārāyasaṃghayaṇe, usabhaṇārāyasaṃghayaṇe, ṇārāyasaṃghayaṇe, addhaṇārāyasaṃghayaṇe, khīliyāsaṃghayaṇe, chevaṭṭasaṃghayaṇe."(Maharaj (2004), Vol. 2, p. 232.)

31) Muni(2007), pp. 35~37, 참조.

즈라의 용례는 다디치의 뼈와 금강저를 연결시키는 데 보다 더 용이한 논거를 제공해 주고 있다.

수문신의 무기설

바즈라의 기원을 수문신(守門神)의 무기에서 찾는 설로서, 수문장(守門將) 또는 수문신의 지물이 바로 바즈라와 연관되어 있다는 설이다. 특히 불교 문헌에 등장하는 금강역사, 즉 '바즈라파니 야크샤'가 수문신의 역할로 정착되는 과정에서 그가 들고 있는 것이 곧 금강저라고 새기는 입장이다. 물론 수문신이 항상 야크샤인 것은 아니다.[32)]

초기 불교 문헌에서, 문지기는 "수문인"(守門人)이라고 하여 사람과 연결되는 예가 더 많으며, 신격 또는 야크샤 등과 연결을 짓는 예는 오히려 드물다.

불교 미술에서 야크샤는 야크쉬니(yakṣīṇī, 야차녀)와 함께 산치(sāñcī)와 바르후트(bhārhut) 유적 등에 다양한 모습으로 등장하기 시작한다. 불상이 성상 표현으로 구체화되기 전부터 불교 예술에 나타나는 야크샤는 최초기에는 손에 특별한 무기를 지니지 않았다. 그러나

---

32) 금강역사의 원류는 인드라 신과 야크샤의 복합이라고 보는 백남주의 입장에서는 금강저에 대해서 다음과 같이 말한다. "인드라 신의 지물로 대표되는 금강저(바즈라)가 금강역사를 상징하는 지물로 변하여 금강역사의 위력을 더해 주고 있다는 사실도 금강역사상 성립 과정에 있어 인드라 신과 금강역사와의 연관성을 잘 나타내 주고 있다. 이렇게 인도의 재래 신인 야크샤와 인드라 신을 그 원류로 해서 형성된 금강역사의 모습은 간다라 지역의 불교 미술에서 그 모습을 보이는 것을 시작으로 해서 서역 및 중국의 불교 미술에서 그 제작 예를 찾아볼 수 있다."(백남주(1995), pp. 88~89.) 밑줄 부분은 필자가 교정하였다.

차츰 문지기 역할을 하면서 불법을 지키는 수호신 개념이 부가되자 손에 무기를 들기 시작했는데, 그 무기로 금강저가 주로 선택되었다는 설이다.

이 설에는, 붓다를 협시하는 역할은 초기에 인드라와 브라마, 즉 제석천과 범천이 담당하였고, 제석천은 금강저 또는 털채를 든 모습으로 조성되었던 까닭에, 야크샤가 불법을 호위하는 수문 신격의 역할을 하게 될 때 인드라로부터 금강저를 넘겨받게 되었다는 주장도 포함된다.

이와 관련하여, "간다라 미술에서 인드라 즉 제석천이 실제로 바즈라를 들고 있는 경우는 많지 않다. …… 금강저는 인드라(제석천)의 지물이었지만, 실제로 대부분의 경우 금강저는 바즈라파니, 즉 금강역사가 들고 있다. …… 따라서 분명한 사실은 제석천이 원래 자신의 지물이었던 금강저를 금강역사에게 넘겨주었다는 것이다."[33]라는 주장도 있다. 그리고 "권위와 용맹을 상실한 인드라는 자신의 지물인 금강저를 하위신인 야차에게 건네주게 되었다. …… 금강저를 받은 야차는 야차의 우두머리가 되었고, 그가 바로 집금강야차, 즉 금강역사인 것이다."라고 결론을 내린다.[34]

---

33) 임영애(2004), p. 165.

34) 인용문에서 밑줄은 필자의 교정 부분이다. 원문에는 밑줄 친 부분의 '자신의'가 반복되어 있고, '금강저'가 "금강역사"라고 되어 있으나 오자로 추정되고, "야챠"라고 쓰고 있으나, 이 글의 일관성과 일반적 용례에 의거하여 '야차'라고 교정하였다.(임영애(2004), p. 166.) 심재관은 임영애가 "한 장면에 제석천과 금강역사가 동시에 금강저를 든 예는 전혀 없다."라고 한 것은 제고해야 할 필요가 있고, "제석천이 금강역사에게 원래 자신의 지물이었던 금강저를 금강역사에게 넘겨주었다."라는 것도 수정할 필요가 있다고 지적하고 있다.(심재관(2009), p. 5, 각주 11), 참조.)

이 설은 우리나라의 미술사학계에서 두루 언급되고 있는 설이다. 그런데 인드라가 금강역사 또는 어떤 야차에게 바즈라를 넘겨준다는 구체적인 일화나 신화적 배경을 담고 있는 문헌을 본 적이 없다. 이러한 설의 최초 주장자가 누구인지 알 길 없으나, 필자로서는 보다 구체적인 문헌의 근거가 필요한 추정이라고 본다. 왜냐하면 문헌적인 어떤 근거나 고대 인도 신화적 전승에서도 찾기가 힘든 추정에 불과하기 때문이다.

천신의 보배설

바즈라에 대해서 천신의 보배라고 설명하는 경우가 있다. 일반적인 서술 표현의 경우에, 바즈라란 매우 고귀한 것으로서 특히 인드라 신에게 속한 아주 특별한 보배라고 말하는 예 등이 여기에 해당한다.

이러한 용법으로 표현된 바즈라는 그 원형이 뼈이든 번개이든 상관없다. 이미 특정한 고유의 무기로 정착된 단계의 바즈라를 말하기 때문이다. 요컨대 인드라 또는 인간이 아닌 다른 천신이 소지하고 행사하는 어떤 것으로서 그것 자체가 강력한 힘을 가지고 있으므로 특별한 보배란 뜻이다. 그런 의미에서 광의의 바즈라는 천신의 보배이다. 이와 같은 맥락에서 '바즈라 보(寶)'라는 용법으로도 흔히 쓰인다. 하지만 이 경우에 보배라는 말은 상징적인 수식어일 따름이다. 루비나 다이아몬드와 같은 구체적인 보석이라는 뜻은 아니다.

고대 인도인들에게 바즈라는 천신들이나 왕이 갖고 있는 여러 보배

들 가운데 하나라는 관념이 있었다. 신들 중에서도 특히 인드라 신에게 귀속되어 있다고 믿어졌던 바즈라는 가장 최고의 것이고, 천상의 보배라는 인식이 퍼져 있었던 것 같다.

자이나교 문헌에서도 천신들이 갖고 있는 보배의 종류를 열거하는 중에 바즈라가 포함되어 있는데 '바즈라 보배'라고 서술하고 있다. 그러나 이 경우에도 빛이 나고 각이 진 형태로 연마된 어떤 보석으로서의 다이아몬드가 아닌 것은 당연하다.

인도 사회에서 전통적으로 푸자나 각종 의례에 사용되는 다섯 가지 보석은 "금, 다이아몬드, 사파이어, 루비, 진주" 등이 꼽힌다.[35] 여기서 다이아몬드란 금강저가 아닌 것은 명약관화하다.[36] 그런데 "『금강반야경』(金剛般若經)에 따르면, 금강이란 범어로 발절라라고 하고, 금강역사가 지니고 있는 저(杵)는 이 보석으로 된 것이다. 금속 광물 중에서 가장 강하기에 금강이라고 한다. 이것은 제석천이 가지고 있는 것으로, 복이 적은 사람은 보기 어렵다. 매우 견고하고 예리하여 반야에 비유되기도 한다. 아무것도 이것을 깨뜨릴 수 없으며, 만물을 다 깨뜨릴 수 있다."[37]라고 설명하는 경우를 볼 수 있다.

이러한 서술을 면밀히 살펴보면, 바즈라가 보석류인 다이아몬드로서 금강석이라는 명칭과 동일하다는 점을 염두에 두고 설명하고 있는 듯하

35) Prasad, R. C.(2010), p. 37.

36) 인도는 세계 최초로 다이아몬드를 생산하고 산출한 나라로서 그 명성이 높으며, 오늘날에도 다이아몬드 연마 기술로는 세계적 중심지로 꼽힌다.

37) "金剛般若波羅蜜經 金剛者. 梵云跋折羅. 力士所執之杵是此寶也. 金中最剛故名金剛. 帝釋有之. 薄福者難見. 極堅極利喩般若焉. 無物可能壞之. 而能碎壞萬物."(T. 33, p. 155 중.) 이지관(1999), p. 907.

다. 그렇다면 이 설명처럼 금강역사가 '다이아몬드로 만들어진 저'를 들고 있어서 그것을 '금강저'라 하고, 그런 이유로 '금강역사'로 불렸다고 볼 것인가? 불교의 금강역사와 그의 지물이 인도의 신화적 배경을 공유하는 한, 아무래도 위의 설명은 논리적인 정합을 이룬다고 보기 어렵다.

그런데 이에 더하여 '금강(金剛)'이라는 한역 용어에 대한 "표준화 용어"로서 '금강'을 그대로 채용한다고 제안한 사례가 있다. 사실 '金剛'을 '금강'이라고 쓰는 데에 문제될 것은 전혀 없다. 그렇지만 금강이라고만 하여도, "한국어에서는 '금강석'과 같은 언어로 사용"한다고 설명하면서, 예로서 "금강 불괴신"(金剛不壞身)과 "금강 견고"(金剛堅固)의 예를 들고 있다.[38] 그러나 이들의 원어는 분명히 바즈라일 것이며, 또 바즈라인 한 금강석, 즉 다이아몬드가 아닐 터이다. 그럼에도 불구하고 불전(佛典)에 나오는 '금강'이 한국어에서는 금강석, 즉 다이아몬드와 같다고 간주하는 것은 지나치게 단순한 의미의 규정이자 확장이 아닌가 생각한다.

불교 문헌에서 흔히 설명하듯이, 바즈라의 특성이 "견고하고 예리하고 세상 모든 것을 부수어 버리는 것"이라면, 당연히 다이아몬드가 아니라 번개와 결부시켜야 할 성질이다. 다이아몬드가 광석들 중에서 경도가 높은 광물이기는 하지만, 세상 모든 것을 부수어 없애는 번개와 대적하겠는가? 다만 그렇게 강력한 힘을 지닌 바즈라가 인간의 것도 아니고 지상의 것도 아닌, 인드라 또는 천상의 신들에게 귀속된 귀한 보배 중의 하나였다는 것이 고대 인도인들이 상정한 바즈라였다.

그렇지만 천신 또는 왕이 가진 여러 가지 특별한 보배의 일종이라

38) 정우 스님(2011), p. 231.

고 열거될 때에는, 바즈라가 과연 다이아몬드라는 구체적인 보석을 지칭하는지 아니면, 무기로서의 금강저를 뜻하는 것인지는 불분명한 경우가 있다.

예컨대 금강저에 대해서 "원래 고대 인도의 무기였다."라는 설명을 볼 수 있다.[39] 또는 고대 인도의 무기이긴 하지만 "아리얀의 전쟁 신인 인드라가 좋아하는 무기가 바즈라, 즉 벼락이다."라고 설명을 하기도 한다.[40] 하지만 이러한 설명은 고대 신화 속 신들의 무기와 인간 세계의 전쟁에서 실제로 사용되는 실용 무기가 혼재된 예라고 본다.

필자는 바즈라를 고대 인도의 무기라고 보는 경우에는 천신의 보배라는 관념과 교차 쓰임이 가능하며, 이러한 용법에는 바즈라가 다이아몬드라는 구체적인 보석, 즉 금강석을 가리키지 않고 인드라의 무기와 같은 개념을 지시한다고 본다. 그러나 왕이 가진 무기들 중 하나, 또는 보배들 중 하나라고 열거되는 바즈라는 신화적인 상징소를 토대로 한 다음에 구체적인 형상으로 정립된 것이라고 본다.

따라서 그 이면에는 신화적인 배경이 깔려 있을지라도 이미 구체화된 바즈라를 소유하는 것은 가능하다. 물론 그 경우에도 바즈라를 어떤 재질로 만드는가 하는 문제는 별개의 것이다. 신화 속에서 바즈라는 인드라가 아수라를 퇴치하는 과정에서 무기로서 구상화된 신화소로서의 무기일 뿐이고 구체적 물상 또한 뼈의 형태와 번개의 특성을 따서 모사한 형상화라고 보아야 하기 때문이다. 그러므로 바즈라에 대해서

39) "原爲古代印度之武器."(佛光大藏經編修委員會(1988), p. 3543 상.) 佐和隆研(1975), p. 231.

40) Stutley(2001), p. 71.

"범어 vajra를 번역하여 금강(金剛)이라 한다. 이는 쇠 가운데 가장 강한 것이라는 뜻이다. …… 보석의 이름으로도 쓰이고 있으니 금강석 곧 다이어몬드가 그것이며, 이 보석은 무색투명한 물질로 햇빛이 비치면 여러 가지 빛깔을 나타내므로 그 기능이 자재한 것에 비유가 된다."[41]라든가 또는 "금속 가운데서 가장 견고하다는 뜻. 보석으로서의 금강석."[42] 등으로 사전적 설명을 내리기에는 바즈라의 원형은 그리 단순하지도 않고, 그 근거도 희박한 서술이라 본다.

그리스 신의 지물 유래설

금강역사 또는 인드라 신의 원류가 그리스의 신격에서 비롯된 것이라고 보는 주장을 배경으로 하여, 금강저의 유래도 그리스 신의 지물에서 유래된 것이라고 보는 입장이 있다.

그리스 신화에서 번개는 제우스 신의 무기였다. 하늘을 지배하는 최고 신격인 제우스의 번개는 마치 인드라와 비견되며 둘이 동일한 번개의 신으로서 일치한다. 그런데 여기서 더 나아가 간다라 불교 미술에 등장하는 바즈라의 주인공은 제우스와 다를 바 없다는 설이 자연스레 등장하고, 간다라 미술과 그리스 미술의 연관성을 강조하는 입장에서는 인드라가 아니라 제우스 또는 헤라클레스가 금강저를 들고 붓다의 협시로 등장하고 있다는 설도 제기되었다. 그 중 대표적인 설은 알프레드 푸쉐(Alfred A. Foucher, 1865~1952년)의 연구

41) 주보연 편저(1998), p. 92.
42) 김승동(2001), p. 207.

인데, 이주형은 그의 연구가 현재 "학술적 효용을 많이 상실"[43]했다고 설명하면서도, 바즈라파니에 대해서는 푸쉐의 견지를 따르고 있는 듯하다.

이주형은 푸쉐의 도상 설명을 그대로 채용하는 각주를 단 본문 서술 중에 "간다라 미술에 등장하는 바즈라파니는 서양 고전 미술의 헤라클레스, 헤르메스, 제우스, 디오니소스, 에로스, 판 등 다양한 신의 유형을 차용하여 표현했다."[44]고 하면서, "서양 고전 미술의 여러 유형을 차용한 바즈라파니"로서 "바즈라파니-헤르메스", "바즈라파니-디오니소스", "바즈라파니-제우스", "바즈라파니-판" 등의 표현을 열거하고 있다.[45] 그러나 바즈라파니와 함께 열거되는 여러 그리스 신들과 바즈라라는 지물을 연결시키는 고리는 명료하지 않다.

심재관은 "헤라클레스 모습을 하고 붓다를 호위하는 간다라의 신장상은 경전 속에 이미 존재해 있던 바즈라파니를 조각한 것이라고 단정하기에는 무리가 따른다."[46]라고 하면서, "인드라를 전제하지 않고 곧장 헤라클레스를 연결시킬 수 있다. 바즈라파니가 곧 헤라클레스인 셈이다. 이 두 존재를 연결하는 매개는 그들의 지물인 '바즈라'이다."라는 견해를 제시한다.[47]

---

43) 이주형(2003), p. 377.

44) 이주형(2003), p. 246. 이주형의 글 중 "디오뉘소스"라고 쓰여 있는 것을 필자가 '디오니소스'라고 교정하였다.

45) 이주형(2003), p. 391.

46) 심재관(2009), p. 4.

47) 심재관(2009), p. 7.

스넬그로브도 바즈라를 든 모습의 상은 그리스의 신상과 유사하다고 이해하였고 다음과 같이 말하였다. "바즈라는 원래, 베다의 신 인드라의 벼락인데, 그리스 전통의 주피터(Jove)와 매우 유사하다. 바즈라는 불교에서는 바즈라파니의 상징으로 수용되었고, 샤키야무니의 특별 보호자로서 초기 불교 조각에서 자주 등장한다."[48]

만약 불교만의 범주 안에서 금강역사와 금강저를 논하고자 한다면, 그러한 가설이나 추정이 성립할 수 있을지도 모른다. 하지만 이러한 설에 따르면, 그리스 신상이 들고 있는 금강저 이전에는 인도에 어떠한 금강저도 등장하지 않아야 논리적인 정합이 성립될 것이다. 그러나 그것은 앞서 살펴본 여러 경우에 비추어 보아도 사실일 리가 없다.

단적인 예를 들자면 다음과 같다. 서기 3세기경에 조성된 것으로 추정하고 있으며, 간다라 양식을 띤 핫다(Haḍḍa) 출토품은 헤라클레스와 바즈라파니의 연결 고리로서 설명되는 대표적인 작품이다.[49] 그러나 그보다 먼저 조각된 마투라 양식의 조각품에 등장하는 바즈라파니는 서기 152년경 작품이다.[50]

필자는 간다라 미술 양식에 그리스식 양식이 영향을 준 것은 사실이지만, 그 표현 내용은 거의 전적으로 경전과 문헌적 전승을 토대로

48) Snellgrove(1978a), p. 425.
49) Snellgrove(1978a), p. 180.
50) Snellgrove(1978a), p. 57. Huntington(1999), p. 153.

한 것이라고 본다. 간다라 양식 속에서 다양하게 드러나는 소위 마투라 양식이나 그 외 일반적인 고대 인도적 미술 양식은 당연히 간다라 불교 미술보다 선재한 것이기 때문이다. 그러므로 "집금강신"의 외형이 그리스 신상과 유사하다는 뜻에서 '헤라클레스형의 집금강신'이라고 명명할 수는 있을 것이다.[51] 그러나 필자로서는 금강역사와 바즈라에 대해서 심재관이 추정하듯이, "고대 인도 북서부 지역에서 일종의 헤라클레스 컬트가 존재했을 가능성"이 있다거나, "'곤봉'을 들고 있는 헤라클레스의 명칭은 당연히 '인도식' 표현법으로 '바즈라파니'가 되는 것이고 그 이름은 고유 명사가 된 것"이라고 보지 않는다. 더구나 "도상이 텍스트에 영향을 준 특별한 하나의 사례"라고 보기도 어렵다고 생각한다.[52]

인드라의 곡구 유래설

바즈라의 모양이나 기원에 대하여, 인드라 신이 코끼리를 조련하기 위해 가지고 다니는 곡구(曲鉤, aṅkuśa)라는 도구와 관련성이 있다고 보는 설이 바로 인드라의 곡구 유래설이다.

인도에서 신들의 지물은 해당 신의 속성을 표시한다. 신의 속성을 표시하는 또 다른 방식은 탈것(vāhana)이다. 인드라 신의 탈것은 아이라바나(airāvaṇa) 또는 아이라바타(airāvata)라는 이름의 코끼리이다.

인도에서는 고대부터 코끼리를 조련시켜서 쓸모에 따라 다양하게

51) "부처님의 호위자인 바즈라를 든 헤라클레스형의 집금강신(執金剛神)이 서 있다."(유근자(2011a), "41. 부처님의 납관".)

52) 심재관(2009), pp. 7~8.

사용해 왔는데, 코끼리를 제어하고 조련시키는 도구가 바로 곡구였다.

다음 <그림 35>와 <그림 36>은 서로 다른 이름의 두 지물을 보여 주고 있으나, 원어는 두 단어 모두 앙쿠샤로 일치한다.

그림 35 ▎ 곡구[53)]

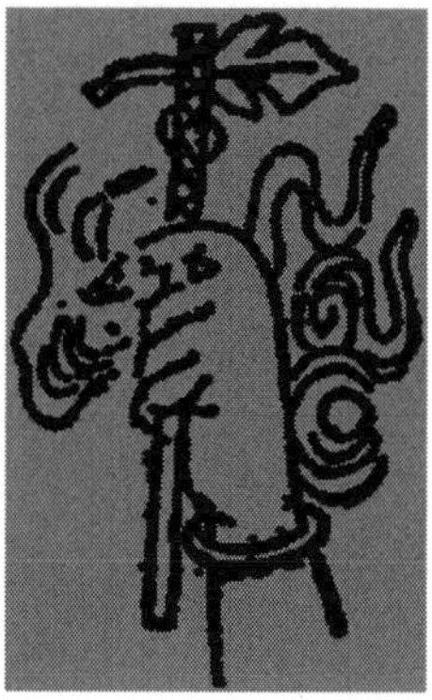

그림 36 ▎ 구시철구[54)]

구시철구(俱尸鐵鉤)의 구시(俱尸)는 앙쿠샤의 축역이고, 철구(鐵鉤)는 다른 문헌에서 앙쿠샤에 대한 번역어로 쓰이기 때문에, 음역과 의역을 동시에 쓰고 있는 용례일 뿐이다. 물론 그림의 형태로 보자면, 구시철구는 인도 전래의 도끼, 파라슈(paraśu)에 근접한 형태를 보여 주고 있다.

곡구를 든 인드라는 자이나교의 도상에서도 어렵지 않게 찾아볼 수 있다. 다만 자이나교에서는 곡구를 언제나 인드라 신과 결합하여 사용

---

53) "盎句奢此云曲鉤"(T. 54, p. 437 중).

54) "俱尸鐵鉤手"(T. 20, p. 118 상).

하며, 다른 야크샤 신 등의 지물로는 찾아보기 힘들다. 또 인드라의 지물일지라도, 자이나교의 경우에는 곡구 모양의 지물보다는 바즈라 형태의 지물을 들고 있는 예가 많다. 그 이유 중 하나는 자이나교 전통에서는 인드라의 종자(從者) 신으로서 아이라바나보다는 하리나이가메쉬(harinaigameṣī)라는 이름의 영양(羚羊) 신을 더 앞세우고 있기 때문인 듯하다. 따라서 바즈라가 인드라의 곡구에서 유래된 것이라고 주장하려면, 엄밀히 말해서 코끼리를 탈것으로 전제한 경우의 인드라 신에 국한하여 곡구가 지물로 표현된 것이라는 부연 설명이 따라야 할 것이다.

금강저의 형태와 상징적 원형

법구로서의 금강저는 주로 밀교 계통의 종파에서 주로 사용하기 때문에 금강저는 밀교의 법구라고 간단히 설명되기도 한다. 따라서 선종(禪宗)이라든지 남방 불교 계통의 종파에서는 의례든지 수행자의 실제 생활에서든지 금강저를 사용할 여지가 그다지 많지는 않다. 그래서 금강저의 사용 여부는 교파의 성향을 판단하는 데에도 적잖이 도움을 주기도 한다.

예컨대, 조계종 계통에서는 금강저를 거의 내세우지 않고, 주로 상징적인 의미로 사용하는 데에 그치는 것과 같다. 반면에 밀교적 성향을 띠는 종파일수록 금강저는 전면에 등장하고 수행자의 법구로 사용되고 있다. 그 중 가장 대표적인 종파로는 티베트 밀교를 꼽을 수 있을 것이다. 이러한 특징은 CETC.에서 "金剛杵"를 단순 검색만 해 보아도 쉽게 알 수 있다. "金剛杵"는 『잡아함경』에서 3회, 『증일아함경』에서 1회가 나올 뿐이고, 그 외 출처는 밀교부 문헌이 절대적인 다수를 차지하고 있다. 그리고 아함부 문헌에 나오는 금강저일지라도 '인드라'와는 무관하게 등장하고 있다는 사실은 금강역사의 정체와 관련하여 주목을 끄는 점이다.

금강저는 불교뿐만 아니라 인도의 다양한 신상(神像)의 도상과 예술 작품에서 흔히 볼 수 있다. 그런데 금강저의 형태는 일반화된 듯하면서도 실제로는 매우 복잡한 양상을 띠고 있다. 물론 후대의 밀교 문헌에서는 금강저를 만드는 방법과 모양, 크기에 대해서 명확하게 규정하고 있으며, 그 용도까지도 매우 상세하게 규정하여 전하고 있다. 그러나 여기서 논하고자 하는 것은 후대 밀교의 법구(法具)로서의 금강저라기보다는 초기 불교의 금강역사와 관련된 특성으로 한정하고자 한다.

앞서 언급한 여러 가지 유래에 따라 그 형태와 기능은 차이가 나고, 매우 복합적인 특성을 나타내는 것이 금강저이다. 특히 여러 전승들이 서로 얽히고 영향을 주고받은 끝에 지금의 금강저는 매우 중층적인 상징과 다양한 기능적 특성을 지니게 된 것이다. 그런데 그러한 특성에서 비롯된 것이라고 단정할 수는 없지만, 그 이름만으로도 혼동을 초래하는 실례가 있다.

가범달마(伽梵達摩, Bhagavaddharma)가 번역한 『천수천안관세음

보살광대원만무애대비심다라니경』에서는 다음과 같이 동일한 바즈라에 두 종류의 의미를 부여하고 있다.

> 만약 모든 천신과 악신들의 항복을 받고자 한다면, 마땅히 발절라 수인(手印)에.[55)]
>
> 만약 모든 원수와 적수를 굴복시키고자 한다면, 마땅히 금강저 수인에.[56)]

여기서 발절라는 바즈라의 음역어이고, 금강저는 바즈라의 의역어로서 서로 다를 것이 없다. 그런데 굳이 의미를 구분하여 따로 열거한 이유는 무엇인가?

이와 동일한 내용을 담고 있는 문헌으로서, 불공(不空, Amoghavajra)이 번역한 『천수천안관세음보살대비심다라니』에서는 구체적인 도상을 제시하고 있다. 거기에 나오는 발절라와 금강저의 모양은 <그림 37>과 <그림 38>에서 보듯이 서로 구분되어 있다.[57)]

그런데 원전에는 <그림 37>과 <그림 38>처럼 제5수와 제6수가

---

55) 수인과 계인(契印)을 구분하는 경우에, 아무런 지물도 들지 않고 맨손으로 짓는 것을 수인이라 하고, 손에 지물을 들고 있을 때는 계인이라 하며, 둘을 합쳐서 인계(印契)라고 한다. 그러나 일반 도상학적으로는 무드라(mudrā)라는 하나의 단어에 수인과 계인, 자세 등을 모두 포함하여 설명하고 있으며, 광의로 수인이라 통칭한다. 이 글에서는 계인과 수인을 구분하지 않고 광의의 의미로 쓰고자 한다.

56) 『千手千眼觀世音菩薩廣大圓滿無礙大悲心陀羅尼經』, "若爲降伏一切天魔神者, 當於跋折羅手. 若爲摧伏一切怨敵者, 當於金剛杵手."(T. 20, p. 111 상.)

57) 『千手千眼觀世音菩薩大悲心陀羅尼』에 나오는 내용은 현재 우리나라 불교의 신행 생활에도 큰 영향을 주고 있으며, 관음전을 비롯한 사찰 건물의 단청이나 벽화, 불화 등의 도안에도 그대로 채용되고 있다.

나란히 열거되어 있는 것은 아니다. 이 판본에 나오는 수인들의 열거 번호는 거의 모두가 뒤죽박죽으로 매겨져 있다. 필자는 그러한 혼돈의 이유가 그에 앞서 번역된 가범달마(伽梵達摩) 본에 의거해서 정리 번호는 별도로 정리하여 붙여 놓았기 때문일 것이라고 추정하고 있다.

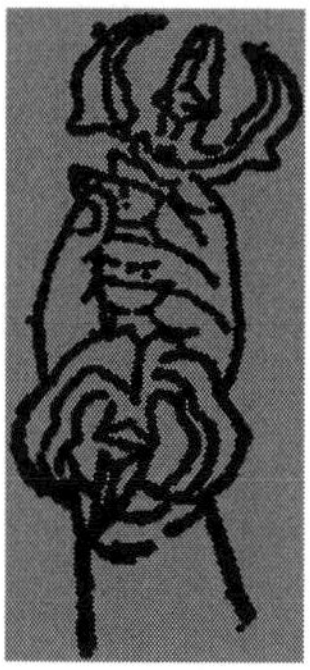

그림 37 ▎ 제5수 발절라 수인[58]

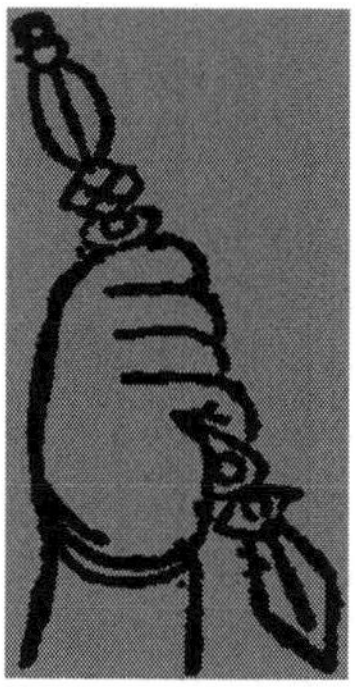

그림 38 ▎ 제6수 금강저 수인[59]

이러한 문헌에서 이처럼 동일한 바즈라의 2종 형태를 번역의 차이를 통해서 구분하고자 했던 이유는 무엇일까? 아마도 모양이 다르면 이름도 달라야 한다고 생각했던 것은 아닐까? 바즈라의 기원이 단순하지 않듯이, 바즈라의 형태나 기능 또한 단순하지 않다. 바즈라의 다양한 형태는 그 유래의 갈래가 여럿인 데서 찾아야 할 것이다.

위에서 보듯이, 제5수와 제6수는 둘 다 발절라인 동시에 금강저이다. 따라서 엄밀하게 말하면, 발절라 또는 금강저라고 부르는 이름으

58) T. 20, p. 119 상.
59) T. 20, p. 118 상.

로는 그 둘이 구분되는 것이 아니다. 그 둘을 분명하게 구분하고자 한다면 서로 다른 이름을 붙여야 할 것이다. 예컨대 바즈라의 의역어로서 '저'(杵)를 취하고, 양 끝의 고(鈷, śūla)의 수를 헤아려서 '제5수 삼고저(三鈷杵) 수인' 또는 '제6수 독고저(獨鈷杵) 수인'이라고 이름 붙일 수 있을 것이다.

필자의 이러한 견해를 뒷받침해 주는 구절이 삼매소박라(三昧蘇嚩羅, samādhisvara)가 번역한 『천광안관자재보살비밀법경』에 나온다. 여기서는 삼고 금강은 발절라로, 독고 금강은 금강저로 부르고 있는 듯하다.[60] 그리고 앞서 고찰한 유래설에 따라 분석해 보자면, 제5수는 번개나 강골에서 유래된 삼고저(三股杵) 형태이고, 제6수는 수문신의 무기나 지물에서 유래된 독고저(獨股杵) 형태를 띠고 있다고도 볼 수 있다. 어찌 해석하든지 간에 제5수와 제6수의 이름을 각각 발절라 수와 금강저 수로 붙여 놓은 것은, 마치 모양과 쓰임새가 크고 작은 두 개의 '철사기(鐵絲機, stapler)'를 두고, 하나는 음역하여 '스테이플러'라고 명명하고, 다른 하나는 번역하여 '지철기'(紙綴器)라고 이름 붙이는 것과 다르지 않다.

오랜 역사적 기원을 가지고 있으며, 그 전승 과정에서 고유의 특성을 지니게 된 어떤 사물이나 도상은 그 고유한 이름과 상징이 상호 긴밀해지기 마련이다. 특히 도상학적 역사가 유구한 인도의 경우

60) 『千光眼觀自在菩薩祕密法經』, "是故有跋折羅手(唐言金剛是三鈷金剛) 金剛杵手(獨鈷金剛)"(T. 20, p. 120 상).

에는 더더욱 그렇다. 금강저의 경우에도, 삼고저와 독고저가 서로 상징하는 내용이 각기 달라진다. 모양과 이름이 달라진 만큼 그 기능과 효력뿐 아니라 상징성도 달라지기 때문이다.

한 예를 들자면, 금강저의 모양을 4각으로 보는 경우에 "상단의 검두(劍頭)는 금강계(金剛界)의 지혜, 아래의 사각은 태장(胎藏)의 이치로 대지(大地)를 표현하였고, 4방 4면은 발심・수행・보리・열반 등 4문(四門)을 나타낸 것이다."라고 하며, 금강장(金剛杖)의 원어를 바즈라단다(vajra-daṇḍa)라고 한 뒤, 금강저, 즉 바즈라와 동일하게 간주하고 다음과 같이 설명하고 있다.

> 집금강신(執金剛神)이 일체의 마군(魔軍)을 항복받아 불법(佛法)을 호지(護持)하고 중생을 요익(饒益)하게 하기 위해 들고 있는 금강저(金剛杵).[61]

하지만 독고저이든 삼고저, 또는 오고저이든 다양한 금강저의 원형은 다양한 유래가 복합된 결과라고 보아야 한다. 우리가 흔히 떠올리는 금강저의 일반적 형태는 『일체경음의』에서 보여주고 있는 다음 그림과 크게 다르지 않을 것이다.

---

61) 이지관(1999), p. 913.
62) 『一切經音義』, 제21권, "跋折羅此云杵."(T. 54, p. 437 중.)

그림 39 ▍금강저[62]

일찍이 중국에서 바즈라를 번역할 때 인지하고 있었던 형태도 그와 같았을 것이다. 그런데 한역자(漢譯者)들은 그 모양에서 절굿공이 또는 방앗공이를 떠올렸고, 그러한 절굿공이 종류를 가리키는 저(杵)라고 번역했을 것이다. 이는 바즈라와 저, 두 사물의 형태적 유사성을 따서 번역어를 선택한 것이다. 그러나 바즈라는 절굿공이 종류와는 아무런 관련이 없다. 가장 간단하게 도식화된 바즈라는 마치 작은 아령과도 같지만, 그것도 사실은 다음 삽화들에서도 보듯이 뼈 모양을 딴 것이라고 보아야 한다. 단순화된 바즈라의 형태는 뼈 모양과 매우 흡사하다. <그림 41>은 작은 아령 모양의 바즈라로 아수라왕을 공격하는 인드라의 모습을 그린 삽화이다.

자이나교에 등장하는 바즈라는 그 모양과 상관없이 인드라의 지물이고, 『바가바티 수트라』(*Bhagavatī Sūtra*)에서도 보듯이 바즈라파니는 인드라의 별칭으로서 거의 당연시되고 있다.[63]

---

63) 『바가바티 수트라』에서는 인드라의 여섯 가지 별칭을 열거하면서 바즈라파니를 말하고 있다.(Maharaj(2005), p. 417.)

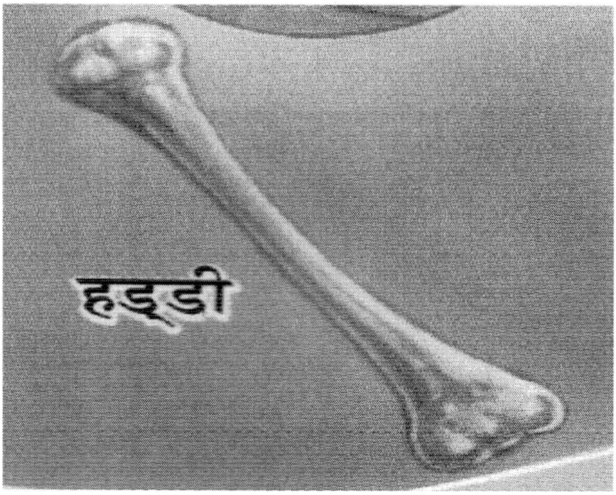

그림 40 ▎뼈 그림[64)]

그림 41 ▎아수라에게 바즈라를 던져서 공격하는 인드라[65)]

이처럼 아령 모양뿐 아니라, 여러 갈래의 갈고리 형태로 갈라진 바즈라는 당연히 갈비뼈의 갈래 모양을 딴 것이라고 보아야 할 것이다. 다만 수문신의 무기설과 관련해서는 장대처럼 긴 막대 형식부터 곤봉 모양 등, 훨씬 다양한 형태를 보여 주고 있으므로, 간단히 단정할 수는 없지만, 시대적 변천과 지역적 영향이 큰 요소로 작용했을 것이라고 추정할 수 있을 것이다.

그 외에, 간다라 시대 붓다의 열반 장면에 등장하는 금강역사가 왼손에 들고 있는 바즈라에 대해서 고대 물시계(clepsydra) 모양이라고 설명하기도 한다.[66] 그러나 필자는 바즈라의 원형 신화는 인드라의 무기로서 번개에서 파생된 것이고, 그 무기의 형성 배경에 강골 신화가 삽입된 것이라고 본다. 따라서 바즈라의 모양은 어떤 형태이든지 다디치의 뼈 또는 인도 신화적 기원과 연결점을 찾는 것이 보다 더 근사치를 도출할 수 있는 추정이 될 것이다.

이러한 형태적 원형이 반영된 바즈라의 특징으로는 좌우 끝이 대칭을 이루며, 손잡이가 중앙에 있다는 점을 꼽을 수 있다. 또한 바즈라를 쥐는 법은 손으로 그 중앙을 잡거나, 밀교에서 보여 주고 있듯이, 오른손바닥에 세로로 세워서 받쳐 들고 있는 형식을 취한다. 간혹 불화나 신중탱화에서는 바즈라를 손바닥에 가로로 눕혀서 들고 있거나,

64) Śrī Amara(2008), p. 82-1, 삽화의 일부.
65) Śrī Amara(1995), 삽화 M 23의 일부. 자이나교 문헌에서는 주로 데바(deva)의 인드라(devendra ; deva-indra) 대(對) 아수라(asura)의 인드라, 즉 아수라의 왕인 차마렌드라(camarendra ; camara-indra)의 대립으로 이야기가 펼쳐진다.
66) Snellgrove(1978a), p. 188.

두 팔을 합장하고 그 사이 두 팔에 가로로 끼워 들고 있는 모습을 보기도 하지만 흔한 것은 아니다.[67] 이와 관련한 예로서, 우리나라에서 제석천의 상으로 가장 오래된 것은 석굴암의 경우이다. 그런데 석굴암의 제석천은 왼손으로 금강저를 받쳐 들고, 오른손으로는 털채를 잡고 있다.[68]

금강저는 밀교 계통의 경전에서 규정하고 있듯이, 무기라는 개념이 앞서기 때문에, 또한 남성 원리를 상징하기 때문에, 대체로 오른손으로 잡아야 한다고 규정하고 있다는 것을 상기하면, 석굴암의 제석천상은 상당히 예외적인 수법이 아닐 수 없다. 아니면, 그런 만큼 석굴암 조성과 밀교 계열 내지 밀교적 특성과는 일정한 거리가 있다고 해석할 수 있는 단초로도 보인다.

바즈라를 잡는 형식은 다른 무기들, 예를 들어 아수라의 무기인 곤봉(gadā)과는 확연히 구분되고 있다. 곤봉은 결코 중간을 잡거나 받쳐 들 수 있는 무기가 아니다. 따라서 바즈라를 "곤봉"이라고 번역해서는 안 된다. 이 점은 몽둥이나 방망이에도 동일하게 적용된다.

인도 신화상으로는 대체로 언제나 인드라 신은 크기는 작지만 가장 강력한 힘을 갖고 있는 바즈라를 손에 쥐고서, 커다란 곤봉을 휘두르는 아수라 왕을 간단히 제압하고 패퇴시킨다는 것이 신화의 골조를 이룬다. 이러한 내용은 자이나교나 불교, 힌두교를 막론하고 큰 차이가 없다. 간단히 말하자면, 앞서 고찰한 대로 필자는 인도 신화적인 기원을 고려한다면, 바즈라의 가장 유력한 형태적 원형은 어디까지나 뼈에서

67) 「104위 신중도」의 중앙에 두 손은 합장한 채로 두 팔에 가로 방향으로 금강저를 들고 있는 신상이 있다.(홍윤식(1996), p. 22.)

68) 문명대 외(2011), 도 8 제석천, 참조.

찾아야 한다고 생각한다. 그것은 자이나교, 불교, 힌두교, 탄트라교에 나타난 바즈라에 모두 적용된다.

그림 42 ▌오른손에 몽둥이(mudgara)를 쥔 아수라 왕[69]

금강저의 상징소적 특성

하나의 물상(物象)이 서사적 구조로 편입되는 과정에서 결합되는

69) Maharaj(2005), Vol. 1, 삽화 p. 10.

상징적인 의미는 그러한 물상이 어떠한 상징소로서 어떠한 기능과 작용을 하는가에 따라 달라진다. 마치 하나의 단어가 언어적 맥락에 따라 뉘앙스가 달라지는 것과도 같다.

금강저는 그 유래도 단순하지 않듯이, 매우 다층적인 의미와 상징을 지닌다. 금강저는 흔히 '금강'이라고 줄여서 부르는데, 그 용례에 따라서 어떤 구체적인 물상(物象) 또는 특정한 오브제에 국한되기보다는 오히려 추상적이거나 상징적으로 쓰이는 용례가 훨씬 더 많다. 따라서 금강저의 올바른 상징소를 적절하게 읽어내는 것은 적잖이 세심한 주의를 요한다.

그럼에도 불구하고 복잡하고 다양한 의미 용례와는 달리, 바즈라에 대한 영어 번역어로는 벼락(thunderbolt)과 금강석(diamond)을 뜻하는 두 단어로 정리되어 가고 있는 추세에 있다. 특히 갈수록 빈번하게 다이아몬드가 쓰이고 있으며, 바즈라가 곧 다이아몬드라고 설명하는 경우도 흔히 볼 수 있다. 단적인 예를 들자면, 금강경의 원어는 "*Āryavajracchedikāprajñāpāramitāsūtra*"이고, 그에 따른 영어 번역으로는 "다이아몬드 수트라"(*Diamond Sūtra*)가 가장 널리 통용되고 있다는 사실을 들 수 있다.[70)]

더 나아가 사전이나 문헌에 따라서는 아예 바즈라의 기본적인 뜻이 다이아몬드라고 규정하고 있다.[71)] 그러나 한편으로는 바즈라가

---

70) 인터넷 사이트 "http://en.wikipedia.org/wiki/Diamond_Sutra", 참조.

71) 이지관(1999), pp. 832, 917. 여기서는 각기 원어가 vajra로 동일하다는 것을 밝히고 있으며, '금강저'와 '금강' 항목을 별개로 서술하고 있는데, '금강' 항목 중에서 "금강석(金剛石), 곧 다이아몬드를 말한다. …… 낮에는 햇빛을 받아 갖가지 색을 내고, 밤에는 형광을 방출한다."라고 설명한다. 벳산타라도 이와 동일하게 설명하고 있다.(Vessantara(2001), p. 9, 참조.)

번개에서 유래되었다고 보는 설도 적지 않다. 도리어 여러 문헌들이 일말의 고려도 없이, 바즈라는 번개이며 인드라의 무기라고 설명하고 있는 것을 쉽게 찾아볼 수 있다. 그 중 대표적인 예를 들면 다음과 같다.

전재성은 금강경의 명칭에 대한 설명에서, 영어로 다이아몬드경이라고 한다고 언급한 뒤, 그러한 영어 제목은 "정확히 그 의미가 들어맞는 것이라고 보기는 힘들다."라고 말한다.[72] 그 이유로서는 마트리체타(Mātṛceṭa)라는 찬불(讚佛) 시인의 문구를 예시하면서 다음과 같이 설명한다.

마트리체타는 반야 바라밀에 대해서, "교만의 산맥을 부수는 인드라 신(Śakra)의 무기(Vajra)란 표현을 했는데, 여기서 인드라 신의 무기는 곧 이는 곧 다이아몬드가 아니라 번개를 뜻하는 것이다."라고 단정하고 있다.[73] 그에 따라 전재성은 금강경의 주해와 관련된 모든 설명에서 바즈라는 번개라고 서술하고 있다. 단적으로 그가 이 금강경의 역주서에 부제를 붙이기를, "번개처럼 자르는 지혜의 완성"이라고 요약하고 있는 점으로도 잘 알 수 있다.[74]

그러나 필자는 "*Āryavajracchedikāprajñāpāramitāsūtra*"라는 경전 이름에 사용된 바즈라는 구체적으로 '번개'나 '다이아몬드'에 대응하는 말이 아니며, 복합적인 상징소를 가진 단어로서 비유적인

---

72) 전재성(2003), p. 415.

73) 전재성(2003), p. 416. 필자가 밑줄 그은 단어를 맞춤법에 따라 바로잡았고 띄어쓰기를 교정하였을 뿐 그 외 본문의 내용을 그대로 옮겨 써 두었다.

74) 전재성(2003), 책 제목, 표지 참조.

용법으로 사용되었다고 풀이해야 된다고 본다. 굳이 경의 이름을 줄이고자 한다면, "반야경"이 적절할 것이라고 생각한다. 경의 이름이나 경의 전체 내용에서 강조하는 핵심은 반야(prajñā)이기 때문이다.

심재관은 인드라 신화를 논하는 가운데 『마하바라타』의 한 구절을 인용하면서, "바위나 나무, 벼락(바즈라) 또는 무기에 의해 죽지 않는 것이다."[75]라고 하며, 바즈라를 자연 현상의 벼락으로 동일시하고 있는 듯하다. 언제나 간과해서는 안 될 중요한 것은 구체적인 맥락과 상황 속에서 발휘되는 상징소이다. 그 상징소를 제대로 읽어내지 못한다면, '세상에서 가장 강력한 뼈'를 '다이아몬드'로 번역하는 결과를 초래할지도 모른다. 예컨대 『일체여래대비밀왕미증유최상미묘대만나라경』에도 나오듯이 금강저는 밀교에서 전법을 상징하기도 한다. 스승이 제자에게 금강저를 건넸다고 하자. 그런데 제자는 그 뜻을 알아채지 못하고 단순히 흔한 법구, 물건 하나를 얻었다고 생각한다면 상호간에 패착(敗着)이란 이만저만이 아닐 것이다.

인도 신화에서 기원한 금강저는 불교에 채용된 뒤 더욱 다양한 상징성을 갖는 불구[佛具, 法具]로 발전하였다. 그러한 과정에서 금강저의 본래적 기능 위에 온갖 밀교적 교리가 더해졌고, 매우 중층적인 상징소와 결합되기에 이르렀다.

"순수 상징으로서, 바즈라는 남성적 요소, 연꽃은 여성을 표현한다."[76]

---

75) 심재관(2011), p. 14.

이러한 상징은 밀교에서 더욱 심화된다. 밀교, 즉 금강승(vajrayāna)에서 완전한 깨달음은 공성(空性, śūnyatā)을 깨닫는 것이고, 그것은 곧 "바즈라"라는 말과 형태로 표현된다. 그러나 조금 더 세부적으로, 금강승에서 남성과 여성은 각기 방편(upāya)과 지혜(prajñā)를 대신하는 상징으로 쓰이고, 여성 원리인 지혜는 '바즈라 칸야(vajra kanyā)'라고 한다. 방편은 바즈라로 대신하여 상징되며 남성 원리라고 설명한다.[77] 두 원리의 결합(yab-yum)은 금강승에서 추구하는 깨달음이라는 최고의 경지를 의미하는 동시에 불교 탄트라에서 말하는 최고의 희열(mahāsukha), 즉 니르바나이고, 보리심의 현현이다. 이것이 불교 탄트라의 수행 목적이다. 불교 탄트라의 상징 체계는 다음과 같이 정리된다.[78]

남성 원리=방편=**바즈라**=남자 성기(liṅga)=보석(maṇi)
여성 원리=지혜=파드마=여자 성기(yoni)=연꽃(padma)[79]

이러한 도식에서 바즈라가 보석 즉 마니로 대치되고 있다는 것을 알 수 있다. 하지만, 이 경우 마니가 다이아몬드를 지시하는 것은 아니라는 사실은 누구나 알아챌 것이다. 만약 누군가 보석상에 들어가서 다이아몬드를 원하는 마음으로 '바즈라'를 달라고 한다면 어떻게 될까?

---

76) Snellgrove(1978a), p. 425.
77) Mishra(2000), pp. 34, 43~45.
78) Mishra(2000), pp. 25, 44.
79) Majupuria & Majupuria(2011), p. 114, 참조.

황당한 상황이 펼쳐질 것이다. 왜냐하면 보석상 주인은 다이아몬드를 '히라'(hīra)로 알고 있을 테니까 말이다. 반대로 종교 성물(聖物)을 파는 가게에 가서, 바즈라를 원하면서, '히라'를 달라고 한다면 어떻게 될까? 당연히 그 주인은 손님이 기대하는 바즈라를 주지 않을 것이다. 그는 '히라'를 다이아몬드라는 보석의 이름으로 알고 있을 것이고, 그 곳에서는 취급하지 않을 테니까.

천둥 번개가 내려치는 것을 가리켜, 바즈라라고 말하는 것은 인드라의 신화가 개입되어 있기 때문이다. 적어도 인드라 신의 바즈라는 우리가 흔히 아는 다이아몬드가 아니다. 다시 말하면, 바즈라는 다이아몬드가 아니다. 단지 부족한 예시와 언어적 표현의 한계로 인해서 '마치 다이아몬드처럼 강한 바즈라'(adamantine vajra)라는 식으로 표현할 수 있을 따름이다. 그러므로 바즈라라는 하나의 상징(pratīka ; symbol)이 여러 가지의 다양한 상징소 또는 신화소로서 기능하고 있는 한 그에 해당하는 적확한 형상(pratimā ; figure)을 읽어 내고, 그런 다음에야 비로소 그 신화소의 '직관적인 의미' 즉 심상(心像, pratīta)를 얻는 데 성공할 수 있을 것이다. 불교 경전에 편입된 바즈라는 이미 천둥 번개가 아니며, 다디치의 뼈도 아니고, 몽둥이도 아니며, 다이아몬드는 더더욱 아니다.

바즈라와 금강저의 현재

지금까지 금강역사에 대한 연구는 주로 불교 미술사적인 연구와 주장이 거의 전부라 해도 과언이 아닐 정도였으며, 특히 도상학적인 연구를 중심으로 전개되어 왔었다. 또한 금강역사와 바즈라에 대한 기존의 연구 성과들 중 대다수는 가우타마 붓다의 생애와 관련된 에피소드에 집중되어 있다는 것을 알 수 있다. 그런데 중국과 서역, 우리나라, 일본에 이르기까지 불교가 전파되는 과정에서 다양한 모습으로 변화된 양상을 보여 주는 금강역사의 지물, 바즈라는 가우타마 붓다의 등장보다 더 오래된 인도 신화적 기원을 갖고 있다. 그와 관련하여 다양한 논의가 있지만 필자는 인도 불교의 역사에서 경전적 전승의 역사는 미술을 비롯한 유물의 역사보다도 앞선다고 보고 있다. 특히 간다라 불전도로 알려져 있는 미술품들이 초기 경전의 결집 이후에 등장하였으리라는 것은 여실히 추정할 수 있다. 물론 기록 문헌이나 유물적 논거를 통한 경전의 전승을 말하는 것이 아니다. 불멸 이후의 오랜 세월 동안의 구전 전통을 상기해야 한다.

붓다의 생존 시기의 전법과 열반 이후의 교리 전승에서 구전을 중심으로 이어져 내려온 전통이 얼마나 오랜 기간 동안 이루어져 왔던가? 그리고 그러한 구전의 전승 내용도 경전이라고 부른다면, 그리고 바로 그 구전 전통의 경전을 후대에 이르러 문헌으로 옮겨서 전승하고 있는 것이라면, 그러한 전승의 과정에서 미술품으로 표현하게 되는 시기가 대두했던 것이라면, 금강역사와 그의 지물인 바즈라에 대해서도 먼저 경전 연구가 선행되어야 하고, 그보다 먼저 구전 전통의 단계부터 연구하는 것이 선결 작업이라고 본다.

또한 초기 경전이 그 이전의 구전 전통의 내용을 반영하고 있다는 전제 아래서 초기 경전을 연구하는 것뿐만 아니라, 동시대의 다른 전통의 문헌, 예컨대 자이나교와 브라마나 전통의 문헌 속에 나타난 금강역사의 정체도 당연히 비교 분석해야 한다. 흔히 말하는 바즈라, 즉 금강저는 불교에만 나오는 것이 아니기 때문이다.

필자는 종래의 금강역사에 대한 연구의 정체성 논란이 한편으로는 불교 미술품에만 국한하였거나 또는 그것을 우선시하여 논의하였던 기존의 연구 방식에서 기인할 수도 있다는 데 착안하였다. 그래서 일단, 연구의 외연을 자이나교와 브라만교의 신화까지 넓히고자 시도하였다. 그리고 그 연구의 시작을 금강역사의 지물(持物), 즉 금강저에만 한정하여 논의하였다. "인생은 짧고 의술(醫術)은 길다. 기회는 순식간이고, 실험은 위험하며, 무엇보다도 판단은 어렵다." 굳이 히포크라테스의 이 명구를 들먹이지 않아도 뭔가 논증하여 판단하는 일은 지난한 작업이 되기 마련이다.

본론에서 보았듯이 금강저의 기원에 대해서는 여러 가지 유래가 있고 그에 따라 금강저의 기능도 매우 다양하다. 예컨대 번개처럼 빛을 낸다거나 뼈처럼 강인하다거나 수문장의 무기처럼 적들을 쳐부수고 제압하는 용도로 사용하는 것, 탁월한 기능을 가졌기에 보배와 같은 것 등이다. 이와 같은 여러 기능들이 신화적인 기원과 더불어 세월이 흐르면서 복합적으로 결합되어 발전하였고 그 결과로 현재의 형태에 이르렀다.

지금 우리나라 불교계에서 금강저를 종기(宗旗)의 도안으로 채용하고 있는 천태종 외에도 호법과 호신(護身)을 대표하는 도상이자 수행 도구 또는 불구(佛具)로 널리 쓰이고 있으며 상업적인 응용도 매우 활발한 대표적인 상징물이다. 예컨대 천태종에서는 종기 도안의 중앙에 있는 금강저 도상을 설명하면서 "금강저는 삿된 것을 물리치고 정법(正法)을 살리는 부처님의 지혜를 상징하며, 부처님을 모시는 금강신장(金剛神將)이 지니고 다니는 무기"라고 설명하고 있다.[80)]

천둥 번개를 신격화하고 그것이 신의 무기 또는 지물이나 상징물로서 형상화되는 과정은 인류사의 발달 과정에 따라 어느 지역에서나 쉽게 찾아볼 수 있다. 그러나 간다라 지역의 불교 미술품에 등장하는 바즈라파니의 의장 양식과 모습이 그리스 신상과 닮아 있다고 하여 그 신상이 불교 경전과 무관하게 조성되었다가 경전으로 편입되었다고 보는 것은 수긍하기 어렵다.

인도 문화사 속에 차지하고 있는 바즈라는 너무도 깊은 유래와 역사를 가진다. 그 역사적 진화 과정에서 바즈라를 지닌 신격들이 불교 전통에 포섭되어 붓다 당대부터 후대에 이르기까지 갈수록 심화되어 왔고 상징 의미 또한 중층적으로 심오해져 가는 과정을 겪었다. 요컨대 바즈라라는 상징소의 원형이 다양하고 매우 복합적인 만큼 그 상징적 의미도 단순하지 않다. 그러나 바즈라가 인도 신화에 등장하게

80) 인터넷 사이트 "http://www.cheontae.org", 참조. 여기서 금강신장이란 '금강저를 지닌 신으로서 불법을 수호하는 장수와 같은 신'이라고 풀이되며, 바즈라파니(vajrapāṇi)에 대응한다.

된 최초의 계기는 인드라 신이 고행자였던 다디치의 뼈로 만든 매우 강력한 무기를 가지고 이 세상을 지배했다는 데서 찾아야 할 것이다.

인드라의 무기로서 바즈라는 본래 그 재료가 뼈였기 때문에 형태적으로는 뼈의 모습을 따서 조성되지만 그 힘은 인드라가 원래 지니고 있던 벼락의 기능과 다디치가 고행력으로 얻은 온갖 초능력이 한데 합쳐져서 비할 데 없이 강력한 무기가 되었다. 또한 이러한 바즈라의 신화적인 기원과 상징적 원형에는 고행과 그 고행으로 얻게 되는 초월적인 능력, 즉 고행력을 고귀한 것으로서 숭상했던 인도 문화적인 배경이 깔려 있다는 것도 부인할 수 없을 것이다.

부록

■ 참고 문헌 ■

• 약호

CETC.: Chinese Electronic Tripiṭaka Collection, Version April 2024, 中華電子佛典協會(CBETA) ed..

PTS.: The Pali Text Society.

T.: 『大正新脩大藏經』. 판본(版本) 기록은 CETC.를 기준으로 삼는다.

X.: 『卍續藏』. 판본 기록은 CETC.를 기준으로 삼는다.

• 원전류

각묵 스님 역.

2005. 『디가 니카야』, Vol. 1, 초판, 울산: 초기불전연구원.

2006. 『디가 니카야』, Vol. 3, 초판, 울산: 초기불전연구원.

권오민 역주(2002). 『아비달마구사론』, Vol. 2, 서울: 동국역경원.

김월운 역.

2006a. 「40. 수장자경(手長者經)」, 『중아함경』, Vol. 1, 개정판, 서울: 동국역경원.

2006b. 『장아함경』, Vol. 2, 초판, 서울: 동국역경원.

대림 스님 역(2007). 「핫타카 경 1(A 8: 23) *Hatthaka-sutta*」, 『앙굿타라 니카야』, 제5권, 초판, 울산: 초기불전연구원.

돈연 역(1994). 『아함경』, 제1권, 서울: 민족사.

동국대학교.

1963. 『고려대장경』, Vol. 17, 영인본 초판, 서울: 동국대학교.

1965. 『고려대장경』, Vol. 19, 영인본 초판, 서울: 동국대학교.

동국역경원 역(2002). 『대방광불화엄경 Ⅰ』, 신판 1쇄: 1993, 신판 5쇄, 서울: 동국대학교 부설 동국역경원.

동국역경원 편(1993). 「40. 수장자경(手長者經)」, 『한글대장경 중아함경』, Vol. 1, 중판, 서울: 동국역경원.

박원자 역(2000). 『일체경음의(慧琳)』, Vol. 7, 초판, 서울: 동국역경원.

브루스터, 얼 H.(Brewster, Earl H., 1996). 『고타마 붓다의 생애』, 박태섭 역, 초판, 서울: 시공사.

역경위원회.

1989. 『아비달마구사론』, Vol. 1, 초판, 서울: 동국역경원.

1993. 『불반니원경 외』, 중판, 서울: 동국역경원.

1995. 『아비담심론 외』, 초판, 서울: 동국역경원.

이연숙 편역(1992). 「수장자경(手長者經) 상」, 『새아함경 Ⅱ 중아함·1』, 초판, 서울: 인간사랑.

이영무 역(1995). 『한글대장경 마하승기율』, 제2권, 서울: 동국역경원.

이운허 역(2006). 『대방광불화엄경 2』, 초판, 서울: 동국역경원.

전재성 역주.

2003. 『금강경 — 번개처럼 자르는 지혜의 완성』, 초판, 서울: 한국 빠알리성전협회.

2008. 「8: 23(3-3) 핫타카 알라바카의 경[*Hatthakāḷavakasutta*]」, 『앙굿타라 니카야』, Vol. 8·9, 초판, 서울: 빠알리성전협회.

최봉수 역(1998). 『마하박가』, Vol. 1, 초판, 서울: 시공사.

高楠博士功績記念會 纂譯.

1938.「大品」,『南傳大藏經 律藏』, Vol. 3, 초판, 東京: 大藏出版株式會社.

1939.『南傳大藏經 增支部 經典』, Vol. 21, 1st ed., 東京: 大藏出版株式會社.

佛光大藏經編修委員會(1988).『佛光大辭典』, 초판, 臺灣: 佛光出版社.

佛光山宗務委員會(1984).『佛光大藏經 阿含藏 中阿含經 1』, 초판, 臺灣: 佛光出版社.

中國佛教文化研究所(1999).『中阿含經』, 초판, 北京: 宗教文化出版社.

Bapat, P. V.(1970).『善見律毘婆沙 — *A Chinese version by Saṅghabhadra of Samantapāsādikā*』, 1st ed., Poona: Bhandarkar Oriental Research Institute.

Carpenter, J. Estlin ed.(1976). *The Dīgha Nikāya*, Vol. Ⅲ, 1st ed.: 1911, rep., London: The Pali Text Society.

Davids, T. W. & Rhys, C. A. F. trans.(1977). *Dialogues of The Buddha Translated From The Pali Of The Dīgha Nikāya*, Part Ⅲ, 1st ed.: 1921, rep., London: The Pali Text Society.

Feer, M. Léon ed.(1988). *Saṃyutta Nikāya*, pt. Ⅱ, 1st ed.: 1970, London: The Pali Text Society.

Hardy, E. ed.(1958). *The Aṅguttara Nikāya*, Vol. Ⅳ, 1st. ed.: 1899, rep., London: The Pali Text Society.

Jacobi, Hermann trans.(1968). *Jaina Sutras*, Part Ⅱ, 1st ed.: 1895, rep., New York: Dover Publications Inc..

Kashyap, Bhikkhu J. ed..

1956. *The Mahāvagga,* Nālanda Devanāgarī Pāli Series, 1st ed., India: Pali Publication Board.

1958. *The Dīghanikāya,* 3. "Pāthika Vagga", Nālandā Devanāgarī Pāli Series, 1st ed., India: Pāli Publication Board.

Maharaj, Shri Amar Muni Ji ed.(2004). *Sacitra Srī Sthānāṃgasūtra,* Vol. 1 & 2, 1st ed., Delhi: Padma Prakashan.

Maharaj, Uttar Bharatiya Pravartak Shri Amar Muni Ji ed.(2005). *Śrī Bhagavatī Sūtra,* Vol. 1, 1st ed., Delhi: Padma Prakashan.

Muni, Shri Amar ed.(2007). *Rāyapaseṇiya Sūtra,* 1st ed., Delhi: Padma Prakashan.

Nooten, Barend A. Van & Holland, Gary B. ed.(1994). *Rig Veda A Metrically Restored Text With An Introduction And Notes,* 1st ed., Harvard University: The Department of Sanskrit and Indian Studies.

Nyanatiloka trans.(1969). *Die Lehrreden des Buddha aus der Angereihten Sammlung Anguttara Nikaya,* Band 4, 1st ed., Germany: Verlag M. DuMont Schauberg.

Oldenberg, Hermann. ed.(1997). *Vinayapiṭaka—Mahāvagga,* Vol. 1, Oxford: Pali text society, 1997.

Pathak, O. P.(2004). *Dhammapadapāli,* 1st ed., Delhi: Bharatiya Vidya Prakashan.

Poussin, L. de L. V..

1971. *L'Abhidharmakośa de Vasubandhu,* Tome Ⅱ, Bruxelles: Institut Belge Des Hautes Études Chinoises.

1990. *Abhidharmakośabhāṣyam*, Vol. Ⅱ, Pruden, L. M. trans., Berkely: Asian Humanities Press.

Prasad, R. C.(2010). *The Upanayana— The Hindu Ceremonies of the Sacred Thread*, 1st ed.: 1997, rep., Delhi: Motilal Banarsidass.

PTS. ed..

1977. *The Majjhima-Nikāya*, Vol. 2, rep. ed., London: The Pali Text Society.

1979. *The Majjhima-Nikāya*, Vol. 1, rep. ed., London: The Pali Text Society.

Rengarajan, T.(2004). *Dictionary of Vedas*, 1st ed., Delhi: Eastern Book Linkers.

Sātavalekara, Śrīpāda Dāmodara ed.(1997). *Ṛgvedasaṃhitā*, 1st ed., India: Svādhyāya-maṇḍala.

Śrī Amara, Muni Jī ed..

1995. *Sacītra Tīrthaṃkara Caritra*, 1st ed., Delhi: Padam Prakashan.

2008. *Sacītra Praśnavyākaraṇa Sūtra*, 1st ed., Delhi: Padam Prakashan.

Stede, W. ed.(1977). *Sumaṅgala-Vilāsinī, Buddhaghosa's Commentary on the Dīgha-Nikāya*, Part Ⅲ, 1st ed.: 1921, rep., London: The Pali Text Society.

Tagare, G. V.(2002). *The Bhāgavata Purāṇa*, Part Ⅱ, 1st ed.: 1976, rep., Delhi: Motilal Banarsidass.

Vasubandhu, Ācārya(출간 연도 불명). *Abhidharmakośa*, Deva, Ācārya Narendra, anuvādaka, Hindustānī Ekeḍemī, Uttara Pradeśa, Ilāhābāda.

Woodward, F. L.(1977). *Sāratthа-Pakāsinī Buddhagosa's Commentary On The Saṃyutta-Nikāya*, Vol. 1, 1st ed.: 1929, rep., London: The Pali Text Society.

• 사전류

고려대학교 민족문화연구실 국어사전편찬실(2009). 『고려대 한국어 대사전』, ㄱ~ㅁ, 초판, 서울: 고려대학교 민족문화연구원.

국립국어연구원(1999). 『표준 국어 대사전』, 상권, 초판, 서울: ㈜ 두산 동아.

김승동(2001). 『불교 인도 사상 사전』, 초판, 부산: 부산대학교 출판부.

단국대학교 동양학연구소(2008). 『漢韓大辭典』, Vol. 12, 초판, 서울: 단국대학교출판부.

동국대학교 불교문화연구원 편(2009). 『한국 불교 문화 사전』, 초판, 서울: 운주사.

문화재청 무형문화재과(2004). 『문화재 용어 순화안』, 초판, 대전: 문화재청.

이지관 편저.

1998. 『가산 불교 대사림』, Vol. 1, 초판, 서울: 가산불교문화연구원.

1999. 『가산 불교 대사림』, Vol. 2, 초판, 서울: 가산불교문화연구원.

전재성 편저(2005). 『빠알리-한글 사전』, 초판, 한국빠알리성전협회.

주보연 편저(1998). 『밀교 사전』, 초판, 서울: 홍법원.

雲井昭善(1997). 『パーリ語佛教辭典』, 초판, 東京: 山喜房佛書林.

赤沼智善(1967). 『印度佛教固有名詞辭典』, 초판, 京都: 法藏館.

佐和隆研 편(1975). 『密教辭典』, 초판, 京都: 法藏館.

中村 元(1981).『佛教語大辭典』, 초판, 東京: 東京書籍, 1981.

林光明, 林怡馨 공편(2005).『梵漢大辭典』, 하권, 초판, 臺北: 嘉豊出版社.

Acharya, P. K.(2004). *Encyclopaedia of Hindu Architecture*, recomposed & re-edited, 1st ed., Delhi: Jain Amar Printing Press.

Bunce, Fredrick W.(2001). *A Dictionary of Buddhist and Hindu Iconography — Illustrated — Objects, Devices, Concepts, Rites and Related Terms*, 1st ed.: 1997, 2nd ed., New Delhi: D. K. Printworld (P) Ltd..

Cooper, J. C.(1988). *An Illustrated Encyclopaedia Of Traditional Symbols*, rep., London: Thames And Hudson.

Dowson, John(2000). *A Classical Dictionary of Hindu mythology and Religion, Geography, History, and Literature*, 1st ed.: 1879, 11th ed., New Delhi: Munshiram Manoharlal Pub.

Edgerton, Franklin(1985). *Buddhist Hybrid Sanskrit Grammar And Dictionary*, Vol Ⅱ, 1st ed.: 1953, rep., Kyoto: Rinsen Book Co..

Maharaj, Ratanchandraji ed.(1988). *An Illustrated Ardha-Magadhi Dictionary*, Vol. 2, 1st ed.: 1923, rep., Delhi: Motilal Banarsidass.

Malalasekera, G. P.(1974). *Dictionary of Pāli Proper Names*, Vol. 1, 1st ed., London: The Pali Text Society.

Poddar, R. P. ed.(2008). *A Comprehensive And Critical Dictionary Of The Prakrit Languages With Special Reference To Jain Literature*, Vol. 4 Fascicule 4, 1st ed., Pune: Bhandarkar Oriental Research

Institute.
Sen, Chitrabhanu(2001). *A Dictionary of the Vedic Ritual— Based on the Śrauta and Gṛhya Sūtras*, 1st ed.: 1978, rep., New Delhi: Concept Publishing Company.
Stutley, Margaret.
2001. *Ancient Indian Magic and Folklore*, 1st ed.: 1980, New Delhi: Munshiram Manoharlal Publishers Pvt. Ltd..
2003. *The Illustrated Dictionary of Hindu Iconography*, 1st ed.: 1985, Indian ed., New Delhi: Munshiram Manoharlal Publishers Pvt. Ltd..
Wiley, Kristi L.(2004). *Historical Dictionary of Jainism*, 1st ed. Lanham, Maryland: The Scarecrow Press, Inc..

• 도서류

고익진(1990). 『아함법상의 체계성 연구』, 초판, 서울: 동국대학교 출판부.
국립중앙박물관(2010). 『고려 불화 대전』, 초판, 서울: 국립중앙박물관.
김미숙(2007). 『불살생의 이론과 실천: 인도 자이나교의 수행론』, 초판, 서울: 한국학술정보(주).
김정희(2011). 『불화, 찬란한 불교 미술의 세계』, 초판 1쇄: 2009, 초판 2쇄, 파주: 돌베개.
김주철 편(1992). 『팔만대장경 해제』, Vol. 7, 초판, 북한: 사회과학출판사.
나타프, 조르주(1987). 『상징·기호·표지(標識)』, 김정란 역, 초판, 서울: 열화당.

데헤자, 비드야(2001). 『인도 미술』, 이숙희 역, 초판, 서울: 한길아트.

동국역경원(2001). 『한글대장경 목록』, 초판, 서울: 동국대학교 부설 동국역경원.

뒤랑, 질베르(1983). 『상징적 상상력』, 진형준 역, 초판, 서울: 문학과 지성사.

로울랜드, 벤자민(1996). 『인도 미술사: 굽타 시대까지』, 이주형 역, Rowland, Benjamin(1977), *The Art and Architecture of India: Buddhist, Hindu and Jain*, Revised edition: 1977, Harmondsworth: Penguin, 초판, 서울: 도서출판 예경.

문명대(1997). 『한국 불교 미술사』, 초판, 서울: 한국언론자료간행회.

보링거, W.(1982). 『추상과 감정 이입』, 권원순 역, 초판, 서울: 계명대 출판부.

마츠바라 사브로(1996). 『동양 미술사』, 최성은 외 역, 원서: 松原三郎 編(1981), 『改訂 東洋美術全史』, 東京: 東京美術, 초판: 1993, 초판 4쇄, 서울: 도서출판 예경.

문명대 외(2011). 『토함산 석굴 불상: 최초 종합적 연구』, 초판, 서울: (사)한국미술사연구소.

上山春平, 櫻部 建(1989). 『아비달마의 철학』, 정호영 역, 초판, 서울: 민족사.

셰크, 프랑크 라이너·괴르게스, 만프레드 공저(2007). 『불교: 한눈에 보는 불교의 세계』, 황선상 역, 원서: Scheck, Frank Rainer·Görgens, Manfred(1999), *Schnellkurs Buddhismus*, Köln: DuMont Literatur und Kunst Verlang GmbH und Co., 초판, 서울: 도서출판 예경.

이주형(2003). 『간다라 미술』, 초판, 서울: 사계절.

이주형 외(2007). 『동양 미술사』, 초판, 서울: 미진사.

이주형 편(2006). 『인도의 불교 미술 : 인도 국립박물관 소장품전』, 초판, 서울: (주) 사회평론.

장경숙 외(1996). 『한국 미술 문화의 이해』, 초판: 1994, 3쇄, 서울: 도서출판 예경.

전재성 역(1997). 『예불문』, 초판, 광주: 한국빠알리성전협회.

정우 스님(2011). 『佛典 한글 번역과 용어에 관한 연구』, 초판, 서울: 도서출판 솔바람.

최완수(2006). 『한국 불상의 원류를 찾아서 1』, 초판 1쇄: 2002, 3쇄, 서울: 대원사.

平川 彰(2002). 『비구계의 연구』, 석혜능 역, 초판, 서울: 민족사.

何新(1990). 『神의 기원』, 洪熹 역, 초판, 서울: 동문선.

호암미술관(1993). 『고려, 영원한 미 : 고려 불화 특별전』, 초판, 서울: 삼성미술문화재단.

홍윤식.

1994. 『한국의 불교 미술』, 초판: 1986, 초판 5쇄, 서울: 대원정사.

1996. 『불교 의식구』, 초판, 서울: 대원사.

大川幸太郎(1984). 『佛像彫刻入門: 正しい基本彫りから全体像の仕上げまで』, 초판, 東京: 日本文芸社.

東京國立博物館, NHK 共編(2002). 『インド・マトゥラー彫刻展 *The Art of Mathura, India*』, 1st ed., 東京: NHK.

シェック, フランク ライナー・ジェルゲン, マンフレート(2007). 『若い読者のための仏教』, 中山 典夫(なかやま のりお) 역, Scheck, Frank Rainer・Görgens, Manfred(1999), *Schnellkurs Buddhismus,*

Köln: DuMont Literatur und Kunst Verlang GmbH und Co., 초판, 東京: 中央公論美術出版.
水野弘元(1972). 『原始佛教』, 초판: 1956, 京都: 平樂寺書店.
中村 元(1989). 『ナーガールジュナ』, 초판: 1980, 東京: 講談社.
村上眞完(むらかみ しんかん, 1984). 『西域の仏教: ベゼクリク 誓願画考』, 초판, 東京: 第三文明社.

董茂泰(2004). 『釋迦出生圖』, 초판, 香港: 中華佛教出版社.

Banerjea, Jitendra Nath(1985). *The Development of Hindu Iconography*, 2nd revised and enlarged ed.: 1956, New Delhi: Munshiram Manoharalal Publishers Pvt. Ltd..
Bauddh, Jugal Kishore(2005). *Rajagraha The Historic Capital of Magadha*, 1st ed., New Delhi: Samyak Prakashan.
Choudhuri, Usha(1981). *Indra and Varuṇa in Indian Mythology*, 1st ed., Delhi: Nag Publishers.
Coomaraswamy, Ananda K.(1980). *The Origin of the Buddha Image*, 2nd ed., New Delhi: Munshiram Manoharalal Publishers Pvt. Ltd..
Dehejia, Vidya(2002). *Indian Art*, 1st ed.: 1997, rep., London: Phaidon Press Limited.
Frauwallner, E.(1953). *Geschichte der Indischen Philosophie*, 2 Bands, Band Ⅰ, Austria: Otto Müller Verlag Salzburg.
Huntington, Susan L.(1999). *The Art of an Ancient India — Buddhist,*

Hindu, Jain, 1st ed.: 1985, 3rd ed., New York: Weather Hill.
Kumar, Vijaya(2006). *The Thousand Names of Shiva*, 1st ed., New Delhi: A Sterling Paperbacks.
Law, Bimala Churn(1979). *Geography Of Early Buddhism*, 1st ed.: 1932, 2nd ed., New Delhi: Oriental Books Reprint Corporation.
Majupuria, Trilok Chandra(2000). *Sacred Animals of Nepal & India*, 개정 신판, Bangkok: Craftsmen Press Ltd..
Majupuria, Trilok Chandra & Majupuria, Rohit Kumar(2011). *Hindu, Buddhist & Tantric Gods & Goddesses*, 1st ed., Saharanpur (India) & Kathmandu: Scholar's Nest.
Mehta, Mohan Lal(1971). *Jaina Philosophy*, 1st ed., India: P. N. Research Institute.
Mehta, T. U.(1993). *The Path of Arhat—A Religious Democracy*, 1st. ed., Varanasi: Pujya Sohanalal Smaraka Parsvanatha Sodhapitha.
Mishra, Tej Narain(2000). *Buddhist Tantra and Buddhist Art*, 1st ed., New Delhi: D. K. Printworld.
Mohadikar, Rajashree Rajan(2011). *A Critical Study of Jaina Prakrit Stotras*, 1st ed., Delhi: New Bharatiya Book Corporation.
Nagarajaiah, Hampa(2002). *Indra in Jaina Iconography*, 1st ed. Karnataka: Sri Siddhāntakeerti Granthamale.
Narain, A. K.(2000). *Studies in History of Buddhism*, 1st ed.: 1980, 2nd ed., India: B. R. Publishing Corporation.
Radhakrishnan, S.(1968). *The Principal Upaniṣads*, 1st ed.: 1953, London: George Allen & Unwin Ltd.

Sangharakshita, B.(1980). *A Survey of Buddhism*, 1st ed.: Boulder, 1957, Colorado: Shambhala Publication, Inc..

Sarao, K. T. S.(1990). *Urban Centres And Urbanisation As Reflected In The Pāli Vinaya And Sutta Piṭakas*, 1st. ed., Delhi: Vidyanidhi Oriental Publishers & Booksellers.

Sarkar, Debarchana(2003). *Geography of Ancient India in Buddhist Literature*, 1st ed., Kolkata: Sanskrit Pustak Bhandar.

Snellgrove, David L..

1978a. *The Buddha*, 1st ed., Unesco: Serindia Publications.

1978b. *The Image of the Buddha*, 1st ed., Paris: Serindia Publications / UNESCO.

Stcherbatsky, F. Th.(1962). *Buddhist Logic*, Vol. Ⅰ, 1st ed., New York: Dover Publication, Inc..

Vessantara(2001). *The Vajra and Bell*, 1st ed., Birmingham: Windhorse Publications.

• 논문류

강신희(1984). 「용 문양 연구: 용신 사상을 중심으로」, 서울: 홍익대학교.

김용직(1988). 「상징이란 어떤 것인가」, 『상징』, 김용직 편, 서울: 문학과 지성사.

메이시, 조에너(Macy, Joanna, 2002). 「비선형적 상호 인과율로서의 연기」, 이중표 역, 원서: *Matual Causality in Buddhism and General*

Systems Theory, 제3장 "Dependent Co-Arising as Mutual Causality", 『불교평론』, 통권 제11·12호, 서울: 불교평론사. pp. 333~370.

백남주(1995). 「금강역사상의 성립과 전개」, 『미술사학 연구』, 208호, 서울: 한국미술사학회. pp. 83~123.

변진의(1989). 「용형의 상징적 표현에 관한 연구」, 서울: 한양대학교 대학원.

심재관.

2009. 「Herakles, Indra, 그리고 Vajrapāṇi」, 금강대학교 HK인문학단 5차 콜로키움, 금강대학교.

2011. 「거품, 어스름, 그리고 해변: 인도 신화 속에 나타난 신들의 속임수와 경계성」, 『인도철학』, 제31집, 서울: 인도철학회.

2012. 「금강역사는 어디에서 왔을까?」, 『운문』, 통권 제122호, 경북 청도: 운문사 운문승가대학, pp. 14~17.

염중섭(2010). 「계주에 관한 사상적 관점에서의 재조명」, 『종교연구』, 제61집, 서울: 한국종교학회, pp. 189~221.

이현우(2002). 「漢譯 佛經의 音譯語에 관한 고찰」, 『중국어문학논집』, 제21호, 서울: 중국어문학 연구회.

임영애(2004). 「간다라(Gandhara)의 금강역사」, 『중앙아시아연구』, Vol. 9, 서울: 중앙아시아학회.

유근자(2005). 「간다라 佛傳 圖像의 연구」, 서울: 동국대학교 대학원.

정승석.

2009. 「삼국유사에 구사된 범어 음역의 원류」, 『인도철학』, 제26호, 서울: 인도철학회.

2010. 「초기 漢譯 불전에서 원어의 변용 사례: Bhadraka와 Āḷavaka를

중심으로」, 『인도철학』, 제28호, 서울: 인도철학회.
최완수(1973). 「간다라(Gandhāra) 佛衣攷」, 『불교 미술』, Vol. 1, 서울: 동국대학교 박물관, pp. 76~116.
헨더슨, 조셉프(1983). 「고대 신화와 현대인」, 『인간과 무의식』, 융, 칼 구스타프 편, 이부영 외 역, 초판, 서울: 집문당.

杉山二郎(1970). 「執金剛神像考」, 『佛教藝術』, No. 74, 東京: 毎日新聞社, pp. 9~26.
水野弘元(1954). 「十二緣起說について」, 『印度學佛教學硏究』, 통권 제5호, 日本: 日本印度學佛教學會.
田辺和子(1984). 「龍王」, 『佛教とインドの神』, ひろさちや(본명: 增原良彦) 편, 초판, 東京: 世界聖典刊行協會.
定方 晟(1971). 「佛典におけるナーガ」, 『印度學佛教學硏究』, 통권 제39호, 日本: 日本印度學佛教學會.

Bronkhorst, Johannes(2000). "The Riddle of the Jainas and Ājīvikas in Early Buddhist Literature", *Journal of Indian Philosophy*, Vol. 28, pp. 511~529.
Chanda, Ramaprasad(1934). "The Hair and the Uṣṇīṣa on the Head of the Buddha and the Jinars", *Indian Historical Quarterly*, Vol. X, 1934년 Sept., Kolkata: The Asiatic Society, pp. 669~673.
Coomarswamy, A. K.(1992). "Time and Eternity in Hinduism and Buddhism", *Time in Indian Philosophy*, 1st ed., Delhi: Sri Satguru Publications.

Salter, Deborah Klimburg & Taddei, Maurizio(1991). "The Uṣṇīṣa and the Brahmarandhra: An Aspect of Light Symbolism in Gandharan Buddha Images", *Akṣayanīvī: Debala Mitra Felicitation Volume*, Gouriswar Bhattacharya ed., 1st ed. New Delhi: Sri Satguru Publications, pp. 73~93.

Saroja, G. V.(1994). "Jainism as Expounded in the Nīlakeci", *Jainism And Prakrit In Ancient And Medieval India*, 1st. ed., New Delhi: Manohar Publishers and Distributors.

Sharma, C. L.(2000). "Principle of Aparigraha(Non-Possession) and Vinoba's Bhoodan Movement", R. M. Das ed., *Jainism A Study*, 1st ed., New Delhi: Kaveri Books.

Zin, Monika(2003). "The Uṣṇīṣa as a Physical Characteristic of the Buddha's Relatives and Successors", *Silk Road Art and Archaeology*, Vol. 9, Kamakura: Institute of Silk Road Studies, pp. 107~130.

• 기사류 & 기타

강우방(2012). "강우방의 새로 쓰는 불교 미술: ㉙ 미황사 괘불의 석가모니 여래의 머리", 「불교신문」, 제2812호, 서울: 조계종 불교신문사, 2012년 4월 28일자, p. 11.

유근자.

2010. 「불국토와 장엄: 32상(相) 80종(種) 호(好) 장엄, 부처님의 형상」, 『월간 불광』, 제424호, 서울: 불광회, pp. 76~80.

2011a. "41. 부처님의 납관 유근자의 이야기가 있는 불교미술관", 「법보

신문」, 1122호, 서울: 법보신문사: 2011년 11월 20일자.
2011b. 「토함산 석굴의 금강역사상」, 『토함산 석굴 불상: 최초 종합적 연구』, 문명대 외 저, 초판, 서울: 한국미술사연구소.
윤호진(2008). "성도절은 빈(貧)했지만 보리수 아래 있기에 감격", 「불교신문」, 서울: 불교신문사, 2008년 8월 2일자.
이은봉(1986). 「불교와 깨달음의 심볼리즘」, 『불교 사상』, 서울: 불교사상사, 1986, 10월호.
이재형(2009). "금강역사 원류는 헤라클레스 주장 제기", 「법보신문」, 제995호, 서울: 법보신문사, 2009년 4월 16일자.

http://ebti.dongguk.ac.kr/h_tripitaka/kyoung/index_kyoung.asp: 2010년 4월 22일 검색.
http://ebti.dongguk.ac.kr/h_tripitaka/main.html: 2010년 4월 29일 검색.
http://en.wikipedia.org/wiki/Diamond_Sutra
http://www.cheontae.org

■ 인도어의 음역 표기법 ■

이 책에서는 인도어, 예컨대 산스크리트(saṃskṛt)와 팔리(pāli), 아르다마가디(ardhamāgadhī), 프라크리트(prākṛt) 등의 한글 표기를 다음과 같은 원칙에 따라 통일하였다.

1. 표기의 기본 원칙

제1항 불교 및 인도 원어의 음역은 원칙적으로 문화 체육 관광부 고시 제2017-14호로 고시된 '외래어 표기법'의 '제1장 표기의 기본 원칙'에 준하여 표기한다. 여기서 말하는 '불교 원어'란 인도에서 불전(佛典)을 전승하는 데 사용된 팔리어와 산스크리트어를 가리킨다.

외래어 표기법 제1장 표기의 기본 원칙

① 외래어는 국어의 현용 24자모만으로 적는다.
② 외래어의 1음운은 원칙적으로 1기호로 적는다.
③ 받침에는 <ㄱ, ㄴ, ㄹ, ㅁ, ㅂ, ㅅ, ㅇ>만을 쓴다.
④ 파열음 표기에는 된소리를 쓰지 않는 것을 원칙으로 한다.
⑤ 이미 굳어진 외래어는 관용을 존중하되 그 범위와 용례는 따로 정한다.

유의 사항

① 현행 24자모 이외의 특수한 기호를 사용하지 않는다. 이 원칙은 "1음운은 원칙적으로 1기호로 적는다."라는 원칙을 포함한 다른 모든 원칙에 우선한다.

② 발음상 된소리(경음)로 들리는 자음도 거센소리(격음)로 표기한다. 이는 발음의 구분이 모호하기 때문만이 아니라, 된소리의 빈도가 지나칠 경우에 야기되는 국어와의 마찰을 최소화하려는 데 그 목적이 있다.

③ 국어에서 실제 발음상의 음가를 갖지 못하는 받침은 그대로 사용하지 않고, 가장 가깝게 발음되는 받침으로 대체한다.

④ 인도 및 불교 원어의 장모음과 단모음을 구분하여 적지 않는다.

제2항 불교 원어의 자모 배합에 따른 발음의 특성상 제1항으로 해결하기 어려운 경우의 표기는 따로 정하는 '관용적 표기의 세칙'을 따른다.

2. 모음의 표기

a 아 / garuḍa 가루다.

ā 아 / gāthā 가타.

i 이 / licchavī 릿차비.

ī 이 / gotamī 고타미.

u 우 / rāhula 라훌라.

ū 우 / virūḍhaka 비루다카.

ṛ 리 / hotṛ 호트리, rājagṛha 라자그리하.

r̥̄ 리 / kr̥̄ 크리.

l̥ ㄹ리 / kl̥pta 클립타, kāl̥odāyin 칼로다윈.

l̥̄ ㄹ리 / l̥와 동일하게 취급한다.

e 에 / prasenajit 프라세나지트.

ai 아이 / nairañjanā 나이란자나.

o 오 / lokāyata 로카야타.

au 아우 / kauśika 카우쉬카.

3. 자음과 반모음의 표기

자음은 기본 원칙의 제1항에 따라 아래와 같이 표기하되, 받침으로 표기되는 경우, 자음의 음가에 국어의 '으' 음을 결합하는 경우, 특수한 복합 자음의 표기, 기타 병행이 가능한 표기 등은 '관용적 표기의 세칙'에서 정한다.

ka 카 / naraka 나라카, cakra 차크라, bhakti 박티. / 실제의 발음은 경음인 '까'에 가깝게 들리지만, 표기의 기본 원칙 제1항에 따라 격음인 '카'로 적는다. 받침으로 사용될 경우에는 'ㄱ'으로 적는다.

kha 카 / duḥkha 두카, khitaka 키타카. / ka의 경우와 동일하다. 받침으로 표기되지는 않는다.

ga 가 / gandharva 간다르바, gr̥ha 그리하.

gha 가 / ghoṣaka 고샤카. / ga의 경우와 동일하다. 받침으로 표기되지는 않는다.

ṅ 받침 ㅇ / laṅkā 랑카. / 국어의 받침 ‘ㅇ’에 상당하는 비음이다. 항상 받침 ‘ㅇ’으로 적는다.

ca 차 / candrakīrti 찬드라키르티, krakucchanda 크라쿳찬다. / 실제의 발음은 경음인 ‘짜’에 가깝게 들리지만, 표기의 기본 원칙 제1항에 따라 격음인 ‘차’로 적는다. 받침으로 사용될 경우에는 ‘ㅅ’으로 적는다.

cha 차 / chanda 찬다. ca의 경우와 동일하게 적는다. 받침으로 표기되지는 않는다.

ja 자 / jati 자티, avijjā 아빗자. / 받침으로 사용될 경우에는 ‘ㅅ’으로 적는다. ‘ñ’가 뒤따를 때는 이 음가를 상실하고 특수하게 발음되는데, 이 경우는 ‘제5장 관용적 표기의 세칙’ 제3항의 1에 따라 적는다.

jha 자 / gijjhakūṭa 깃자쿠타. / ja의 경우와 동일하게 적는다. 받침으로 표기되지는 않는다.

ña 냐 / yajaña 야자냐, ñānasaṃvara 냐나상와라, sañjaya 산자야. / 국어의 받침 ‘ㄴ’에 상당하는 비음이지만, 모음 ‘a’가 뒤따를 때는 ‘냐’로 적는다. 자음 앞이나 어말에서는 받침 ‘ㄴ’으로 적는다. ‘j’가 선행할 때는 이 음가를 상실하고 특수하게 발음되는데, 이 경우는 제5장 제3항의 1에 따라 적는다.

ṭa 타 / ghaṇṭā 간타, aṭṭhaṅgika 앗탕기카. / 국어에는 상당하는 음가가 없는 권설음 즉 혀말음소리이다. 받침으로 사용될 경우에는 ‘ㅅ’으로 적는다.

ṭha 타 / kaṇṭhaka 칸타카. / ṭa의 경우와 동일하게 적는다. 받침으

로 표기되지는 않는다.

ḍa 다 / daṇḍaka 단다카. / 국어에는 상당하는 음가가 없는 권설음이다. 받침으로 사용될 경우에는 'ㅅ'으로 적는다.

ḍha 다 / virūḍhaka 비루다카 / ḍa의 경우와 동일하게 적는다. 받침으로 표기되지는 않는다.

ṇa 나 / dhāraṇī 다라니, kaṇṭhaka 칸타카. / 국어의 받침 'ㄴ'에 상당하는 비음이다. 자음 앞이나 어말에서는 받침 'ㄴ'으로 적는다.

ta 타 / tamas 타마스, uttara 웃타라. / 실제의 발음은 경음인 '따'에 가깝게 들리지만, 표기의 기본 원칙 제1항에 따라 격음인 '타'로 적는다. 받침으로 사용될 경우에는 'ㅅ'으로 적는다.

tha 타 / gāthā 가타. / ta의 경우와 동일하게 적는다. 받침으로 표기되지는 않는다.

da 다 / dantikā 단티카, khuddaka 쿳다카. / 받침으로 사용될 경우에는 'ㅅ'으로 적는다.

dha 다 / dhaniya 다니야 / da의 경우와 동일하게 적는다. 받침으로 표기되지는 않는다.

na 나 / nandā 난다, chanda 찬다. / 국어의 받침 'ㄴ'에 상당하는 비음이다. 자음 앞이나 어말에서는 받침 'ㄴ'으로 적는다.

pa 파 / pañcika 판치카, abhippasādo 아빗파사도, dharmagupta 다르마굽타. / 실제의 발음은 경음인 '빠'에 가깝게 들리지만, 표기의 기본 원칙 제1항에 따라 격음인 '파'로 적는다. 동일 계열의 자음(p, ph) 앞에서는 받침 'ㅅ'으로, 이 밖의 받침으로 사용될 경우에는 'ㅂ'

으로 적는다.

pha 파 / phala 팔라. / pa의 경우와 동일하게 적는다. 받침으로 표기되지는 않는다.

ba 바 / bauddha 바웃다, śabda 샤브다. / 받침으로 표기되지는 않는다.

bha 바 / bharata 바라타. / ba의 경우와 동일하게 적는다. 받침으로 표기되지는 않는다.

ma 마 / mahāvīra 마하비라, kumbhāṇḍa 쿰반다. / 국어의 받침 'ㅁ'에 상당하는 비음이다. 자음 앞이나 어말에서는 받침 'ㅁ'으로 적는다.

ya 야 / yoga 요가, gomayī 고마위, āraṇyaka 아란야카, saṃkhya 상키야, nairātmya 나이라트미야, manuṣya, 마누쉬야, geyya 게이야. / 어두에서, 모음 뒤에서, 받침으로 표기되는 비음 뒤에서는 뒤따르는 모음에 따라 '야', '위'(yi), '유'(yu), 예(ye), '요'(yo) 등으로 적는다. 그러나 자음 뒤, 또는 받침으로 표기되지 않는 비음 뒤에 있을 때는 그 자음의 음가를 '이'와 결합하고 나서 이 발음, 즉 '야' '유' 등을 첨가하여 적는다. 비음을 받침으로 적는 경우는 제5장 제2항의 3에서 제시한다. y가 중복될 때 앞의 y는 '이'로 적는다.

ra 라 / ratna 라트나, karma 카르마. / 받침으로 표기되지는 않는다.

la ㄹ리 / lohita 로히타, maṇḍala 만달라, tamil 타밀. / 어두에서는 ra의 경우와 동일하나, 어두에 오지 않는 경우에는 선행하는 음가에 'ㄹ'을 받침으로 첨가하고 나서 ra의 경우를 적용한다. 어말에서는 단지 ‘ㄹ’ 받침으로 적는다.

va 바 또는 와 / veda 베다, sarva 사르바, svāmī 스와미. / 모음과 반모음 r, l 다음이나 어두에 있을 때는 ‘바’로 적는다. 그러나 자음 뒤에 있을 때는 ‘와’로 적는다. 이처럼 ‘와’로 적는 것은 관용적 표기에 속한다. 자음 뒤의 vi와 ve는 각각 ‘위’와 ‘웨’로 적는다.

śa 샤 / āśrama 아슈라마, śiva 쉬바, pariśuddhi 파리숫디, leśyā 레쉬야. / 모음이 뒤따르지 않을 경우에는 ‘슈’로 적는다. 그러나 뒤따르는 모음이 ‘a, i, u, e, o’일 경우에는 각각 ‘샤, 쉬, 슈, 셰, 쇼’로 적는다. 또 ‘y’가 후속하여 ‘이’ 음가와 결합할 때는 ‘쉬’로 적는다. 받침으로 표기되지는 않는다.

ṣa 샤 / viṣṇu 비슈누, dveṣa 드웨샤. / ś의 경우와 완전히 동일하게 적는다.

sa 사 / somā 소마, vipassanā 비팟사나. / 인도어에서는 치찰음에 속하여 ‘싸’에 가깝게 들리지만, 표기의 기본 원칙 제1항에 따라 ‘사’로 적는다. 중복될 경우에는 앞의 발음을 받침 ‘ㅅ’으로 적는다.

ha 하 / harṣa 하르샤, hṛdaya 흐리다야, brahman 브라만. / 받침으로 표기되지는 않는다. 반모음 y나 모음이 뒤따르지 않는 h는 그 음가의 특성상 따로 모음을 주지 않고 묵음으로 처리한다. 모음이 뒤따르지 않는 h를 ‘흐’로 표기하는 것은 유사한 다른 경우, 즉 대기음에서 기음(-h)을 따로 표기하지 않는다는 원칙이나 말미에 오지 않는 비사르가(ḥ)를 묵음으로 처리한다는 원칙과 일관되지 못한다.

4. 특수음의 표기

ṃ, ḥ. / 산스크리트어에서 '아누스와라'라고 불리는 'ṃ'과 '비사르가'라고 불리는 'ḥ'는 앞이나 뒤의 음가에 따라 다르게 발음되는 특수음이다. 비음인 ṃ은 'ㄴ, ㅁ, ㅇ' 중의 어느 것이라도 받침으로 선택하여 적을 수 있으며, 기음인 ḥ는 어말에서 '하'로 통일하여 적을 수 있다. 특히 산스크리트어 자음의 음성적 구조를 모를 경우에는 ṃ의 발음을 구별하여 표기할 수 없을 뿐만 아니라, 실제의 발음에서 ṃ은 종종 다른 비음으로 대체될 수 있기 때문이다. 그러나 산스크리트어 자음의 음성적 구조에 따라 아래와 같이 구분하여 적는 것을 원칙으로 삼는다.

제1항 아누스와라(ṃ)는 뒤따르는 자음의 계열에 속하는 비음으로 적는다. 이 밖의 경우에는 받침 'ㅇ'으로 적는다. 어말에서는 항상 받침 'ㅁ'으로 적는다.

saṃgha 상가. / 'k, kh, g, gh, ṅ'가 뒤따를 때는 받침 'ㅇ'으로 적는다. 이 경우, ṃ는 ṅ과 동일하다.

saṃjaya 산자야. / 'c, ch, j, jh, ñ'가 뒤따를 때는 받침 'ㄴ'으로 적는다. 이 경우, ṃ는 ñ과 동일하다.

saṃḍīvin 산디빈. / 'ṭ, ṭh, ḍ, ḍh, ṇ'가 뒤따를 때는 받침 'ㄴ'으로 적는다. 이 경우, ṃ는 ṇ과 동일하다. 그러나 ṃ이 이처럼 위치하는 경우는 매우 드물다.

saṃtāna 산타나, kiṃnara 킨나라. / ‘t, th, d, dh, n’가 뒤따를 때는 받침 ‘ㄴ’으로 적는다. 이 경우, ṃ는 n과 동일하다.

saṃbodhi 삼보디. / ‘p, ph, b, bh, m’가 뒤따를 때는 받침 ‘ㅁ’으로 적는다. 이 경우, ṃ는 m과 동일하다.

saṃskāra 상스카라, aṃśa 앙샤, saṃvara 상와라, siṃha 싱하, saṃyutta 상윳타. / 앞의 다섯 가지 예에 속하지 않으면서 어말에 있지 않을 때에는 받침 ‘ㅇ’으로 적는다. 이 경우, ṃ는 ṅ과 동일하다.

제2항 어말의 비사르가(ḥ)는 바로 앞에 있는 모음의 음가를 ‘ㅎ’과 결합하여 ‘하’(−aḥ), ‘히’(−iḥ), ‘후’(−uḥ), ‘헤’(−eḥ), ‘호’(−oḥ) 등으로 적는다. 어말에 있지 않은 경우에는 묵음으로 처리하여 적지 않는다.

puruṣaḥ 푸루샤하, kaviḥ 카비히, dhenuḥ 데누후, mateḥ 마테헤, matyoḥ 마티요호.

duḥkha 두카, naiḥsargika 나이사르기카.

5. 관용적 표기의 세칙

다양한 자모의 배합과 인도어 특유의 발성으로 인해, 앞의 4장에서 제시한 원칙만으로는 그 구체적인 표기법이 불충분하거나 선명하지 않는 경우는 아래의 세칙에 따라 적는다.

제1항 비음과 비사르가(ḥ)를 제외하고 아래의 경우에 해당하는 자음들은 받침으로 적지 않고 국어의 '으' 음가와 결합하여 적는다. 'ś'와 'ṣ'는 여기에 적용되지 않는다.

① 어말에 있는 자음

marut 마루트, vāk 바크. / 산스크리트어의 문장에서 어말에 올 수 있는 자음은 극히 한정되어 있으므로 이 원칙에 적용되는 자음은 'k, ṭ, t, p'에 불과하다. 그러나 낱개의 단어를 표기할 경우에는 다른 자음들도 어말에 올 수 있다. 'l'의 경우는 자음 표기의 원칙에 따라 받침으로 적는다.

② 기본적으로 모음 뒤 또는 어두에서 서로 다른 계열의 자음이 겹칠 경우, 앞에 오는 자음. 여기에 적용되지 않는 예외는 따로 정한다.

krama 크라마, prastha 프라스타, śabda 샤브다, ātman 아트만. / 자음 앞의 비음, 빈번히 사용되는 복합 자음인 jñ와 kṣ, 아래의 제2항이 여기에 적용되지 않는 예외가 된다.

③ 'ㄹ' 음가를 갖는 모음(ṛ, ṝ, ḷ, ḹ)이나 반모음(r, l) 앞의 자음.

prakṛti 프라크리티, pratiṣṭhita 프라티슈티타, mṛta 므리타.

제2항 받침은 아래의 원칙에 따라 적는다.

① 모음 다음에서 동일 계열의 자음이 겹칠 경우에는 '외래어 표기법'의 기본 원칙에 따라 앞의 자음을 받침으로 표기하되, 국어에서 그 받침의 음가가 분명하지 않을 때는 'ㅅ'으로 표기한다.

mokkha 목카, buddha 붓다, abhippasādo 아빗파사도.

② 모음 뒤에서, 국어의 발음으로 'ㅋ, ㅌ, ㅍ'의 음가를 지니는 자음 'k, t, p'가 비음 이외의 다른 자음 앞에 있을 경우에는 각각 'ㄱ, ㅅ, ㅂ' 등으로 적는다. 그러나 kṣ의 경우는 여기에 적용되지 않는다.

bhakti 박티, gupta 굽타, vātsalya 밧살리야. / 'kṣ'의 표기는 아래 제3항의 ②에서 따로 제시한다.

③ 반모음 ya 또는 자음 앞의 비음이 모음 뒤에 있을 경우에는 원칙적으로 받침으로 적는다. 그러나 모음 다음의 비음에 모음이 뒤따르면, 그 비음은 받침으로 적지 않고 뒤따르는 모음과 결합하여 적는다.

puṇya 푼야, samākhyā 사마키야, amṛta 아므리타. / nairātmya의 경우는 '나이라트미야'라고 적는다. 이는 비음 'm'이 자음 't'의 뒤에 있기 때문이며, 제1항 ②와 제2항 ②의 원칙에 적용되는 것이다. amṛta(아므리타)는 앞의 제1항 ③에도 해당한다.

제3항 jñ와 kṣ는 빈번히 사용되는 복합 자음으로서 발성의 습관에 따라 아래와 같이 적는다.

① jñ는 뒤따르는 모음에 따라 '갸'(jña), '기'(jñi), '계'(jñe) 등으로 적는다.

jñāna 갸나, saṃjñin 산긴, jñeya 계야.

② kṣ는 뒤따르는 모음에 따라 항상 '크샤'(kṣa), '크쉬'(kṣi), '크슈'(kṣu), '크셰'(kṣe), '크쇼'(kṣo) 등으로 적는다.

kṣatriya 크샤트리야, dakṣiṇā 다크쉬나, cakṣus 차크슈스, kṣema 크셰마, akṣobhya 아크쇼비야, lakṣmīdhara 라크슈미다라. / kṣ의

'k'와 'ṣ'는 앞뒤의 자모와 무관하게 독립된 음가를 유지한다.

제4항 복합어를 표기할 경우에는 접두어나 구성 단어를 분리하여 적을 수도 있다. 이 경우에는 원어를 표기하는 발음 기호에 복합어의 구성 요소를 표시하는 기호(−)가 있어야 하며, 국어의 표기에서는 그 기호를 띄어쓰기로 표시한다. 이 때, 연성 법칙에 의해 본래의 음가가 변한 경우에는 본래의 음가로 표기한다.

ṛgveda 리그웨다 ; ṛg−veda 리그 베다.

samākhyā 사마키야 ; sam−ākhyā 삼 아키야.

bṛhadāraṇyaka 브리하다란야카 ; bṛhad−āraṇyaka 브리하드 아란야카.

samyaksambodhi 삼약삼보디 ; samyak−sambodhi 삼야크 삼보디.

부칙: 중국 음역어의 한글 표기

제1항 한자(漢字)로 표기된 음역어의 한글 표기는 그 동안 통용되어 온 관례에 따른다.

波羅蜜多(pāramitā): 파라밀다(×), 바라밀다(○).

菩提(bodhi): 보제(×), 보리(○).

제2항 제1항을 적용하기가 모호한 경우에 한하여, 하나의 한자에

대한 한글 음이 둘 이상일 때에는 원어의 발음에 가장 가까운 한글 음을 선택하여 적는다. 한글 음을 선택할 때는 전문 학자를 위한 특수한 자전이 아니라, 일반인에게 통용되는 자전을 기준으로 삼는다.

鳩摩羅什(kumārajiva): 구마라습(×), 구마라집(○).

僧佉(sāṃkhya): 승카(×), 승가(○).

■ 찾아보기 ■

ㄱ

가라루 니건자 199
가범달마(伽梵達摩, Bhagavaddharma) 314
가우타마 붓다(Gautama Buddha) 14, 31, 57, 213, 265
간다라(gandhāra) 285
견계행자(犬戒行者) 201
결생식(結生識, paṭisandhiviññāṇa) 40
경량부(Sautrāntika) 31, 47
계기성 43
계뉴주(髻紐珠) 99
계리주(髻裏珠) 120
계명주(髻明珠) 97
계시적(繼時的) 관계 43
계주(髻珠) 91, 138
계중명주(髻中明珠) 97, 101
계중주설 108
고살라 망칼리풋타(Gosāla Maṃkhaliput-ta) 189
고음(苦陰) 38
고행(苦行, tapas) 209, 241
곡구(曲鉤, aṅkuśa) 311
공간서(空間誓, dig-vrata) 199, 200
공의파(空衣派) 190, 205, 235
괄주(髺珠) 94
괄중주(髺中珠) 97
구라제 니건자 209
구라제(究羅帝) 201
구사론 49, 54, 56
그레고리력 13
그믐날(āmāvāsya) 17
금강반야경(金剛般若經) 305
금강승(金剛乘) 217
금강신장(金剛神將) 331
금강역사(金剛力士, vajrapāṇi) 285, 288, 303, 321
금강저(金剛杵) 285, 330
기년법(紀年法) 22
기체(基體) 44

ㄴ

나가(nāga) 64
나가르주나 49
나체 190
나체 수행 218
나타 붓다 213
나타풋타 256
나형(裸形) 201
나형(裸形) 외도 201
날란다(Nālanda) 234
노체친남(露體親男) 217
노행(露行) 외도 217
노형(露形) 외도 217
니간타(nigaṇṭha) 216, 245
니간타 나타풋타(nigaṇṭha nātaputta) 184, 187, 196, 201, 204, 206
니간타 쿠마라 풋타(nigaṇṭha kumāra-putta) 187
니건 182
니건자(尼揵子) 181, 182, 209, 217, 223, 251

니건자문무아의경(尼乾子問無我義經) 224
닐라케치(Nīlakeci) 231

ㄷ

다디치 294
다함불번(多含不翻) 135
단식 200
단식사(斷食死) 247, 277
담마파다 64, 270
대사문(mahāśramaṇa) 245
대승밀엄경 119
대웅(大雄, Mahāvīra) 217
대품(大品, *Mahāvagga*) 62
독고저 318
동곳 99
동시성 43
동시적 관계 43
동일 명제(identical proposition) 51
두마(頭摩, Dumukha) 237
디파발리(dīpāvali) 18

ㄹ

라다크리슈난 32
라야파세니야 수트라(*Rāyapaseṇiya Sūtra*) 301
리그베다 294, 295
리샤바(Ṛṣabha) 247, 267

ㅁ

마눗사 나가(manussa-nāga) 78
마르칼리(Mārkali) 189
마말라푸람(Mamallapuram) 80
마투라 115
마트리체타 325
마하박가 71
마하비라 14, 17, 187, 189, 194, 196, 200, 207, 208, 233, 238, 249, 267
마하승기율(摩訶僧祇律) 251
막칼리 고살라(Makkhali Gosāla) 185, 189
만다라(mandāra) 192
만다륵(曼陀勒) 193
만월(滿月, pūrṇimā) 17
맛시옌드라나타(Matsyendra nātha) 85
맛지마 파바 235
망일산 보광사 87
묘법연화경 119
무명(無明, avidyā) 38, 44
무상(anitya) 48
무상론 48
무아론(anātmavāda) 238
무아설(無我說) 215
무찰린다(Mucalinda) 62, 70, 79
물질(pudgala) 228
미즈노 고겐 41

ㅂ

바가바타 푸라나 294
바가바티 수트라(*Bhagavatī Sūtra*) 319
바르다마나(Vardhamāna) 188, 208
바르후트(bhārhut) 302
바수데바(vāsudeva) 301
바이샤카 달 14

바이샤카 제(祭) 17
바이샬리 222
바즈라 290, 300, 308, 332
바즈라파니 303, 309
바즈라파니 야크샤 302
반(反)브라만교 241
반야(prajñā) 326
발라데바(baladeva) 301
발우 252
방가바(房伽婆, Bhaggava) 197
백분(白分) 16
백월(白月) 16
백의파(白衣派) 205, 235
백호(uṇṇa) 120
범지(梵志) 216
범행(梵行) 199
법랍(法臘) 23
법화칠유(法華七喩) 97
베다 214
본질성(essentia) 46
본체(svabhāva) 47
부란약(腐爛藥) 244
분단(分段) 35
분소의(糞掃衣) 244
분위(分位, āvasthika) 연기 36
불교 논리학 57
불기(佛紀) 13
불살생(不殺生, ahiṃsā) 186, 215, 247
불살생론 281
불살생주의 279
불상응행법(不相應行法) 47
불설장아함경 181, 182, 210
불소유(不所有) 185, 186
불음행 187, 199
불정골(佛頂骨) 130
불투도 186
불허언 186
붓다 만월(Buddha Pūrṇimā) 17
붓다 자얀티(Buddha Jayantī) 14
붓다고사(Buddhaghoṣa) 48
브라마나(brāhmaṇa, 婆羅門) 216, 246
브라마란드라(brahmarandhra) 123
브라만교 214
브리트라(vṛtra) 294
비량(比量) 47
비릉가보(毘楞伽寶) 111
빔비사라 170, 232

ㅅ

사가라비릉가나마니보(舍迦囉毘楞伽那摩尼寶) 112
사다카타 아키라(定方 晟) 64
사르파(sarpa) 66
사리스리파(sarīsṛpa) 66
사문과경(沙門果經) 206
사분율(四分律) 72
사신(蛇神) 공포설 64
산치(sāñcī) 302
살 상투 114
살레카나(sallekhanā) 200, 247
살차 니건자 222
삼고저 318
삼매사(三昧死) 200
삼세 양중 인과(三世 兩重 因果) 37, 40
삼세 양중 인과설 58
삼차극(三叉戟) 297
상가바드라(Saṃghabhadra) 42
상속전(相續轉) 35
상징태(象徵態) 61

상투(cūḍa) 구슬(maṇi) 94
생기(生氣) 273
샤크라 112
샤크라 아빌라그나 마니 라트나(śakra-abhilagna-maṇi-ratna) 112
샤키야무니 붓다 233
서(誓, vrata) 187
석굴암 322
선수(善宿) 비구 197, 201
설악산 영시암 96
설일체유부 37, 41
세계 불교도 우의회(WFB) 13
소마(soma) 128
수문신(守門神) 302
수잔 헌팅턴 101, 128
수트라크리탕가 225, 232
숫타니파타 64
쉬바 128
쉬카마니(śikhāmaṇi) 91
슈라마나(śramaṇa, 沙門) 219, 241, 266
슈라마나 상가(śramaṇa saṁgha) 238
슈리밧사(śrīvatsa) 118
슈릴라바(Śrīlābha) 33
슈릴라브다(Śrīlabdha) 33
슈릴라타(Śrīlata) 33
스타낭가수트라(*Sthānāṃgasūtra*) 300
승수(勝受) 33
시간(kāla) 228
시간(samaya) 47
시체(始體) 44
신두라(sindūra) 137
신론(神論, daivavāda) 185
신업(身業) 257
신월(新月) 17
신화소(神話素) 61
실리라다(室利羅多) 33
실재체(實在體, astikāya) 227
심상(心象 ; pratīta ; image) 126, 328
싯다르타 213

ㅇ

아난다 K. 쿠마라스와미 118
아난타(ananta) 81
아리슈타네미 267, 269
아바야(Abhaya) 232
아비달마구사론(阿毘達磨俱舍論) 33, 37
아비달마대비바사론(阿毗達磨大毘婆沙論) 41, 53
아비달마발지론(阿毘達磨發智論) 41
아비달마순정리론(阿毘達磨順正理論) 42
아비달마식신족론(阿毘達磨識身足論) 42
아비담감로미론(阿毘曇甘露味論) 37
아비담심론(阿毘曇心論) 37
아비담심론경(阿毘曇心論經) 37
아사세왕 206, 251
아쇼카 266
아수라 322
아이라바나(airāvaṇa) 296, 311, 313
아이라바타(airāvata) 311
아이유(阿夷維) 193
아지비카(ājīvika) 193, 210
아지비카교 194
아첼라카(acelaka) 245
아타르반(atharvan) 295
아트만(ātman) 226, 228
아히 나가(ahi-nāga) 78

아히(ahi, 蛇) 66
안거(安居) 22
야크샤(yakṣa) 285
야크쉬니(yakṣīṇī, 야차녀) 302
업(karma) 270
에라바나(Erāvaṇa) 68
에라파타 62, 68, 79, 81, 85
에라파타 용왕 75
에카사타카(ekasāṭaka) 245
엘라파트라(Elapatra) 68
여의보주(如意寶珠, cintāmaṇi−ratna) 113
연기(緣起, pratītyasamutpāda) 31, 32, 35
연기설(緣起說) 225
연기지(緣起支) 36
연박(連縛, sāṃbandhika) 35, 36
연속(連續, prākarṣika) 연기 36
영혼 215
완전지(完全知) 249
외도(外道) 210, 265
용 63
용권설(龍卷說) 64
용왕 탱화 87
우루벨라(Uruvela) 62, 75, 79
우루벨라 캇사파(Uruvela Kassapa) 76
우슈나(uṣṇa) 93
우슈니샤 93, 138
우슈니샤 끈(uṣṇīṣa tie) 102
우슈니샤팟타(uṣṇīṣapaṭṭa) 131
우위(優爲) 193
우팔리(Upāli) 234, 256
운동(dharma) 228
웃타라(Uttara) 74, 84, 85
웅기(雄紀, Vīra Era) 18
원속(遠續) 연기 36
유근자 121
유아론(ātmavāda) 220, 238
유아설(有我說) 215, 219
유위상(有爲相) 47
유정(有情) 37
유정수(有情數) 37
육계(肉髻) 108, 120, 138
육계주(肉髻珠) 97
육괴(肉塊) 114
육사 외도(六師外道) 216
윤호진 15
율장(律藏, Vinayapiṭaka) 62
음역어(音譯語) 141, 181
의리계주(衣裏髻珠) 99
의업(意業) 257
이라발수(伊羅鉢樹) 72, 82
이중 번역(二重 飜譯) 172
인과론 54
인과율 45
인도력 19
인드라 112, 286, 288, 292, 313
인드라닐라(indranīla) 112
인드라부티 229
인중무과론(因中無果論) 52
인중무과론자(因中無果論者) 225
인중유과론(因中有果論) 52
일체견(一切見) 206
일체지(一切智) 206, 234
입 가리개(muh−patti) 247

ㅈ

자성공(自性空) 224
자아(自我) 215

자얀티 15
자이나 210
자이나교 17, 185, 218, 223
자틸라(jaṭila: 헝클어진 머리) 245
잡아비담심론(雜阿毘曇心論) 35, 37
잡아함경 182
정계(頂髻) 109
정명구론(淨明句論) 49
정사서(正死誓, sallekhanā vrata) 277
정상(頂上) 육계설 103
정지(adharma) 228
정화(淨化) 241
제석천 112
제어(制御, saṃvara) 186
제우스 285
조르주 나타프 61
조르주 뒤메질(George Dumézil) 62
조애너 메이시(Joanna Macy) 51
존재[法] 44
존재성(existentia) 46
좌선삼매경 123
주갈 K. 바웃드 185
주기(週期) 27
주라마니(周羅摩尼) 91
주라보(周羅寶) 91
주잡마니(周匝摩尼) 91
중간 육계설 106
중도(中道) 210
중아함경 182
중역(重譯) 173
증일아함경 182
지나(jina) 118, 188
지나(Jina) 마하비라(Mahāvīra) 213
지바(jīva) 219, 226, 274
지예슈타 23
진 쿠퍼(J. C. Cooper) 78
집금강신 285

ㅊ

차르바카(cārvāka) 225
차크라 124
차크라바르틴(cakravartin) 301
찬도기야 우파니샤드 32
찰나(kṣaṇa) 36
찰나(刹那, kṣaṇika) 연기 36, 41
천개(天蓋) 127
체르바츠키 57
최상아(最上我, paramātman) 224
추다(cūḍa) 94
추다라트나(cūḍāratna) 91
추다마니(cūḍāmaṇi) 91, 113, 131
충족 이유 53

ㅋ

카룻티카 달 18
카욧사르가(kāyotsarga) 250
칸다라마수카(Kandaramasuka) 198
칼 구스타프 융 85
칼라라맛타카(Kalāramaṭṭaka) 198
케샤반다(keśabandha) 99
코끼리 63
쿠마라지바 123
쿠마라풋타 186
쿤탈라케치(Kuṇṭalakēci) 231

ㅌ

탄트라 327
탄트라교 123

태양력 13
태음력 13, 16, 25
테라가타 64
트리슐라(triśūla) 297
티르탕카라(tīrthaṃkara) 185, 291, 301

ㅍ

파라슈(paraśu) 312
파르슈와(Pārśva) 186, 200, 267
파리자(波梨子, Pāṭikaputta) 202
파릿바자카(paribbājaka) 245
파바국 192
파바성(波婆城) 195
팟타(paṭṭa) 131
편력행(遍歷行) 276
폴 라딘(Paul Radin) 83
표지(標識) 61
표징(表徵 ; pratīka ; symbol) 126
푸드갈라(pudgala) 227
푸라나 카샷파 189
푸르나샤(Pūrṇāśa) 54
프라나(prāṇa) 273

ㅎ

하랍(夏臘) 23
하스티팔라(Hastipāla) 235
하신(何新) 64
함다의(含多義) 135
행법(行法) 34
향엽(香葉) 82
허공(ākāśa) 228
헤라클레스 285, 309, 310
형상(形象 ; pratimā ; figure) 125, 328
호법룡 69
화신(化身, avatāra) 214
환영(幻影, māyā) 214
후독경 269
흑분(黑分) 16
흑월(黑月) 16
히라(hīra) 328
힌두 음력(Vikrama Era) 18

기타

3독(毒) 242
3제(際) 19
3행(行) 275
4금계(禁戒, yāma) 185, 271
4의(依) 244
4주기(āśrama) 214
5계(śīla) 271
5대서(大誓) 272
5서(vrata) 271
5소서(小誓) 272
5온(蘊, skandha) 225
5위 75법 47
5종 불번(五種 不翻) 135
6계(季) 19
32대인상(mahāpuruṣa-lakṣaṇa) 117
80수형호(隨形好) 117

인도 불교와 자이나교

초판발행 2013년 10월 7일
초판 2쇄 2024년 10월 25일

저 자 김미숙
펴 낸 이 김성배
펴 낸 곳 도서출판 씨아이알

책임편집 이정윤
디 자 인 송성용, 하초롱
제작책임 김문갑

등록번호 제2-3285호
등 록 일 2001년 3월 19일
주 소 100-250 서울특별시 중구 예장동 1-151
전화번호 02-2275-8603(대표) **팩스번호** 02-2275-8604
홈페이지 www.circom.co.kr

ISBN 978-89-97776-95-5 93220
정가 25,000원